汽车文化

主　编　尉庆国　徐燕茹

副主编　韩文艳　杨世文　杨富斌　裴永生　龙海洋

参　编　裴凌宇　于家国　郑博文　张添毅　赵浚彤
　　　　禹星光　袁　缘　于怀越　张智锐

北京理工大学出版社
BEIJING INSTITUTE OF TECHNOLOGY PRESS

内 容 简 介

本书共十章，包括汽车概述、汽车发展简史、汽车技术常识、汽车公司与车标、汽车命名、汽车广告、汽车名人与名城、汽车运动与竞赛、汽车展览、汽车发展趋势等内容。

本书旨在使读者了解和掌握汽车的基本知识，培养对汽车的兴趣和爱好，提高对汽车的鉴赏能力，扩大知识面，提升综合素质。本书充分体现了历史性、知识性和趣味性。

本书可作为普通高等院校车辆工程、汽车服务工程等汽车相关专业教材，也可作为公共选修课教材，还可作为高职高专汽车专业教材，以及汽车业内人员、广大汽车爱好者了解汽车文化的趣味读物。

图书在版编目(CIP)数据

汽车文化 / 尉庆国，徐燕茹主编. --北京：北京理工大学出版社，2022.7

ISBN 978-7-5763-1446-5

Ⅰ.①汽… Ⅱ.①尉… ②徐… Ⅲ.①汽车-文化 Ⅳ.①U46-05

中国版本图书馆 CIP 数据核字(2022)第 114804 号

出版发行 / 北京理工大学出版社有限责任公司
社　　址 / 北京市海淀区中关村南大街 5 号
邮　　编 / 100081
电　　话 / (010)68914775(总编室)
　　　　　 (010)82562903(教材售后服务热线)
　　　　　 (010)68944723(其他图书服务热线)
网　　址 / http://www.bitpress.com.cn
经　　销 / 全国各地新华书店
印　　刷 / 涿州市新华印刷有限公司
开　　本 / 787 毫米×1092 毫米　1/16
印　　张 / 13.5　　　　　　　　　　　　　　　　　责任编辑 / 申玉琴
字　　数 / 314 千字　　　　　　　　　　　　　　　文案编辑 / 申玉琴
版　　次 / 2022 年 7 月第 1 版　2022 年 7 月第 1 次印刷　责任校对 / 刘亚男
定　　价 / 68.00 元　　　　　　　　　　　　　　　责任印制 / 李志强

前　言

汽车作为现代交通工具，在中国已经越来越普及。从计划经济时代的公务用车到市场经济时代的私家车，汽车从象征社会地位的奢侈品变成普通百姓代步工具的生活必需品，成为人们日常生活和工作的重要组成部分。为了更好地享受汽车带给人类的文明，人们迫切需要了解汽车文化及相关的知识。

大学生是中国未来汽车的准客户，很多大学生在校期间已考取机动车驾驶证，他们对现代汽车与汽车文化表现出浓厚的兴趣，渴望对现代汽车与汽车文化有一个概貌性的了解。基于此，我们编撰了本书。

本书由中北大学尉庆国、山西晋中理工学院徐燕茹主编，参加编写的还有中北大学杨世文、韩文艳，燕山大学裴永生，华北理工大学龙海洋，北京工业大学杨富斌。编写分工为：第一章由尉庆国编写，第二章由杨世文编写，第三章由韩文艳编写，第四、第五章由徐燕茹编写，第六、第十章由裴永生统稿（其中第六章第一节~第四节由裴永生编写，第五节由裴凌宇编写；第十章第一节由于家国、郑博文编写，第二节由张添毅、赵浚彤编写，第三节由禹星光、袁缘编写，第四节由于怀越、张智锐编写，第五节由裴永生编写），第七、第九章由龙海洋编写，第八章由杨富斌编写。

本书的编写，参考和引用了业内前辈的精辟论断以及一些报刊、书籍的内容，一些优秀图片是从互联网下载而得，在此对参考文献的各位作者表示衷心的感谢！

由于编者水平有限，且汽车文化涉及知识面广，书中难免存在疏漏和错误，诚请各位读者和专家批评指正。

编者

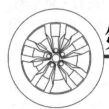

第一章
汽车概述

本章概述

　　汽车是人类工业文明的结晶，它作为物质财富和精神财富的集合，推动着人类文明的进程。在 21 世纪，汽车作为现代化交通工具的重要战略地位是不可动摇的。

　　本章主要对汽车定义、组成、分类、车辆识别代号、汽车燃料消耗量以及汽车工业在国民经济中的地位等进行介绍。通过本章的学习，大家能够对汽车本身的基本特征及汽车工业在国民经济中所起的作用有一个比较客观的认识。

第一节　汽车定义、组成及分类

一、汽车定义及组成

　　汽车的英语单词是 Automobile，简称为 AUTO，如图 1-1 所示。这个复合词由希腊语中的 Auto（自己的）和拉丁文中的 Mobile（会动的）构成，意思是"自己会动的车"。它是在 1895 年由法国科学院命名的。日语把它译成"自动车（MOTORS）"，如图 1-2 所示。汉语中本来没有"汽车"这个词，最初把它称为"火轮车"，后来才叫作"汽车"，这种叫法也许是因为早期的汽车是由蒸汽机驱动的。

图 1-1　AUTO

图 1-2　MOTORS

　　国际自动机工程师学会（原译：美国汽车工程师学会）标准 SAEJ 687C 中对汽车的定义是：由本身动力驱动，装有驾驶装置，能在固定轨道以外的道路或地域上运送客货或牵

引车辆的车辆。

日本工业标准 JISK 0101 中对汽车的定义是：自身装有发动机和操纵装置，不依靠固定轨道和架线能在陆上行驶的车辆。

中国《辞海》将汽车解释为"汽车是一种能自行驱动，主要供运输用的无轨车辆。原称'自动车'，因多装用汽油机，故简称汽车"；《现代汉语词典》解释为"汽车是用内燃机作动力，主要在公路或马路上行驶的交通工具，通常有 4 个或 4 个以上的橡胶轮胎，用来运载人或货物。"

GB/T 3730.1—2001 对汽车的定义为：由动力驱动，具有 4 个或 4 个以上车轮的非轨道承载的车辆，主要用于载运人员和（或）货物、牵引载运人员和（或）货物的车辆、特殊用途。本术语还包括：与电力线相连的车辆，如无轨电车；整车整备质量超过 400 kg 的三轮车。2006 年 6 月 1 日，按照《汽车产业发展政策》《车辆识别代号管理办法（试行）》和有关国家标准的要求，三轮农用运输车更名为三轮汽车，四轮农用运输车更名为低速货车。

2009 年 6 月 17 日，根据工业和信息化部出台的《新能源汽车生产企业及产品准入管理规则》，新能源汽车是指采用非常规的车用燃料作为动力来源（或使用常规的车用燃料、采用新型车载动力装置），综合车辆的动力控制和驱动方面的先进技术，形成的技术原理先进、具有新技术和新结构的汽车。新能源汽车包括四大类型：混合动力电动汽车（Hybrid Electric Vehicle，HEV）、纯电动汽车（Battery Electric Vehicle，BEV，包括太阳能汽车）、燃料电池电动汽车（Fuel Cell Electric Vehicle，FCEV）、其他新能源（如超级电容器、飞轮等高效储能器）汽车等。非常规的车用燃料指除汽油、柴油之外的燃料。

"软件定义汽车（Software Defined Vehicles，SDV）"是由百度高级副总裁、自动驾驶事业部总经理王劲提出的概念，其核心思想是，决定未来汽车的是以人工智能为核心的软件技术，而不再是汽车马力的大小或机械性能的好坏。

汽车通常由发动机、底盘、车身、电气设备 4 个部分组成，如图 1-3 所示。汽车主要组成部件如图 1-4 所示。

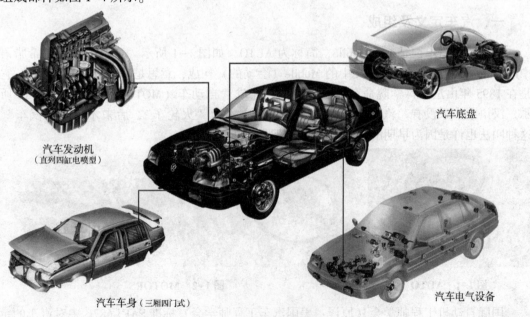

汽车底盘

汽车发动机
（直列四缸电喷型）

汽车车身（三厢四门式）

汽车电气设备

图 1-3　汽车组成

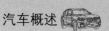

散热风扇
制动盘
前悬架
车轮
转向系
空调
发动机
变速器
车轮
半轴
后悬架
制动盘
消声器

前挡泥板
前翼
前大灯
车门
发动机罩
前窗玻璃
转向器
车身
座椅
后翼子板
尾灯
后挡泥板

图1-4 汽车主要组成部件

发动机是汽车的"心脏"。汽车发动机主要是内燃机,作用是使燃料燃烧产生动力,然后通过底盘的传动系驱动车轮使汽车行驶。发动机主要有汽油机(见图1-5)和柴油机两种。汽油机由曲柄连杆机构、配气机构、燃油供给系、冷却系、润滑系、点火系、起动系组成。柴油机的点火方式为压燃式,所以无点火系。

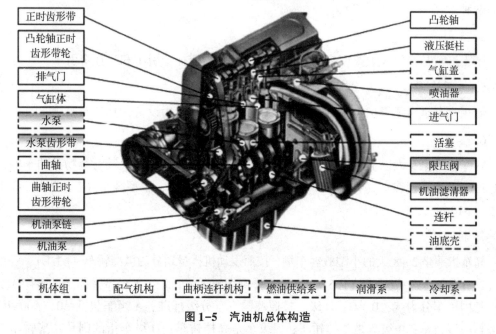

正时齿形带
凸轮轴正时齿形带轮
排气门
气缸体
水泵
水泵齿形带
曲轴
曲轴正时齿形带轮
机油泵链
机油泵

凸轮轴
液压挺柱
气缸盖
喷油器
进气门
活塞
限压阀
机油滤清器
连杆
油底壳

| 机体组 | 配气机构 | 曲柄连杆机构 | 燃油供给系 | 润滑系 | 冷却系 |

图1-5 汽油机总体构造

底盘是汽车的"骨架",作用是支承、安装汽车发动机及其各部件、总成,形成汽车的整体造型,并接受发动机的动力,使汽车产生运动,保证正常行驶。底盘由传动系、行驶系、转向系和制动系4个部分组成。

车身是汽车的"皮肤",安装在底盘的车架上,供驾驶员、旅客乘坐或装载货物。轿车、客车的车身一般为整体结构,货车车身一般由驾驶室和货箱两部分组成。

电气设备是汽车的"神经系统",由电源和用电设备两大部分组成。电源包括蓄电池和发电机。用电设备包括发动机的电控单元、传感器、执行器、发动机起动系、汽油机的点火系和其他用电装置。

二、汽车分类

汽车的分类方法很多,但最重要的分类方法是按照汽车的用途进行分类。根据我国国家标准的有关规定,汽车分为以下几种类型。

1. 货车

货车又称为载货汽车、载重汽车、卡车,主要用来运送各种货物或牵引全挂车,按照载重量①划分为微型货车(<1.8 t)、轻型货车(1.8~6 t)、中型货车(6~14 t)、重型货车(>14 t)。

2. 越野汽车

越野汽车主要用于非公路上载运人员和货物或牵引设备,一般为全轴驱动,按驱动型式可分为4×4、6×6、8×8几种。

3. 自卸汽车

自卸汽车指货箱能自动倾翻的载货汽车,有向后倾卸的和左、右、后3个方向均可倾卸的两种。

4. 牵引汽车

牵引汽车是专门或主要用来牵引的车辆,可分为全挂牵引车和半挂牵引车。

5. 专用汽车

专用汽车是为了承担专门的运输任务或作业,装有专用设备,具备专用功能的车辆。

6. 客车

客车指乘坐9人以上,具有长方形车厢,主要用于载运人员及其行李物品的车辆,按照长度划分为微型客车(<3.5 m)、小型客车(3.5~7 m)、中型客车(7~10 m)和大型客车(>10 m)。

7. 轿车

轿车指乘坐2~8人的小型载客车辆,按照发动机排量划分为微型轿车(<1 L)、轻级轿车(1~1.6 L)、中级轿车(1.6~2.5 L)、中高级轿车(2.5~4 L)、高级轿车(>4 L)。

德国轿车分为A、B、C、D级。按照德国汽车分级标准,A级车包括A0、A00级车,一般指小型轿车;B级车是中档轿车;C级车是高档轿车;D级车指的则是豪华轿车。其等级划分主要依据轴距、排量、质量等参数。字母顺序越靠后,该级别车的轴距越长、排

---

① 车辆装载客货质量的最大限度。

量和质量越大，轿车的豪华程度也不断提高。

美国轿车分为 Mini 级、Small 级、Low-med 级、Inter-med 级、pp-med 级、Large/Lux 级。Mini 级轿车的排量一般在 1L 以下；Small 级轿车的排量一般为 1.0 ~ 1.3 L，处于我国普通轿车级别的低端；Low-med 级轿车的排量一般为 1.3 ~ 1.6 L；Inter-med 级轿车和德国的低端 B 级轿车基本吻合；pp-med 级轿车涵盖德国 B 级轿车的高端和 C 级轿车的低端；Large/Lux 级轿车和我国的高级轿车相对应，涵盖德国 C 级车的高端和 D 级车。

为了与国际接轨，参考 GB/T 3730.1—2001 和 GB/T 15089—2001，结合我国汽车工业的发展状况，2001 年 3 月 1 日起我国实行国际标准，将汽车分为乘用车（Passenger Car）和商用车（Commercial Vehicle）。

乘用车在其设计和技术特征上主要用于载运乘客及其随身行李和/或临时物品，包括驾驶员座位在内最多不超过 9 个座位，它也可以牵引一辆挂车。乘用车分为基本乘用车即轿车、MPV 车型、SUV 车型以及其他车型（如皮卡）等。

商用车在设计和技术特征上用于运送人员和货物，并且可以牵引挂车（乘用车不包括在内）。商用车具体分为客车、载货车、半挂车、客车非完整车、载货非完整车等。

新标准废除"轿车"的名称而改称"乘用车"，被认为是对传统观念的变革。汽车不再被视为奢侈品，而是大众化的代步工具。

第二节　汽车产品型号编号规则

按照 GB/T 9417—1988（现停止使用，且未制定对汽车型号编制方法的新标准，现在汽车企业和产品大多数仍按照此废止标准的规定进行型号的编制），国产汽车型号应能表明其厂牌、类型和主要特征参数等。该型号由拼音字母和阿拉伯数字组成，包括首部、中部和尾部 3 个部分。

首部由 2 个或 3 个拼音字母组成，是识别企业名称的代号，如 CA 代表一汽、EQ 代表二汽（见图 1-6）、SC 代表重庆长安、BJ 代表北京等。2003 年，比亚迪收购西安秦川汽车有限责任公司，进入汽车制造与销售领域，厂牌型号还使用西安秦川汽车有限责任公司的型号 QCJ，如图 1-7 所示。

图 1-6　EQ 代表二汽

图 1-7　QCJ 代表比亚迪

中部由 4 位阿拉伯数字组成，分为首位、中间两位和末位数字 3 个部分，其含义如表 1-1 所示。

表 1-1　汽车型号中部 4 个阿拉伯数字的含义

首位数字及含义	中间两位数字表示各类汽车主要参数	末位数字
1 表示载货汽车	数字表示汽车的总质量（t）	表示企业自定序号
2 表示越野汽车		
3 表示自卸汽车		
4 表示牵引汽车		
5 表示专用汽车		
6 表示客车	数字×0.1 m 表示汽车的总长度	
7 表示轿车	数字×0.1 L 表示发动机排量	
8（暂缺）		
9 表示半挂车或专用半挂车	数字表示汽车的总质量（t）	
示例		
EQ1141	EQ 代表中国第二汽车制造厂，第一个 1 代表汽车类型为载货汽车，后面的 14 代表主参数为总质量 14 t，最后的 1 代表生产序号为 1	
BJ2020S	BJ 代表北京汽车制造厂，2 代表越野车，02 代表总质量为 2 t，0 代表该车为第一代产品，S 为厂家自定义	
ZZ3257	ZZ 代表中国重汽，3 代表自卸汽车，25 代表总质量为 25 t，7 代表生产序号为 7	

第三节　车辆识别代号

车辆识别代号（Vehicle Identification Number，VIN）由 17 位字母和阿拉伯数字组成，就是汽车的"身份证号"，它根据国家车辆管理标准确定，包含了车辆的生产厂家、年代、车型、车身型式及代号、发动机代号及组装地点等信息。新的行驶证在"车架号"一栏一般都打印车辆识别代号。

一、车辆识别代号组成

如图 1-8 所示，车辆识别代号由 3 个部分组成：世界制造厂识别代号（World Manufacturer Identifier，WMI）、车辆说明部分（Vehicle Descriptor Section，VDS）、车辆指示部分（Vehicle Indicator Section，VIS）。

世界制造厂识别代号标示了车辆的制造厂、品牌和类型，是根据地理区域分配给各个车辆制造厂家的。世界制造厂识别代号由 3 位字码组成，具体包含以下信息：第一个字码是标明一个地理区域的字母或数字，如非洲、亚洲、欧洲、大洋洲、北美洲和南美洲；第二个字码是标明一个特定地区内的一个国家的字母或数字，在美国，国际自动机工程师学会负责分配国家代码；第三个字码是标明某个特定的制造厂的字母或数字，由各国的授权机构负责分配。当制造厂的年产量少于 500 辆的时候，世界制造厂识别代码的第三个字码就是 9。

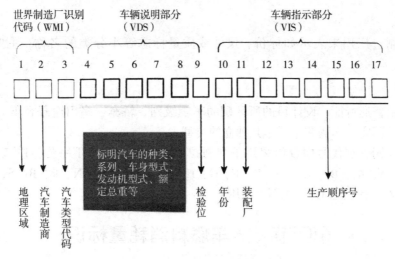

图1-8 车辆识别代号组成

车辆说明部分是提示车辆一般特征的资料,由6位字码组成,代表车辆的种类、系列、车身型式、发动机型式等。

车辆指示部分是车辆制造厂为区别不同车辆而指定的一组8位字码,它包括汽车出产年份、装配厂和生产顺序号等。这组字码与车辆说明部分的字码联合使用足以保证每个车辆制造厂在30年之内生产每辆车的车辆识别代号具有唯一性。

二、术语定义

1. 车身型式

根据车辆的一般结构和外形,车身型式有多种分类方式,如承载式车身和非承载式车身、两厢式车身和三厢式车身等。

2. 发动机型式

发动机型式指动力装置的特征,如所用燃料、气缸数量、排量等。

3. 种类

种类是制造厂对同一型号内的,在诸如车身、底盘或驾驶室类型等结构上有一定共同点的车辆所给予的命名。

4. 品牌

品牌是制造厂对一类车辆或发动机所给予的名称。

5. 型号

型号指制造厂对具有同类型、品牌、种类、系列及车身型式的车辆所给予的名称。

6. 车型年份

车型年份表明某个单独的车型的年份,只要实际周期不超过两个历法年份,可以不考虑车辆的实际生产年。

7. 制造工厂

制造工厂指标贴车辆识别代号的工厂。

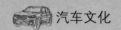
8. 系列

系列指制造厂用来表示如标价、尺寸或质量标志等小分类的名称，主要用于商业目的。

9. 类型

类型指由普通特征、设计目的所区别的车辆级别。轿车、多用途载客车、载货汽车、客车、挂车、不完整车辆和摩托车是独立的类型。

注意：车辆识别代号中仅能采用下列阿拉伯数字和大写拉丁字母：1、2、3、4、5、6、7、8、9、0、A、B、C、D、E、F、G、H、J、K、L、M、N、P、R、S、T、U、V、W、X、Y、Z（字母I、O和Q不能使用）。

第四节　汽车燃料消耗量标识

一、汽车燃料消耗量标识的定义

汽车燃料消耗量标识一般是指轻型汽车的城市工况、市郊工况和综合工况下的油耗等3类油耗标识，另外进口新车也同样要贴燃油消耗量标识（见图1-9），以方便消费者辨识油耗程度或节能效果。

图1-9　进口新车燃油消耗量标识

二、汽车燃料消耗量标识的标注

1. 企业标志

国产汽车的企业标志采用汉字标注，且须与在车身尾部显著位置上标注的汽车生产企业名称一致。合资企业可直接将合资各方汉字名称的简称进行组合或将各自注册的汉字商标进行组合标注，并与在车身尾部显著位置上标注的汽车生产企业名称一致。进口汽车的企业标志采用注册图形商标或注册文字标注。

2. 燃料消耗量

汽车生产企业或进口汽车经销商应按照 GB/T 19233—2020《轻型汽车燃料消耗量试验方法》在工业和信息化部指定的检测机构进行燃料消耗量检测（其中进口汽车也可在质检部门指定检测机构进行燃料消耗量检测），以获得燃料消耗量数据。

工业和信息化部采取的是目前在欧洲广泛使用的碳当量平衡法：通过测量尾气中的碳含量就可以推测出燃油消耗量。进行检测的是天津、长春和襄阳等地的第三方检测机构，在测定时，分别模拟车辆在城市市区道路和市区以外其他道路条件下的行驶状态，通过测量期间二氧化碳、一氧化碳和碳氢化合物的排放量，计算得出市区、市郊和综合燃料消耗量。实际油耗粘贴标识如图 1-10 所示。

说明

　　本标识所采用的燃料消耗量数据系根据GB/T 19233—2003《轻型汽车燃料消耗量试验方法》规定的行驶工况测定。
　　由于驾驶习惯、道路状况、气候条件和燃料品质等因素的影响，实际燃料消耗量通常高于本标识的燃料消耗量。

图1-10　实际油耗粘贴标识

3. 备案号

备案号采用车辆识别代号。现在世界各国生产的汽车大部分使用了车辆识别代号，它是识别一辆汽车不可缺少的工具。车辆识别代号的每位代码代表着汽车的某一方面信息参数。按照编码顺序，从车辆识别代号中可以识别出该车的生产国别、制造公司或生产厂家、车的类型、品牌名称、车型系列、车身型式、发动机型式、车型年款、安全防护装置型号、检验数字、装配厂名称和生产顺序号等。我国机械工业部（今工业和信息化部）于1996 年 12 月 25 日发布了《车辆识别代号（VIN）管理规则》，规定："1999 年 1 月 1 日后，适用范围内的所有新生产车必须使用车辆识别代号"。车辆识别代号应尽量位于车辆的前半部分，且易于看到、能防止磨损。9 人座或 9 人座以下的车辆和最大总质量小于或等于 3.5 t 的载货汽车的车辆识别代号应位于仪表板上。在白天日光照射下，观察者不需移动任何部件从车外即可分辨出车辆识别代号，如图 1-11 所示。

图1-11 上海大众车辆识别代号

三、电动汽车能源消耗量标识

2017年5月12日，国家质检总局（今国家市场监督管理总局）、国家标准化管理委员会发布《轻型汽车能源消耗量标识》系列新版强制性国家标准，规定了标识内容、格式、材质及粘贴要求。其中，GB 22757.2—2017《轻型汽车能源消耗量标识 第2部分：可外接充电式混合动力电动汽车和纯电动汽车》自2018年1月1日强制施行。实施的标识标准不仅方便辨识油耗程度或节能效果，更加体现了能耗指标要求的提升，其中对"能耗标识内容""能源消耗量数据""能耗标识要求：功能区划分、标识规格及图案要求、标识材质及粘贴位置"做了强制规定。

1. 对纯电动汽车的规定

电能消耗量及续驶里程按照GB/T 18386—2017《电动汽车能量消耗率及续驶里程 试验方法》进行测定。

综合工况电能消耗量及电能当量燃油消耗量按照等量热值方法进行折算，1 kW·h电能消耗量约合0.113 L汽油消耗量。

2. 可外接充电式混合动力电动汽车

燃料消耗量数据、电能消耗量及续驶里程按照GB/T 18386—2017《电动汽车能量消耗率及续驶里程试验方法》进行测定。

综合工况电能消耗量及电能当量燃油消耗量按照等量热值方法进行折算，1 kW·h电能消耗量约合0.113 L汽油燃料消耗量。

四、《轻型汽车能源消耗量标识》标准特点

1. 变更标准名称，扩展标准结构

新版标准是对旧标准的补充与完善，由于标识的范围扩展至电动汽车等新能源汽车，因此标准名称变更为"轻型汽车能源消耗量标识"，以涵盖除汽油、柴油等燃料之外其他能源形式。新标准分为两个部分：第一部分（GB 22757.1—2017）适用于汽油和柴油汽车；第二部分（GB 22757.2—2017）适用于新能源汽车。

2. 增强标识对消费者的参考作用

为解决消费者普遍反映的原有标识方案中突出显示的综合工况燃料消耗量与实际驾驶差别较大的问题，新标准中调整了汽（柴）油汽车市区、综合工况燃料消耗量显示大小，以符合实际使用状态的市区工况燃料消耗量数值放大、突出显示，引导消费者关注市区工

况燃料消耗量，增强标识对消费者的参考作用。

3. 了解与同类型车辆的比较，增加连续比较信息

通过在一条带有刻度的标尺上同时注明车辆综合工况燃料消耗量、同类型车辆燃料消耗量领跑值以及对应限值的相对位置，方便消费者了解产品在同类型车辆中的能耗水平，从而做出更加理性的选择。

4. 为主管部门制定管理措施提供参考信息

按照国家标准委和工信部关于标识标准应服务政府管理的要求，为便于今后出台基于燃料消耗量的财税措施，在标识上增加了车型燃料消耗量与限值比较相差幅度的信息。

5. 全面展示电动汽车能耗水平

为引导新能源汽车向更节能、环保的方向发展，给新能源汽车营造公平、健康的发展空间，向消费者更全面展示新能源汽车的能耗水平，标准中规定新能源汽车电能消耗量应按照热值转换的方法在标识上标注折算后的汽油消耗量。

此外，为更客观地反映实际驾驶时可外接充电式混合动力电动汽车的能耗水平，除需要标注综合燃料消耗量及电能消耗量外，还需要注明在最低荷电状态下的燃料消耗量水平。

第五节 汽车工业的地位

随着世界汽车工业的不断发展，汽车工业在世界经济发展中的地位越来越突出，逐渐成为各主要汽车生产国的支柱产业，并对世界经济的发展和社会的进步产生了巨大的作用和深远的影响。

一、汽车工业是优化交通结构的产业

现代交通结构由火车、汽车、飞机、船舶等现代交通工具组成，它们各自在交通结构中发挥着重要作用。其中，汽车所具有的普遍性和灵活性是其他现代交通工具所无法比拟的。

1. 普遍性

火车、飞机、船舶只适合作为公共交通工具使用，并要求有与之相适应的客货运输量。而汽车既适合作为公共交通工具使用，又适合作为家庭和个人的交通工具使用，既适用于大批量客货运输，也适用于小批量客货运输。

2. 灵活性

火车、飞机、船舶均属于线性交通工具，火车只能沿铁路运行，飞机只能沿航线飞行，船舶只能沿江河、湖海航行。而汽车属于地面上的交通工具，只要有道路就能行驶，它既可通向各个城市，又可通向广大农村，实现"门对门"服务。

汽车所具有的普遍性和灵活性，使得现代交通结构实现了公共交通与个人或家庭相结合，大批量客货运输和小批量客货运输相结合。火车、飞机、船舶运输也需要与汽车运输相结合，以汽车作为终端运输工具，才能实现现代化运输的全过程，从而使现代交通结构得到优化。

汽车运输周转量在全社会运输周转量中所占比重越来越大。2019年，我国铁路全年完

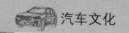

成旅客发送量 36.60 亿人，公路全年完成营业性客运量 130.12 亿人，水路全年完成客运量 2.73 亿人，民航全年完成旅客运输量 6.60 亿人。由此可见，现阶段我国公路客运量最多，汽车仍是大多数居民的出行首选。

二、汽车工业是创造巨大产值的产业

汽车既是高价值产品，又是批量大的产品，因而它能够创造巨大的产值。

早在 20 世纪 30 年代，美国汽车工业就创造了很高的产值，在制造业中名列前茅，占制造业产量的比重达 10% 以上。近年来，美国汽车工业年产值约 7 000 亿美元，占 GDP 的 3.5% 左右，几乎占据全国制造业的 1/3。2007 年，我国汽车工业总产值就突破万亿元大关，达到 1.1 万亿元，占 2007 年 GDP 的 4%。2009 年，我国汽车工业总产值超过 3 万亿元，实现利税超过 3 000 亿元。2017 年，我国汽车工业总产值达 8.82 万亿元，占全国工业总产值的 7.6%。

目前，全球汽车工业年总产值约为 5 万亿美元。这个数字表明，汽车工业是创造巨大产值的产业。

三、汽车工业是波及范围广和影响效果大的产业

汽车工业对相关产业的影响，不仅表现在生产过程中，也表现在使用过程中。它波及原材料工业、设备制造业、配套产品业、公路建设业、能源工业、销售业、服务业和交通运输业等，而且影响效果大。1997 年，中国汽车工业对国民生产总值的影响系数为 9.92，即汽车工业每创造一个单位的增加值可为国民生产总值带来 9.92 倍的增加值。汽车工业的增加值达到 GDP 的 3% 的时候，将成为国民经济的支柱产业。汽车工业在一个大国强国的 GDP 中往往占据十分重要的地位。

四、汽车工业是提供广阔就业机会的产业

汽车是一个规模大、成本高、投资周期长、资金密集、劳动密集的特殊行业，中国汽车工业的快速发展显著拉动了上下游关联产业的发展。目前，世界主要汽车生产国汽车工业和相关产业提供的就业机会，占全国总就业机会的 10% ～20%。2007 年，汽车产业自身的 200 万名制造业职工的就业，拉动了将近 1 800 万名相关产业的职工就业，占全国总就业人数的 1/6。根据《中国汽车产业发展报告（2019）》蓝皮书，2017 年年末，汽车制造工业直接从业人数是 630 万人，相较于 2007 年的 204 万人，10 年增长了 209%。国务院发展研究中心对 2005 年我国 62 个部门的投入产出流量表进行了分析，结果显示汽车制造业每增值 1 元，就可带动上下游关联产业增值 2.64 元。国家信息中心分析认为，汽车产业（包括零部件企业在内）和相关产业的就业比例关系是 1:7，即汽车产业每增加 1 个就业岗位，就会带动相关产业增加 7 个就业岗位。按照《中国汽车工业：中英文版》的推算，从全产业链带动就业人数的角度来看，汽车业是第一制造产业。

五、汽车工业是技术密集型的产业

汽车是高新技术的结晶，汽车工业所涉及的新技术范围之广、数量之多，是其他产业难以相比的。汽车是唯一一种零件数以万计、产量以万计、保有量以亿计的高科技产品，其巨大的市场潜力，不断产生科技进步的力量，使汽车成为当代众多高新技术争相应用的

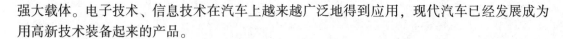

强大载体。电子技术、信息技术在汽车上越来越广泛地得到应用，现代汽车已经发展成为用高新技术装备起来的产品。

六、汽车工业是强大的出口产业

汽车工业是资金和技术密集的大批量生产产业，不是任何国家都有条件发展汽车工业的。但是，世界上所有国家都需要大量汽车，这就决定了汽车工业强大的出口产业地位。汽车工业是世界制造业中创汇最高的产业之一。

2019 年，世界汽车出口贸易总体表现依然活跃，汽车商品出口金额排名前十位的国家依次是：德国、日本、美国、墨西哥、加拿大、韩国、比利时、英国、西班牙和斯洛伐克。其中，德国的汽车出口金额为 1 423 亿美元，名列第一并遥遥领先。如果以汽车集团出口数量排序，分别为：日本丰田、德国大众、德国戴姆勒、美国福特、德国宝马、美国通用、日本本田、韩国现代、日本日产和中国上海汽车。2020 年，中国汽车产品出口金额 722.5 亿美元，在汽车产品出口中，汽车零配件占有很大比重，汽车零配件出口金额 565.2 亿美元，汽车整车共出口 108.2 万辆，出口金额约 157.4 亿美元。

七、汽车工业是获得巨额税收的产业

汽车不仅在生产过程中有巨额税收，在销售、使用过程中也有巨额税收，而且后者显著高于前者。随着汽车工业的发展，汽车税收在国家总税收中占有越来越大的比重。

1997 年，德国征得的汽车各项税收占全国总税收的 23.4%，我国中央和地方在汽车生产和使用环节征得的总税收约为 1 300 亿元。2019 年，我国汽车产销分别完成 2 572.1 万辆和 2 576.9 万辆，实现利税超 4 800 亿元。

八、汽车工业是推进社会显著进步的产业

汽车是改变世界的机器，它既改变了生产，也改变了生活。汽车工业对推进社会进步发挥了显著的作用。它促进了城市发展，缩小了城乡差别，改善了人们的生活质量。

纵观历史，20 世纪 20 年代美国经济的兴起，20 世纪 50 年代联邦德国、意大利、法国经济的起飞，20 世纪 60 年代日本经济的发达，无不以汽车工业的高速增长为前导。汽车已经成为一些国家经济的支柱产业。

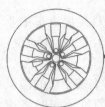

第二章
汽车发展简史

本章概述

　　汽车自19世纪末诞生以来，已经经历了100多年。从卡尔·本茨发明的第一辆汽车到现在的超级跑车，汽车技术的不断变革是人类智慧的结晶，也是人类文明发展的推进器。汽车技术的不断改进和汽车工业的不断发展，大大改变了人类的生活。

　　本章主要对内燃机汽车、新能源汽车的诞生与发展，以及我国古代"车"的发展、近代汽车工业的关键发展阶段进行介绍。通过本章的学习，大家能够了解内燃机汽车、新能源汽车及其关键组成部分的诞生，熟悉汽车诞生与发展过程中做出杰出贡献的发明家及其伟大发明，了解我国古代能工巧匠的造"车"水平，熟悉近代中国汽车工业发展的几个关键阶段及在此过程中成立的代表性汽车企业。

第一节　内燃机汽车发展简史

　　内燃机是一种动力机械，是通过燃料在机器内部燃烧，并将其放出的热能直接转换为动力的热力发动机。广义上的内燃机不仅包括往复活塞式内燃机、旋转活塞式发动机和自由活塞式发动机，也包括旋转叶轮式的喷气式发动机，但通常所说的内燃机是指活塞式内燃机。活塞式内燃机以往复活塞式最为普遍。活塞式内燃机将燃料和空气混合，在其气缸内燃烧，释放出的热能使气缸内产生高温高压的燃气。燃气膨胀推动活塞做功，再通过曲柄连杆机构或其他机构将机械功输出，驱动从动机械工作。常见的内燃机有柴油机和汽油机，将内能转化为机械能。汽车发动机一般都是内燃机。

一、汽车发动机发展简史

　　1860年，法籍比利时工程师列诺尔（见图2-1a）制成了煤气机（见图2-1b），这是一种无压缩、电点火、使用煤气的内燃机，功率为1.1 kW，热效率为4%左右。列诺尔的煤气机是现代内燃机的原型。1863年，列诺尔将煤气机固定在三轮推车上，在11 h内行驶了18 km，是步行所需时间的4倍。

图 2-1 列诺尔及其制造的煤气机

(a) 列诺尔；(b) 列诺尔制造的煤气机

1866 年，德国科学家奥托制成了第一台四冲程往复活塞式内燃机（单缸、卧式、以煤气为燃料、采用火焰点火、功率大约为 2.21 kW、转速为 180 r/min、压缩比为 2.66），如图 2-2 所示。在这部发动机上，奥托增加了飞轮，使运转平稳，把进气道加长，又改进了气缸盖，使混合气充分形成，其热效率可达 12% ~ 14%，相当于当时蒸汽机的 2 倍。奥托把 3 个关键的技术——内燃、压缩燃气、四冲程融为一体，使这种内燃机具有效率高、体积小、质量轻和功率大等一系列优点。在 1878 年巴黎万国博览会上，该内燃机被誉为"瓦特以来动力机方面最大的成就"。

图 2-2 第一台四冲程往复活塞式内燃机

1872 年，奥托在德国建立道依茨（DEUTZ）发动机公司，开始批量生产内燃机。1998 年，中德合资潍坊潍柴道依茨柴油机有限公司由潍坊柴油机厂与德国道依茨股份公司合资组建；2007 年，道依茨一汽（大连）柴油机有限公司成立；2019 年，湖南道依茨动力有限公司成立。

1885 年，德国工程师卡尔·本茨拆开两辆自行车，用一个钢制骨架把两个后轮和一个前轮组合在一起，前轮用于转向，后轮用于驱动，在车子后部安装了单缸四冲程内燃机，设计制造了一辆三轮汽车（见图 2-3a），并在 1886 年 1 月 29 日获得了专利。这是汽车得到的第一张官方出生证明（见图 2-3b）。

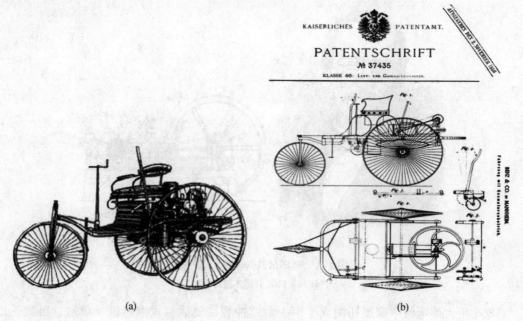

图 2-3 卡尔·本茨设计制造的三轮汽车及专利
（a）三轮汽车；（b）专利

1886 年，德国工程师哥特里布·戴姆勒（Gottlieb Daimler）买了一辆美国造的四轮大马车。在威廉·迈巴赫（Wihelm Maybach）的帮助下，在前轮上安装了转向装置，后轮上安装了驱动装置，把世界上第一台立式发动机安装在车身的中部，世界上第一辆四轮汽车（见图 2-4）就这样诞生了。该发动机（见图 2-5）为汽油机、化油器式、电点火，质量为 60 kg，功率为 0.368 kW，转速达到了当时创纪录的 750 r/min。

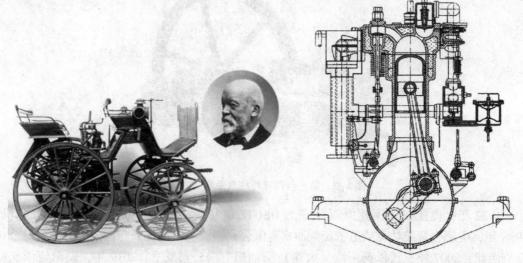

图 2-4 世界上第一辆四轮汽车　　　　图 2-5 世界上第一台立式汽油机

1892 年，德国工程师鲁道夫·狄塞尔（Rudolf Diese）获得柴油发动机发明专利。他受面粉厂粉尘爆炸的启发，设想将吸入气缸的空气高度压缩，使其温度超过燃料的自燃温度，再用高压空气将燃料吹入气缸，使之着火燃烧。由此，他于 1897 年制成了第一台具有实用价值的高压缩型自动点火内燃机，即压燃式柴油机（见图 2-6），这是内燃机技术的第二次突破。

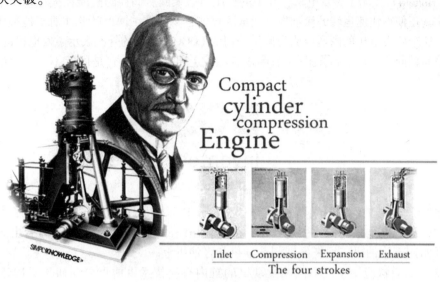

图2-6 世界上第一台柴油机

1957 年，德国人汪克尔（Wankel）发明了转子活塞发动机，如图 2-7 所示。一般发动机是往复运动式发动机，工作时活塞在气缸里做往复直线运动，为了把活塞的直线运动转化为旋转运动，必须使用曲柄连杆机构。转子发动机则不同，它直接将可燃气的燃烧膨胀力转化为驱动扭矩。与往复运动式发动机相比，转子发动机取消了无用的直线运动，无曲轴连杆和配气机构，零件数减少了 40%，质量轻、体积小、转速高、功率大。

图2-7 汪克尔发明的转子活塞发动机

1967 年，日本东洋公司（马自达公司的前身）和汪克尔公司签订协议，取得转子发动机生产权利。从汪克尔公司引进转子发动机后，马自达公司就进行了技术改进和研究，成为世界上唯一研发和生产转子发动机的汽车公司，并研制成功了电子控制 6 进气口的转子发动机。这种发动机采用微型计算机控制发动机负载状态，自动调整怠速装置和废气再循环装置，使发动机工作平稳，从而降低油耗，减少废气的排出。

1897 年，博世集团的创始人罗伯特·博世（Robert Bosch）第一次成功把火花塞安装在一个汽车发动机上，就此解决了内燃机点火系统这个在当时被奔驰汽车公司创始人卡尔·本茨称为的 "难题中的难题"。1902 年，罗伯特·博世的第一位工程师戈特罗布·霍诺尔德

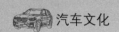

（Gottlob Honold）发明了磁发电机，其中的高压电磁线圈所储存的磁能在火花塞产生电火花点火，才真正使得快速运转的汽油发动机成为可能，罗伯特·博世就此注册了他最成功的专利之一。这个磁发电机的图形也成为博世公司的LOGO，图形的外圆表示磁发电机的永磁铁，它与引擎曲轴同步运转；圆圈内的图形代表磁发电机的线圈，它是固定不动的，如图2-8所示。

图2-8　博世集团的LOGO

1925年，瑞典工程师乔纳斯·赫塞尔（Jonas Hesselman）发明了第一台汽油直喷发动机。它的设计思路是采用稀薄燃烧技术，就是在压缩冲程后端开始喷油，然后由火花塞点燃。最开始用于汽油机，后来发展到柴油机和煤油机上。

1952年，首次应用于汽车汽油发动机的缸内直喷技术由博世公司研发。1955年，奔驰推出第一辆采用缸内直喷技术的跑车300SL。1996年，三菱公司推出世界上第一款商品化1.8 L直列四缸GDI发动机（4G93）。

2007年，国内第一款自主研发的汽油直喷发动机JB8在一汽集团技术中心正式起动运转。JB8汽油直喷发动机是一汽集团在"十一五"期间承担的国家"863"计划项目"轿车直喷汽油机开发"的阶段性成果。这一款发动机集成了当时国际汽油机的先进技术，如汽油直接喷射、四气门、全铝结构轻量化设计等，特别是采用了自主独创的汽油直喷与气道喷射共用的燃烧系统和自主集成的电控汽油直喷系统，为今后一汽集团不同汽油机平台的汽油直喷机型的开发奠定了基础。

2022年1月8日，潍柴动力在济南发布了全球首款本体热效率达51.09%的柴油机，如图2-9所示。同时，国际权威检测机构德国TüV南德意志集团将热效率达到51.09%的认证证书颁发给潍柴动力，标志着潍柴在传统高端动力方面取得了全新突破。热效率是体现一个国家柴油机技术综合实力的标志，也是衡量内燃机燃油利用效率的标准。热效率越高，燃油消耗越少，节能减排的效果越显著。

图2-9　热效率达51.09%的潍柴柴油机

二、汽车底盘发展简史

底盘包括传动系、转向系、制动系和行驶系 4 个部分，如图 2-10 所示。

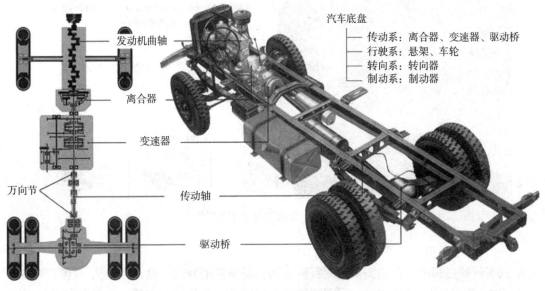

图 2-10　底盘的组成

1. 汽车传动系的发展

早期汽车的传动系，从发动机到车轮之间的动力传递形式是很简单的。发动机驱动一组锥形减速齿轮，再传到轴和皮带轮，皮带轮和驱动桥上的链轮之间采用皮带传动。小链轮通过与驱动轮上的内齿轮啮合，使汽车行驶，而大链轮则用来加速。如果汽车遇到上坡而爬坡能力不够时，驾驶员就停下车子，把小链轮啮合后进行驱动。

1893 年，美国杜里埃兄弟设计了差速器，使汽车转弯时能使两个轮子的转速不同，可以克服轮胎很快磨损的缺点，同时，他们还在汽车上首次使用了干式单片离合器。

1894 年，法国的本哈特和拉瓦索发明了齿轮变速器，他们驾驶装有自己设计的变速器的汽车时快时慢、时进时退，用事实征服了汽车界。

1898 年，法国雷诺汽车公司首先使用了传动轴；1902 年，皮尔里斯发明了汽车万向节；1913 年，美国的派克特汽车推广应用了螺旋锥齿轮主减速器后桥；1928 年，派克特汽车在后桥上采用了双曲线齿轮主减速器；1928 年，美国凯迪拉克轿车采用了带同步器的变速器。

1937 年，美国的别克和奥兹莫比尔汽车使用了一种自动安全变速器，首创现代自动变速器；1939 年，这套自动变速箱结构正式被命名为"Hydra-Matic"，如图 2-11 所示。

1948 年，别克轿车采用了与行星齿轮机构组成一体的液压变矩器，这就是现代液力自动变速器的原型；1957 年，美国的辛普森（现代汽车自动变速器之父）推出了由太阳齿轮、齿圈和行星齿轮巧妙构成的三速自动变速器。

1958 年，荷兰的 DAF 公司 H. Van Doorne 博士研制成功了名为 Variomatic 的双 V 型橡胶带式 CVT，并装备于 DAF 公司制造的 Daffodil 轿车上。

HYDRA-MATIC DRIVE*... *Greatest*

DESIGNED, DEVELOPED and INTRODUCED
by OLDSMOBILE
The Car Ahead in Engineering

图 2-11   自动安全变速器广告

2. 汽车转向系的发展

汽车行驶过程中，经常需要改变行驶方向，即所谓的转向，这就需要有一套能够按照司机意志使汽车转向的机构，它将司机转动方向盘的动作转变为车轮（通常是前轮）的偏转动作。

内燃机汽车发明者卡尔·本茨在他发明的三轮汽车上，首先采用了所谓的齿轮齿条式转向器，但是靠一根操纵杆控制，类似舵柄；1908 年，福特 T 型汽车采用了行星齿轮转向器；1923 年，美国的马尔斯为了减少转向器中涡轮副和滚轮轴之间的接触摩擦力，在两者之间接触处放置滚球支撑，这便是最早的循环球式转向器。

1928 年，美国的戴维斯研制出液压动力辅助转向器。1954 年，在美国的一些大型轿车上首次应用动力转向。1966 年，美国凯迪拉克公司推出了一种可变速比的动力转向机构，这种动力转向系统车轮偏转的角度越大，提供的助力也越大；当车轮接近于直线行驶时，助力随之减到最小。1985 年，日本丰田公司在其生产的轿车上装用了电子计算机控制的速度敏感动力转向装置，它是第一个采用计算机控制辅助转向的汽车产品，在低速时提供最大的助力，而在高速时几乎没有助力，因此在高速公路上行驶时没有转向的抖动问题。

3. 汽车制动系的发展

从汽车诞生时起，车辆制动系统在车辆的安全方面就扮演着至关重要的角色。最早的汽车采用的是与马车相同的用摩擦垫压紧车轮的制动器，而且只安装在后轮上。

1889 年，戴姆勒汽车将制动鼓装在后轮上，再绕上钢缆，构成了制动装置。

1902 年，英国的兰切斯特取得了盘式制动器的专利权。

1902 年，美国的奥兹发明了钢带与制动鼓式制动器，后来许多汽车采用了这种制动器。

1903 年，美国的廷切尔汽车采用了气压制动器。

1907 年，英国的弗罗特发明了石棉制动蹄片。

1918 年，英国的洛克希德发明了液压鼓式制动器。

1928 年，皮尔斯·阿罗汽车第一次装用真空助力制动器，它利用进气歧管的真空度以降低驾驶员作用于制动器上的操作力。

1936 年，博世公司申请一项电液控制的防抱死制动系统（Antilock Brake System，ABS）装置专利，促进了 ABS 在汽车上的应用。

1958 年，英国道路研究所研制出第一个 ABS。

1969 年，福特使用了真空助力的 ABS。

1971 年，克莱斯勒车采用了四轮电子控制的 ABS。

这些早期的 ABS 性能有限，可靠性不够理想，且成本高。

1979 年，默本茨推出了一种性能可靠、带有独立液压助力器的全数字电子系统控制的 ABS。

1985 年，美国开发出带有数字显示微处理器、复合主缸、液压制动助力器、电磁阀及执行器"一体化"的 ABS。随着大规模集成电路和超大规模集成电路技术的出现，以及电子信息处理技术的高速发展，ABS 已成为性能可靠、成本日趋下降的具有广泛应用前景的成熟产品。

1992 年，ABS 的世界年产量已超过 1 000 万套，世界汽车 ABS 的装用率已超过 20%。如今诸多国家和地区（如欧洲、日本、美国等）已制定法规，使 ABS 成为汽车的标准设备。

20 世纪 90 年代初，德国奔驰公司开发的车身电子稳定系统（Electronic Stability Program，ESP），通过对车上传感器的监测和电子控制单元（Electronic Control Unit，ECU）的计算分析识别出驾驶员的驾驶意图，并对可能造成危险的行驶状态进行干预控制，从而维持车辆的稳定性，避免事故的发生。

从 1995 年至今，伴随着理论研究的不断深入和电子技术的不断发展，汽车稳定性控制得到了很大的发展，并开始作为选装件安装在一些中高档轿车上。德国博世公司一直是这方面技术的领先者，无论是 ABS/ASR 还是更先进的 ESP 系统，技术上都一直处于领先地位，为国际大多数汽车厂商供应 ABS/ASR/ESP 系统。

4. 汽车行驶系的发展

1）汽车悬架的发展

在汽车时代远未到来之前，使车辆平稳运行的装置就已经在四轮马车中使用。

1580 年，载客四轮马车已使用减振的弹簧悬架。

1805 年，埃利奥特获得椭圆形和半椭圆形弹簧板的专利。

1900 年，美国人哈德福特制成了第一个汽车减振器，并将它装在奥兹莫比尔轿车上。

1921 年，英国的利兰德汽车公司生产了第一个使用扭杆弹簧悬架的汽车。

1933 年，美国的费尔斯通公司研制了第一个实用的空气弹簧悬架。同年，门罗公司为赫德森轿车研制双向筒液压减振器。直到目前，这种筒式减振器没有很大改变。

1934 年，通用汽车公司采用了前螺旋弹簧独立悬架。

1938 年，别克汽车第一次将螺旋弹簧应用到汽车后悬架上。

1950 年，福特汽车公司的麦弗逊制成了麦弗逊式独立悬架（见图 2-12），这是轿车上应用较多的悬架形式。麦弗逊是美国伊利诺伊州人，1891 年生。大学毕业后他曾在欧洲研究了多年的航空发动机，并于 1924 年加入了通用汽车公司的工程中心。20 世纪 30 年代，通用的雪佛兰分部想设计一种真正的小型汽车，总设计师就是麦弗逊。他对设计小型轿车非常感兴趣，目标是将这种四座轿车的质量控制在 0.9 t 以内，轴距控制在 2.74 m 以内，设计的关键是悬架。麦弗逊一改当时盛行的板簧与扭杆弹簧的前悬架方式，创造性地将减振器和螺旋弹簧组合在一起，装在前轴上。实践证明这种悬架形式的构造简单，占用空间小，而且操纵性很好。后来，麦弗逊跳槽到福特。1950 年，福特在英国的子公司生产的两款车，是世界上首次使用麦弗逊悬架的商品车。麦弗逊悬架由于构造简单、性能优越的缘故，被行家誉为经典的设计。

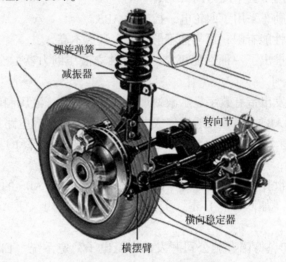

图 2-12　麦弗逊式独立悬架

1956 年，英国利兰车和法国雪铁龙车开始使用液压和液气压悬挂系统，前后轮的悬架用管道相连，液气混合在管中保持压力。一个轮子碰到东西或坑穴而上升或下降时，管道中压力会上升或下降，使其他轮子下降或上升以保持汽车平衡。该系统使汽车的平衡性和运行稳定性得到空前提高，并在此后成为各国小型载客车辆的标准装置。

1984 年，美国林肯大陆轿车采用了可调整的空气悬架系统，从此电控悬架在汽车上开始采用。

目前采用的主动悬架，一般由传感器检测系统运动的状态信号，反馈到 ECU，然后由 ECU 发出指令给执行机构主动力发生器，构成闭环控制。

2）汽车车轮的发展

早先汽车使用的是木制或铁制车轮，现代汽车均使用橡胶轮胎车轮。1886 年，本茨和戴姆勒发明的汽车使用的是实心橡胶轮胎。直到 1888 年英国一位兽医邓禄普发明了自行车用充气轮胎，这种充气轮胎才开始应用到汽车上。

1888 年，英国兽医约翰·伯德·邓禄普（John Boyd Dunlop），看到自己儿子自行车的实心橡胶轮在石头路上颠簸很厉害，他从医治牛胃气膨胀中得到启示，把家中花园里用来浇水的橡胶管粘成环形，打足了气，装在自行车轮子上，外面涂上橡胶做保护层，做了一个气胎。这种气胎缠在车轮上，要修补内管的刺孔，必须首先用苯把涂的橡胶剥下来，修好后再涂上橡胶。这种新轮胎一开始受到人们的嘲笑，但他的儿子骑此车参加比赛获得了第一名，于是此项发明受到人们的重视。邓禄普为他的发明申请了专利，并放弃了兽医职业，建立了世界上第一家轮胎制造厂，开始生产橡胶轮胎。从 1894 年起，早期大批量生产的希尔德布兰德和沃尔米勒牌摩托车正式使用了邓禄普轮胎。1905 年，邓禄普开发出第一条胎面有横向花纹沟槽的汽车轮胎。

2002 年，邓禄普轮胎开始在中国江苏常熟建厂。2004 年，常熟工厂第一条中国产邓禄普轮胎（见图 2-13）下线。

图 2-13　中国产邓禄普轮胎

早期在行车中若遇到爆胎，驾驶员从车轮上拆下或装上内胎非常困难，很多时候需要专门修理工才能完成。1904 年，美国克莱斯勒采用了可拆式轮圈，以便于驾驶员在行车途中快速换胎。

以前，平滑的轮胎在潮湿的路面经常打滑，驾驶员在行车途中得携带绳子，用来缠绕在轮胎上以增强牵引力。直到 1908 年，固特异公司发明了能在轮胎上刻出花纹的机器，制造出防滑轮胎，这一问题才得到解决。1908 年，米其林公司研制出了双式车轮，有效地解决了重型汽车的轮胎负荷问题；1937 年，米其林公司又研制出了子午线轮胎，这种命名为"蝇笼"的轮胎胎面，由多层帘布层加强，并用分层钢丝帘线层箍紧。这些帘线层均与轮胎钢丝垂直排列，极大地改善了轮胎行驶方向的稳定性。1948 年，美国古德奇公司制成了汽车无内胎轮胎。1981 年，英国邓禄普公司发明了一种新型轮胎，在穿孔的情况下汽车仍可继续行驶，而轮胎不会从轮辋上脱出，胎冠内表面涂有聚凝胶，既是密封剂，又是润滑剂。

目前，为提高轮胎使用寿命，降低油耗，适应汽车行驶速度高、安全性和舒适性的要求，汽车轮胎发展趋势是子午线、无内胎化和扁平化。

三、汽车电气设备发展简史

1）最早汽车电源

汽车使用铅酸蓄电池的历史已近一个半世纪。1859 年，法国物理学家普兰特发明了铅酸蓄电池，为后来汽车用电开辟了道路。他的第一个铅酸蓄电池有两块卷成螺旋状的铅片，中间用橡皮隔开，浸没在浓度为 10% 硫酸溶液中。在此以前的电池只能使用一次，而普兰特造出的是第一个放电后能重新充电，从而可以反复使用的蓄电池。

2）发电机与起动机

发电机与起动机可以说是历史上独一无二的最伟大的电学发明。1831 年，英国物理学家法拉第在证明磁能生电以后，发明了第一台转轮式发电机。美国物理学家亨利于 1831 年发现自感现象后，又发表了介绍电动机的论文。根据发电机原理，做成与发电机原理相反的电动机（马达），这就是起动机。可以说，发电机技术进步的同时就有了起动机。

1912 年，凯迪拉克轿车使用了直流发电机。1962 年，通用汽车公司采用了二极管整

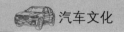

流的交流发电机。现在，汽车使用的发电机都是交流发电机。

在汽车未安装起动装置之前，汽车发动机都必须摇动手柄起动，既费力又危险。起动机就是在一次偶然事故中产生的。1910年，亨利·利兰德（凯迪拉克公司创始人）的好友卡顿帮助一辆抛锚的凯迪拉克轿车女车主摇起动手柄，发动机产生回火，卡顿被手柄打伤额部，随后因并发症而死。由此利兰德邀请凯特林研究发动机的起动装置（电瓶起动系统）。1912年，凯迪拉克轿车开始使用起动装置（见图2-14）。

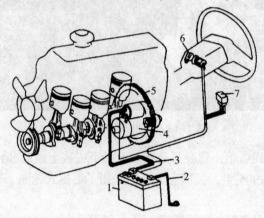

1—蓄电池；2—搭铁电缆；3—起动机电缆；4—起动机；5—飞轮；6—点火开关；7—起动继电器。

图2-14 轿车起动装置

3）汽车仪表

汽车仪表随着汽车行业的高速发展而不断改革，不管是形态还是功能，都发生了巨大的变化。它已不再仅仅是一个提供转速、车速信息的简单元件，而能展示更多重要的汽车信息，甚至发出警告。集成和数字控制技术的普及，让汽车仪表的功能前所未有地丰富，并且视觉效果也更加赏心悦目。这个方寸之地不但体现出工程师设计的技术实力，更能够展示设计师的审美视角，可以为汽车OEM厂商提供更高的电子产品附加价值，与车型进行更完美的个性匹配，为消费者提供更加多样性的选择和个性化的驾驶体验。

早期常规仪表包含了车速里程表、转速表、机油压力表、水温表、燃油表、充电表等，之后汽车仪表还需要装稳压器，专门用来稳定仪表电源的电压，抑制波动幅度，以保证汽车仪表的精确性。

电气式仪表增加了很多功能，汽车信息反馈也更多更及时地显示在仪表盘上。而且，随着显示技术的不断迭代，仪表盘上显示的信息越来越清晰、快捷。

虚拟汽车仪表用屏幕取代了指针、数字等传统仪表盘上最具代表性的部分，其优点是可以由用户自己定义仪器系统，以满足不同的要求，功能更加强大、灵活，更容易同网络、外设及其他应用相连接。虚拟汽车仪表得益于更强大的图形处理和显示效果，更多的指示灯被拟物化设计，从而有效降低用户的接受过程；多媒体娱乐信息和车辆基本信息也可以更符合逻辑地显示出来，集中显示有助于提升驾驶安全，驾驶员的视距也不必在多个位置频繁切换；另外，简化的设计，也可以将更多空间留给乘坐区域或者是储物等。可以说虚拟仪表是目前最先进的汽车仪表，也是未来的发展方向与趋势。

4）汽车音响

随着时代与科技的发展，贴合着服务人们需求的特性，汽车音响应运而生。音响设备在汽车的运行性能上虽然没有什么重要作用，属于辅助性设备，但其存在的价值却是不可否定的。优美动听的声音，可有效地降低车内乘员和驾驶员的疲劳，提高驾乘感受和娱乐性，陶冶情操，稳定情绪，消除简单、枯燥和乏味的驾车感受。所以，汽车音响便也成了判断一辆汽车是否舒适的依据之一。

汽车音响从诞生发展至今，经历了大概 5 个时代。

（1）20 世纪 40—60 年代，收音机时代。1923 年，美国最早出现了在仪表盘总成上装配无线电收音机的汽车，这时候的无线电收音机用的还是电子管。直到 20 世纪 50 年代，出现半导体技术，汽车收音机也发生了技术改革，用半导体管逐步取代了电子管，提高了车载收音机的使用年限。

（2）20 世纪 70 年代，卡带机时代。在 20 世纪 70 年代初，一种可播放录音带的车用收放两用机出现在汽车上，同时机芯开始采用集成电路。直到 20 世纪 80 年代末，一般轿车的影像多以一个卡式收放两用机与一对扬声器为基础组合，扬声器分左右两路声道，有的置于仪表板总成两侧，有的置于车门，有的置于车后座的后方，收放两用机输出功率多在 20 W 左右。

（3）20 世纪 80 年代，CD 机时代。科技的发展总是迭代性的，1985 年，诞生了第一辆装配 CD 机的车型。CD 机因为播放音质更好，所以快速收割了属于卡带机的时代，直至今日，依然可以看见 CD 机的影子，影响甚远。

（4）20 世纪 90 年代，DVD 导航时代。无论久远的收音机、卡带机，还是后来的 CD 机，随着科技的发展，终将没入历史发展的长河中。DVD/MP3 及导航的出现，让汽车音响进化得更加丰富有层次，导航、音影、音乐，科技感与实用性相辅相成。

（5）21 世纪，数字时代。21 世纪是车载系统飞速发展的时代，汽车音响的发展已不满足于导航、音乐、蓝牙这些基础功能上面，而是兼容性更强，车与手机系统的联合，车与网络的互联，语音智能化，娱乐、导航及便携控制这一系列都在发生翻天覆地的变化，车载网络早已是未来发展的大趋势。

5）汽车空调

汽车空调用于把汽车车厢内的温度、湿度、空气清洁度及空气流动调整和控制在最佳状态，为乘员提供舒适的乘坐环境，减少旅途疲劳；为驾驶员创造良好的驾驶条件，对确保安全行车起到重要的作用。汽车空调一般包括制冷装置、取暖装置和通风换气装置，这种联合装置充分利用了汽车内部有限的空间，结构简单、便于操作。

1897 年，汽车上最早的取暖装置出现。在当时，戴姆勒公司装用了一种从发动机冷却水中吸取热量的热水加热器。

1884 年，汽车上最早的制冷装置出现。在当时，汽车制造商威廉·怀特将冰块放在汽车底板的托盘里，并且利用装在车桥上的风扇将冷空气吹入车内；至于车内通风，在几十年里都是由杠杆操通风口来调节的，空气被直接导向车内。

1902 年，美国的"空调之父"开利发明了世界上第一台空调。

1927 年，在美国纽约市场上出现了第一台汽车空调装置，当时轰动了世界各国汽车制造商。实际上这种装置只能称为"加热器"，只是在汽车车厢内增加了热量，在寒冷的季节里，能起到一定的保暖作用。

1938 年，美国人帕尔德根据电冰箱"冷气"的原理发明了汽车空调，林肯 V12 成为第一辆安装冷气空调的车。

1954 年，Nash 汽车公司推出了真正意义上的名为"气候之眼"的自动空调。这种空

调最终将控制开关放在了前排的控制面板上，并采用了电控开关和出风口，从而帮助人们有更多温度的选择。与此同时，这款车上配备的空调还是第一款体积紧凑，集加热和制冷于一身的空调。

1964 年，第一台自动控温的汽车空调安装在美国通用公司的凯迪拉克豪华型轿车上。

1979 年，美国和日本共同推出用计算机自动控制的汽车空调设备系统，并用数字显示，达到最佳控制。这一进步将汽车空调技术推到了一个新高度，此时汽车空调已进入第四代产品。

20 世纪 70 年代，我国的一汽红旗轿车是国内第一批装载汽车空调的汽车。

汽车空调发展到至今，大部分中高级轿车上采用了自动空调。这种空调利用多个传感装置感知车内及外界的状态，将信息传递给中央芯片进行处理，得出系统最佳运行模式，并控制车内温度、湿度、通风等。这种控制使汽车无论在何种天气，车内始终能够保持最佳舒适状况。

四、汽车车身外形发展简史

汽车车身外形的演变，已有一百多年的历史，如图 2-15 所示。为了减少空气阻力，从早期的马车型车身和箱型车身，演变到流线型（甲壳虫型）车身。为了避免横向风力的影响，又演变为船型车身。为了进一步减小风阻系数，并避免高速时产生升力，又发展为现在的鱼型车身和楔型车身。

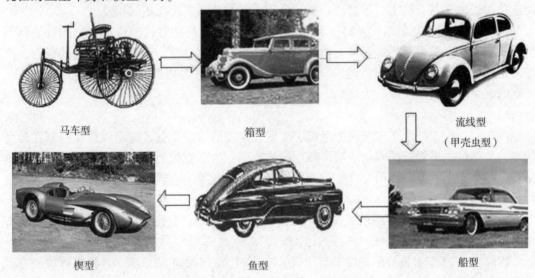

马车型　　　　　　　箱型　　　　　　　流线型（甲壳虫型）

楔型　　　　　　　鱼型　　　　　　　船型

图 2-15　汽车车身外形的演变

1. 马车型汽车

马车的使用为汽车诞生创造了条件。自从人类发明了车轮并制造出车后，就用驯化了的马、牛拉车。马车是古代运输、代步和打仗最主要的工具。由于没有其他合适的动力取代马，马车时代一直延续了 3 000 ~ 4 000 年。马车具备了汽车的基本结构：轮胎、悬架、制动、车厢。美国通用汽车公司的创始人威廉·杜兰特曾经是美国最大的马车厂的老板。戴姆勒制造的世界上第一辆四轮汽车（见图 2-4）的底盘就是杜兰特马车厂生产的，所以汽车刚面世就叫"没有马的马车"。英文 Sedan 当时就是指欧洲贵族乘用的一种豪华马车。

2. 箱型汽车

1915 年，美国福特汽车公司生产出一种车身不同于马车型的汽车，其外观特点很像一只大箱子，并装有门和窗，因此被称为箱型汽车。箱型汽车重视了人体工程学，内部空间大，乘坐舒适，有"活动房屋"的美称；但是，空气阻力大，妨碍了前进的速度，为汽车的发展提出了新的要求。

3. 流线型汽车

箱型汽车时代后期，人们开始认识到空气阻力的重要性。除了迎风面积和车速之外，汽车的空气阻力还和汽车的纵剖面形状有关，越是流线型的汽车，正面阻力和后面涡流越小，因此，人们致力于流线型车身的设计。1934 年，美国克莱斯勒汽车公司首先采用了流线型的车身设计。1937 年，费尔南德·保时捷开始设计类似甲壳虫外观的汽车。大众汽车成为当时流线型汽车的代表作。20 世纪 30 年代，流线型汽车开始普及，到 20 世纪 40 年代末，是甲壳虫型汽车的黄金时代。甲壳虫型汽车的成功是众所周知的。它打破了福特 T 型汽车的产量纪录。目前，"甲壳虫"已经卷土重来，大众汽车公司再度推出"甲壳虫"车（见图 2-16），并取名为"新甲壳虫（New Beetel）"，引起了人们的极大兴趣。此车的优点是结实耐用，不讲究豪华，而且价格大众化。

图 2-16 大众汽车公司"新甲壳虫"车

4. 船型汽车

20 世纪 40 年代末期，第二次世界大战争结束，各种车辆在战争中经受了各种考验，并积累了丰富经验。人们开始在设计汽车的过程中考虑更多的因素，以使汽车更能减少空气阻力，坐上去更舒适。特别是人体工程学和流体力学的研究与运用，为创造舒适的、宽敞的乘坐空间提供了理论依据，导致了船型车身的出现。最早的船型车身是美国福特公司在 1949 年推出的具有历史意义的新型福特 V8 型汽车，如图 2-17 所示。这种车型改变了以往汽车造型的模式，使前翼子板和发动机罩，后翼子板和行李舱罩融为一体，大灯和散热器罩也形成整体，车身两侧形成一个平滑的面，车室位于车的中部，整个造型很像一只小船，所以人们把这类车称为船型汽车。福特 V8 型汽车的成功，不仅仅在外形上有所突破，而且把人体工程学应用在汽车的设计上，强调以人为主体的设计思想，也就是让设计师置身于驾驶员及乘员的位置，来设计便于操纵、乘坐舒适的汽车。

图 2-17　福特 V8 型汽车

5. 鱼型汽车

为了克服船型汽车的尾部过分向后伸出，在汽车高速行驶时会产生较强的空气涡流作用这一缺陷，人们又开发出像鱼的脊背的鱼型汽车。

1952 年，美国通用汽车公司的别克牌轿车开创了鱼型汽车的时代。如果仅仅从汽车背部形状来看，鱼型汽车和甲壳虫型汽车是很相似的。但如仔细观察，会发现鱼型汽车的背部和地面所成的角度比较小，尾部较长，围绕车身的气流也就较为平顺，所以涡流阻力也相对较小。而且，鱼型汽车是由船型汽车演变而来的，所以基本上保留了船型汽车的长处，如车室宽大、视野开阔、车身侧面的形状阻力较小、造型更具有动感、乘坐舒适等，这些都远远地超过了甲壳虫型汽车的性能。另外，鱼型汽车还特别地增大了行李舱的容积，所以更适合家庭外出旅行等使用。正因为如此，鱼型汽车才得以迅速地发展。但鱼型汽车也存在着一些致命的弱点：一是后窗玻璃倾斜得过于厉害，致使玻璃的表面积增大了 1~2 倍，强度有所下降，产生了结构上的缺陷；二是高速行驶时升力较大。鉴于鱼型汽车的缺点，设计师在鱼型汽车的尾部安上了一个上翘的"鸭尾巴"，以此来克服一部分空气的升力，这便是"鱼型鸭尾式"车型，如图 2-18 所示。

图 2-18　保时捷 911 "鱼型鸭尾式" 车型

6. 楔型汽车

经过大量的探求和实验后，设计师找到了一种新车型——楔型。这种车型将车身整体向前方倾斜，车身后部就像刀切一样平直，能有效克服升力。

第一次按楔型设计的汽车是 1963 年的司蒂倍克·阿本提轿车。楔型造型主要在赛车上得到广泛应用，如 20 世纪 80 年代的意大利法拉利跑车，就是典型的楔型造型。

汽车外形演变的每一个时期，都让汽车性能得以提升，同时也是汽车美学的发展。汽车发展了100多年，如今的汽车，更多考虑到电子化程序的介入。现在又有了子弹头型汽车，将来也许还会有更多奇特的车型出现，让我们为之赞叹，就像每个新年的到来，永远让人充满希望。未来，人们的汽车生活将更加精彩。

7. 子弹头型汽车

按说，汽车外形发展到楔型以后，基本上已经很完美了。但人类追求至善至美的心是永不满足的。于是，一种新型的汽车——多用途汽车（Multi-Purpose Vehicles，MPV）问世了，我们常称之为子弹头型汽车，如图2-19所示。

图2-19　多用途汽车

多用途汽车是从旅行轿车演变而来的，它集旅行车的宽大乘员空间、轿车的舒适性和厢式货车的功能于一身，一般为两厢式结构，可以坐7~8人。

1984年，克莱斯勒汽车公司推出第一代多功能汽车。道奇分部的产品叫大篷车（CARAVAN，道奇捷龙），顺风（普利茅斯）分部的产品叫作航海家（VOYAGER，普利茅斯捷龙）。这是世界汽车工业史上划时代的产品之一，它不仅使当时处境危急的克莱斯勒汽车公司起死回生，而且宣告一个以强调实用性、多用途、家庭化、休闲娱乐为特征的汽车消费新时代的到来。

汽车外形演变的每一个时期都在不断地开拓着汽车新的造型，都在尽力满足机械工程学和人体工程学的前提下最大限度地减小空气阻力和升力的影响，从而使汽车性能得以提高。

第二节　电动汽车发展简史

汽车工业最近几十年突飞猛进的发展，提高了人们的生活水平，同时也带来许多的问题，如能源危机、环境污染。汽车工业所带来的负面效应也越来越引起人们的关注，更加节能并绿色的新能源电动汽车在社会发展的前提下，近几年也崭露锋芒。

一、早期电动汽车

在今天，提起"电动汽车"几个字，人们一定不会感到陌生。不过可能大部分人都不曾想到，电动汽车并不是近几年或近几十年才出现的。

1821年，英国物理学家麦克尔·法拉第发明了原始的电动机，随后他又发明了发电机和变压器，这3项发明又促成了发电厂和电动机械的发明与应用，使人类迈入了前所未有的电气时代。

电动汽车是以电气设备为主体的，是在蒸汽汽车与内燃机汽车两个时代交替时出现

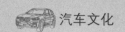

的。1834 年，苏格兰人德文博特制造了一辆电动三轮车，比 1885 年的德国人卡尔·本茨发明的汽油机驱动汽车早了半个世纪。当时，这部车采用的能源是不可充电的简单玻璃封装电池。大约到 1860 年，铅酸蓄电池的商品化为开发电动汽车创造了有利条件。1873 年，英国人罗伯特·戴维森（Robert Davidson）在马车的基础上制成了第一辆具有实用价值的、用蓄电池驱动的电动汽车。1881 年，法国巴黎出现了第一辆蓄电池三轮车。随后，欧洲各国相继生产出各类电动汽车。到 19 世纪末，电动汽车在欧洲已相当普及。

1890 年，美国诞生了第一辆蓄电池汽车，最高车速达 23 km/h。蓄电池汽车由于噪声低、易起动、运转平稳、操作简单，在美国发展很快。

1897 年，英国伦敦电动出租汽车公司生产了 15 辆电动出租车，如图 2-20 所示。

图 2-20　英国伦敦的电动出租车

1898 年，在法国举行的汽车大赛中，电动汽车击败了参赛的所有蒸汽汽车和内燃机汽车，引起了世界汽车界对电动汽车的关注。

1899 年，法国人考门·杰纳茨驾驶着电动汽车（见图 2-21）创造了最高车速 106 km/h 的世界纪录。

图 2-21　考门·杰纳茨驾驶的电动汽车

1900 年，英国人哈特制造的电动汽车，每个车轮上都装有一个电动机来驱动，最高车速达 80 km/h，这是世界上第一辆四轮驱动的汽车。

1916 年，世界第一辆汽油混合动力汽车问世，如图 2-22 所示。这款双排座的轿车跟现代汽车的外形结构很接近，使用操纵杆代替踏板来控制节气门。

图2-22 第一辆混合动力汽车

1920年，美国新泽西州的发明家在早期混合动力汽车设计基础上发明了第一辆充电式电动汽车，如图2-23所示。该车电动机直接安装在后轮轴上，同时车辆滑行时发电机能直接为蓄电池充电。此外，安装在车前的4缸汽油发动机也可以在行驶途中为汽车充电。

图2-23 第一辆充电式电动汽车

在20世纪初，蒸汽汽车、电动汽车和内燃机汽车基本上是三足鼎立。1900年，美国汽车的产量为4 195辆，其中电动汽车为1 575辆、蒸汽汽车为1 684辆、内燃机汽车为936辆。在以后的20年间，电动汽车与蒸汽汽车和内燃机汽车展开了激烈的竞争。

20世纪30年代，由于电池技术的限制以及大量油田的发现，内燃机汽车逐渐在商业上取得领先地位，电动汽车的商业生产也进入了尾声。

20世纪60年代以后，由汽车的普及导致的两大问题使人们的眼光重新转向电动汽车。一是石油危机，即世界总的石油储量难以长期支持高速发展的内燃机汽车的石油消费；二是环境保护，汽车排放的有害气体严重污染大气，直接威胁着人类的健康和赖以生存的环境。电动汽车既可广泛利用各种能源，又在行驶中不产生有害排放，噪声也低，正好克服内燃机汽车的缺点。

1971年7月31日，由波音公司和通用汽车公司研发制造的电动月球车（见图2-24）同阿波罗15号一起登上月球。月球车每个车轮配备一个直流驱动电机，以及一对36 V银锌氢氧化钾不可充电电池。这似乎给人一种电动汽车代表着未来的想象。

图2-24　电动月球车停在月球上

20世纪70—80年代能源危机爆发，引发了人们的危机意识，同时也让人们将更多的注意力放到了电动汽车身上。发达国家又开始了一轮对于电动汽车的大刀阔斧的研究与改革。

1967年，日本成立了日本电动汽车协会以促进电动汽车事业的发展。1971年，日本通产省制订了《电动汽车的开发计划》。1991年，日本通产省又制订了《第三届电动汽车普及计划》，提出到2000年日本电动汽车的年产量要达到10万辆，保有量达到20万辆的目标。根据日本电动汽车协会的统计，在1989—1992年，日本电动汽车的保有量在1 000~1 300辆之间。日产公司由于具有在锂离子电池技术方面的优势，其主要研发方向集中于纯电动汽车方面。1997年，日产汽车推出了PrairieJoy电动汽车，这是全球第一辆装备了锂离子电池的电动汽车。

1976年7月，美国国会通过了《电动汽车和复合汽车的研究开发和样车试用法令》，以立法、政府资助和财政补贴等手段推动发展电动汽车。1990年，加利福尼亚州出台了为防止大气污染而制定的限制法规，法规规定：到1998年，"零污染"汽车的销售额要占新车销售额的2%；到2000年，"零污染"汽车的销售额要占新车销售额的5%；到2003年，"零污染"汽车的销售额要占新车销售额的10%。随后，美国东部的10个州也都通过了相应的法规。这些法规的强力推行，促进了电动汽车小批量、商业化生产和应用。

1990年，欧洲城市电动车协会成立，在欧共体组织内有60座城市参与，该协会帮助各城市进行电动汽车可行性的研究和安装必要的设备，并指导电动汽车的运营。欧洲的电动汽车中最为成功的是标致106车型，这种以镍镉电池为动力的电动汽车已经在欧洲各国的政府部门当中拥有大量的用户。

二、现代电动汽车

1990 年洛杉矶车展，通用汽车公司展示了一款名叫 Impact 的电动概念车，如图 2-25 所示。Impact 的质量仅有 998 kg，其中仅蓄电池就占了 382 kg。该车从静止状态加速到 96 km/h 只需 7.9 s，在高速公路上以 88 km/h 的速度可行驶 200 km。Impact 被认为是现代汽车工业史上的第一辆纯电动汽车。1996 年，通用汽车公司制造并开始销售 EV1 电动汽车。这是以现代化批量生产的方式推出的第一款电动汽车，每次充电后最大续驶里程的理论值可以达到 144 km 左右，最高行驶速度为 128 km/h，并且具有制动能量回收系统，其超低的风阻系数（0.19）进一步提高了续驶里程。

图 2-25　通用公司电动概念车 Impact

普锐斯是日本丰田汽车于 1997 年推出的世界上第一个大规模生产的混合动力汽车，随后在 2001 年销往全世界 40 多个国家和地区。自普锐斯之后，世界各大汽车公司和新生企业又重新拉开了新能源汽车研发的大幕，菲斯科 Karma、日产 Denki Cube、雪佛兰 Volt 和特斯拉 Roadster 等车型纷纷加入新能源汽车行列。这些汽车都采用最新的锂离子电池技术，把新能源汽车的性能与活动范围都带到一个新的境界，并且已经逐渐被普通家庭用户接受。新能源汽车又重新登上汽车世界的舞台中心。

1. 国外现代电动汽车

1) 美国

2011 年，由特斯拉汽车公司制造的全尺寸、高性能纯电动轿车特斯拉 Model S 正式进入量产阶段，在 2013 年度全球销量达到 22 300 辆。Model S 采用汽车级锂离子电池技术，充电全部采用标准化设计。如果使用大电流 200 V 插座，Model S 充电 1 h 续驶里程可达 110 km。该车的电池组由 8 000 个电池单元组成，续驶里程可达到 483 km。

特斯拉 Model S 大量使用铝合金制造车身组件，将整车质量减小到 1 735 kg，风阻系数仅为 0.27，从静止加速到 96 km/h 耗时 5.6 s，极速为 193 km/h，如图 2-26 所示。

图 2-26 特斯拉 Model S

2）德国

2008 年 11 月 19 日，宝马汽车公司发布纯电动汽车 MINIE。MINIE 采用锂离子动力电池，续驶里程超过 240 km，最高车速为 152 km/h，从静止加速到 100 km/h 的时间为 8.5 s。MINIE 已经完成了量产车型产品研发，并通过了多项碰撞测试。

宝马电动汽车 i3 车型于 2014 年 9 月在国内正式上市，提供纯电动和混动车型。充电方面，使用家庭 220 V 电源充电，需要 8 h 充满，而在宝马专用充电装置下充电，只需 1 h，充满电后可行驶 130～160 km。宝马 i3 如图 2-27 所示。

图 2-27 宝马 i3

3）日本

日本在混合动力电动汽车技术领域领先世界。以丰田普锐斯为代表的日本混合动力电动汽车，在世界低污染汽车开发销售领域已经占据了领头地位。从 1997 年全球首款量产的混合动力电动汽车普锐斯推出以来，截至 2020 年，丰田在全球的混合动力电动汽车的累计销量已达到 1 500 万辆。同时，日本还快速发展燃料电池汽车技术，丰田汽车公司已成为当今世界燃料电池汽车市场上的重要企业。2020 年，丰田推出第二代 Mirai 燃料电池汽车（见图 2-28），增加了储氢罐的配备数量，一次加氢的续驶里程最高可达 850 km，比第一代车型提高30%，载客定员也增加了1人，可供5人乘坐。

图2-28 丰田第二代Mirai燃料电池汽车

除丰田外，其他日本汽车企业也在开发新一代的新能源动力电动汽车，如本田Insight IMG混合动力电动汽车、日产Leaf和三菱i-MiEV纯电动汽车等。

2. 国内电动汽车

1986年，时任温州市委书记董朝才曾在媒体上发表题为"希望涌现更多的叶文贵式人物"的评论，号召大家向他学习。在中央级媒体上，叶文贵的消息也频频出现。在20世纪80年代，当万元户成为财富的代名词时，叶文贵已坐拥了千万元资产。1988年，温州人叶文贵制造的"叶丰号"电动车充电8 h行驶200 km，最高速度达109 km/h。1990年，叶文贵制造出国内第一台油电混动轿车。1991年，他的产品获得1990年度国家级新产品称号，如图2-29所示。先后投入1 500余万元的叶文贵，因诸多原因其研发出的电动轿车，没能实现商品化，最终因财力所限不得不于1995年中止了该项目。

图2-29 "叶丰号"电动车获奖证书

北京理工大学孙逢春院士（见图2-30），现任电动车辆国家工程实验室主任，曾任北京理工大学副校长。20世纪80年代，孙逢春在国外留学期间了解到电动汽车是汽车未来发展方向之一，从此，便与新能源汽车结缘。1989年从德国博士毕业后，在外企6 000马

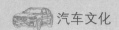

克（约合 28 800 元）工资和国内高校 92 元工资的悬殊差距之间，他毅然选择了后者，回国任教。他说，出国留学的目的就是想为中国汽车做点事。此后几十年，孙逢春坚守在新能源汽车领域，一路带领团队攻坚克难，硕果累累。

图 2-30　孙逢春院士接受电视台采访

1995 年，孙逢春团队打造出中国第一辆电动公交车"远望号"（见图 2-31），1997 年研发出我国首个具有完全自主知识产权的电机电控系统、自动变速传动系统，之后相继完成了奥运会、世博会、亚运会等多个电动汽车示范运行项目。孙逢春长期致力于新能源汽车整车集成与驱动理论研究、关键技术开发和工程应用工作，提出并创建了中国电动车辆、充/换电站系统、车联网等系统工程技术体系。

图 2-31　中国第一辆电动公交车"远望号"

2000 年，时任德国奥迪汽车公司总体规划部技术经理的万钢（2001—2004 年，担任同济大学新能源汽车工程中心主任；2004—2008 年，担任同济大学校长；2008—2018 年，担任科学技术部部长）向国务院提出了开发洁净能源轿车，实现中国汽车工业跨越式发展的建议，受到科技部、经贸委领导重视和支持。2000 年年底，万钢在科技部领导的盛情邀请下回国工作，同时被科技部聘任为国家"863 计划"电动汽车重大专项首席科学家、总体组组长，并作为第一课题负责人承担了其中技术最为复杂、任务最为繁重的燃料电池轿车项目。

2001 年，我国科技部开始设立"三纵三横"电动汽车技术体系（见图 2-32），在电动汽车关键单元技术、系统集成技术及整车技术上取得了重要进展，建立了国家研发技术标准平台、测试检验平台、政策法规平台以及示范应用平台。

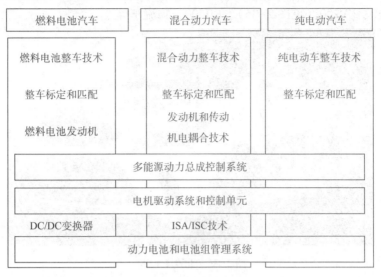

图 2-32 "三纵三横"电动汽车技术体系

2007 年 11 月，国家发改委发布《新能源汽车生产企业及产品准入管理规则》。比亚迪公司搭建了磷酸铁锂电池生产基地，强化了其锂电池的核心技术优势和顶级供应商地位，促进了新能源汽车产品平台的快速构建并持续升级。

2008 年 11 月，众泰汽车获得国家首个纯电动汽车产销许可证。2009 年，众泰 2008EV 在上海车展上和公众见面，如图 2-33 所示。随着 2008EV 的上路行驶，纯电动汽车开始出现在中国市场上。

2009 年 1 月，国务院通过《汽车产业振兴规划》，首次提出新能源汽车战略。2010 年 3 月，比亚迪推出了全球第一款双模电动汽车 F3DM（见图 2-34），让我国新能源动力汽车正式进入国际视野，由此开始转型成为"新能源黑科技"车企。2013 年 1 月，比亚迪电动大巴获得欧盟 WVTA 整车认证，助推了电动大巴 K9 与轿车 E6 在国际市场的全面推广。

图 2-33 众泰 2008EV

图 2-34 比亚迪 F3DM

2009 年，北京新能源汽车股份有限公司成立，是国内首个获得新能源汽车生产资质、首家进行混合所有制改造、首批践行国有控股企业员工持股的新能源汽车企业，成为制造型企业转型升级与国有企业改革创新的典范。该公司已掌握整车系统集成与匹配、整车控

制系统、电驱动系统三大关键核心技术，旗下产品有 EU5 、EX360、EC200、EC180、EU260、EX260、EV200（见图 2-35）、EH300、物流车等。

图 2-35　北汽 EV200

2020 年 3 月 29 日，比亚迪正式发布刀片电池，该电池采用磷酸铁锂技术，首先搭载于"汉"车型，如图 2-36 所示。刀片电池通过结构创新，在成组时可以跳过模组，大幅提高了体积利用率，最终达到在同样的空间内装入更多电芯的设计目标。相较传统电池包，刀片电池的体积利用率提升了 50% 以上，也就是说续驶里程可提升 50% 以上，达到了高能量密度三元锂电池的同等水平。

图 2-36　比亚迪"汉"

第三节　我国古代"车"发展简史

在远古时候，人类最早的运输工具是木棒。后来，人类从渔猎时代进入畜牧时代，某些野兽经过驯化成为家畜，供人役使。驮运物品的牲畜便成了人类的重要运输工具。随着社会生产力的发展，另一种重要的运输工具——橇诞生了。人们在橇的木板底下安放圆木，以滚动代替滑动，相传"车"就是从橇这种原始运输工具逐渐演变来的。

一、车字演变

车是象形字，甲骨文是一辆车子的俯视图，金文的形体基本上与甲骨文相同，小篆的形体仅保留了一个车轮，隶变后楷书写作"車"，汉字简化后写作"车"。"车"字演变如图 2-37 所示。

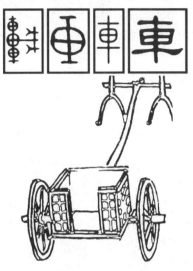

图 2-37 "车"字演变

二、奚仲造车

德国奔驰集团在其汽车展览馆里设立奚仲塑像，视奚仲为世界车文化的始祖而加以纪念。奚仲造车是中国车文化的起点，奚仲是中国古代车文化的始祖，如图 2-38 所示。古人十分推崇奚仲造车的历史功绩。《论衡·对作篇》说"奚仲之车，世以自载"。《管子》评价："奚仲之为车器也，方圆曲直，皆中规矩准绳，故机旋相得，用之牢利，成器坚固。"王充在《论衡·对作篇》中还评价"奚仲作车"是"造端更为，前始未有"。的确如此，奚仲造车是对车辆形制、动力的一次大变革。而且作为夏的车正，奚仲创造了中国早期的车辆制度，即"制车定律"。

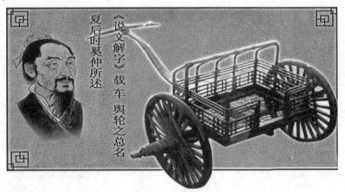

图 2-38 奚仲造车

奚仲造车的文献记载，最早见于《左传·定公元年》。公元前 509 年，薛国宰官在向会盟的诸侯自述其源流时说："薛之先祖奚仲，居薛，以为夏车正（夏王朝负责车辆制造、交通运输的官员）。"任何复杂的工艺都有探索、实践、改进、完善和经验累积的过程，特别是在生产力低下的远古时期，所以车的创制也不可能由一个人独立完成。奚仲按适当比例截出两段粗大圆木，修成两个光滑的圆毂辘，中间钻眼，用一坚实横木装上当轴，固定

在车舆下面当腿，一推动，圆轱辘就"轱辘轱辘"地响着往前滚。于是人们把它称为"车轱辘"。车轮边上装有车轫，用以阻止车轮转动，以便停车（行车前需先将轫移开，所以启程叫"发轫"）。《周礼·考工记》载："车自轮始。"有了轮子，才会有旋转运动，借助轮子的连续转动把物体从一个地方移动到另一个地方，这是科技史上一个了不起的重大发明。今天我们生活在汽车的时代里，虽然奚仲所造之车早已经退出历史舞台，但我们更应该尊崇奚仲，要重视奚仲造车的文化价值。

三、记里鼓车

早在我国的汉朝，智慧的先民就发明了计算里程的计量工具，叫作记里鼓车，也称作记道车、大章车、记里车、司里车。《宋史》较详细地记载了其内部齿轮结构。记里鼓车发明于西汉初年，外形为一辆车子，车上设两个木人及一鼓一钟，木人一个司击鼓，一个司敲钟。车上装有一组减速齿轮，与轮轴相连。车行一里时，控制击鼓木人的中平轮正好转动一周，木人便击鼓一次；车行十里时，控制敲钟木人的上平轮正好转动一周，木人便敲钟一次。坐在车上的人只要聆听这钟鼓声，就可知道车已行了多少路程。这种机械装置的科学原理与现代汽车上的里程表基本相同。

四、指南车

指南车据传说西周时就已发明，但最早的确切记载在三国时期，其外形为在一辆车上立一木人，木人的一只手臂平伸向前，只要开始行车的时候，木人的手臂便指南，此后无论车子怎样改变方向，木人的手臂始终指向南方。人们很容易将指南车与指南针相混淆，其实二者虽然都有"指南"二字，但科学原理却完全不同。指南针是利用了磁铁或磁石在地球磁场中的南北指极性而制成的指向仪器，而指南车的原理是车上装有一套差动齿轮装置，当车辆左、右转弯时，车上可以自动离合的齿轮传动装置就带动木人向车辆转弯相反的方向转动，使木人的手臂始终保持指南。指南车上这种利用差动齿轮装置来指示方向的机械，在今日仍有现实意义，如现代军事上的坦克、装甲车是钢铁外壳。

我国著名科技史学家王振铎依据多年研究成果和文献记载，复原制作了记里鼓车（见图2-39）和指南车（见图2-40）的模型，现收藏于中国国家博物馆。

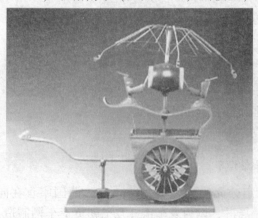

图2-39　记里鼓车

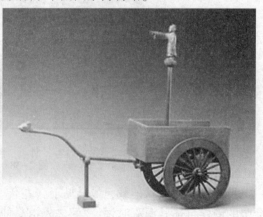

图2-40　指南车

第四节 中国汽车工业的发展

旧中国没有自己的汽车工业，新中国初期，汽车工业才真正建立和发展。

一、旧中国的汽车制造梦

1901 年，一个叫李恩时的匈牙利人将两辆美国生产的奥兹莫比尔汽车（见图 2-41）从香港运到上海，从此中国开始出现汽车。

图 2-41　1901 年进入上海的奥兹莫比尔汽车

第一个拥有汽车的中国人是慈禧。1902 年，慈禧太后六十大寿。为了讨好慈禧，直隶总督袁世凯花了一万两白银，从香港购进了一辆美国产小汽车（见图 2-42）作为寿礼送给了慈禧，现保存在北京颐和园。

图 2-42　中国人拥有的第一辆汽车

1903 年以后，上海陆续出现了从事汽车或零件销售、汽车出租的洋行。1929 年，中国汽车进口量已达 8 781 辆，世界各国汽车蜂拥而入。1930 年，中国汽车保有量为 38 484 辆，却没有一辆国产汽车。不少有志之士想制造中国的汽车，可是限于当时的条件，都没能实现。

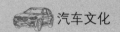

1. 最早提出要建立中国汽车工业的是孙中山

1912 年，孙中山先生在江阴视察江防工作时，曾作了"关于道路与自动车建设"的专题报告，阐明了修筑公路、开办长途客货汽车运输对货畅其流、便利交通、发展经济的重要作用。

在孙中山先生 1920 年发表的《建国方略》一书中讲到："……最初用小规模，而后逐渐扩大，以供四万万人之需要。所造之车当合于各种用途，为农用车、商用车、旅行用车、运输用车等。一切车以大规模制造，实可较今更廉，欲用者皆可得之。"

2. 张学良是第一个组织生产国产汽车的人

1928 年，张学良在东北"易帜"后，要"化兵为工"，在辽宁迫击炮厂（原为奉天迫击炮厂）内成立了民用工业制造处，后改称为辽宁民生工厂，试制汽车。中国人当时还没有生产汽车的经验，于是聘请了美国人迈尔斯为总工程师。1929 年 3 月，民生工厂引进了一辆美国"瑞雷号"汽车进行装配试验，并以该车为样板，于 1931 年 5 月试制成功了一辆民生牌 75 型 6 缸水冷载货汽车（见图 2-43），它开辟了中国人自制汽车的先河。

图 2-43　民生牌载货汽车

继民生牌汽车之后，20 世纪 30 年代国产汽车试制工作在国内许多地方进行，但均以失败告终。

二、新中国汽车工业的崛起

中华人民共和国成立后，经过 70 多年的艰苦努力，中国汽车工业从无到有、从小到大，形成了一个产品种类齐全、生产能力较大的汽车工业体系，成为国家重要的支柱产业。中国汽车工业经历了创建、成长和全面发展 3 个历史阶段，如今处于快速发展阶段。

1. 创建阶段（1953—1965 年）

1953 年 7 月，第一汽车制造厂（简称一汽）在长春奠基。1956 年 7 月，一汽生产出第一辆解放牌载货汽车，结束了中国不能生产汽车的历史。一汽因此被誉为中国汽车工业的摇篮。此时，一汽具有年产 3 万辆 4 t 解放牌载货汽车的能力。

1957 年 5 月，一汽开始设计轿车。1958 年 5 月，一汽迈出了自制轿车的第一步，制造出第一辆东风 CA71 型轿车，如图 2-44 所示。1958 年 7 月，一汽又试制出红旗 CA72 型高级轿车，如图 2-45 所示，该车发动机为 8 缸，V 形排列，最大功率 162 kW，最高转速

4 000 r/min，装有自动变速器。红旗牌高级轿车是国产高级轿车的先驱。1963 年 8 月，一汽建立轿车分厂，逐步形成具有批量生产能力的红旗牌轿车生产基地。经过进一步改进产品性能和质量，一汽又试制出红旗 CA770 型三排座高级轿车。1966 年 4 月，首批 20 辆红旗 CA770 型轿车送到北京，作为国家主要领导人的乘用车。

图 2-44　东风 CA71 型轿车

图 2-45　红旗 CA72 型轿车

1957 年开始的"大跃进"，使全国各地出现了第一次汽车热。随后，就是三年经济困难时期，汽车产量下降。经过调整，建成了几个主要汽车制造厂，如南京汽车制造厂、上海汽车制造厂、济南汽车制造厂、北京汽车制造厂，形成中国汽车生产体系的雏形。

1958 年 3 月，南京汽车制造厂诞生了第一辆跃进 NJ130 型轻型载货汽车。跃进 NJ130 型汽车投产后，成为当时我国轻型载货汽车的主力车型。

1958 年 9 月，上海汽车制造厂诞生了第一辆国产凤凰牌轿车，开创了上海制造轿车的历史。1964 年，凤凰牌轿车更名为上海 SH760 型轿车，如图 2-46 所示。自上海轿车投产到 20 世纪 80 年代初，上海汽车制造厂是中国唯一的普通轿车制造厂。

图 2-46　SH760 型轿车

1959 年，济南汽车制造厂参照捷克生产的斯柯达 706RT 型 8 t 载货汽车设计我国重型载货汽车。1960 年 4 月，该厂成功制造 8 t 黄河 JN150 型重型载货汽车，从此黄河牌汽车驰骋于祖国大地。

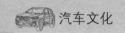

1961 年，北京汽车制造厂试制出第一辆轻型越野汽车，经过改进试制，1963 年 3 月定名为北京 BJ210C 型轻型越野汽车。1964—1966 年，试制、鉴定定型为北京 BJ212 型轻型越野汽车。从此，北京汽车制造厂成为我国轻型越野汽车的生产基地。

在创建阶段，汽车工业共投资 11 亿元，形成"一大四小"5 个汽车制造厂，汽车年生产能力近 6 万辆，车型 9 个品种。至 1965 年年底，全国民用汽车保有量近 29 万辆，其中国产汽车 17 万辆（一汽累计生产 15 万辆），汽车工业总产值 14.8 亿元，初步奠定了中国汽车工业独立发展的基础。

2. 成长阶段（1966—1980 年）

这个阶段，我国汽车工业以中、重型载货汽车和越野汽车发展为主，同时发展矿用自卸车。由于备战的原因，国家确定在"三线"的山区建设第二汽车制造厂（简称二汽）、四川和陕西汽车制造厂。

1966 年 3 月，四川汽车制造厂在四川大足举行开工典礼。四川汽车制造厂主要负责生产 10 t 以上的重型越野汽车。1966 年 6 月，红岩牌 CQ260 型越野汽车在秦江齿轮厂试制成功，后改型为红岩 CQ261。1971 年 7 月，四川汽车制造厂开始批量生产红岩牌 CQ261 型越野汽车。

1967 年 4 月 1 日，中国最大规模的二汽在湖北十堰的山沟里正式破土动工，同时在湖北省内外安排新建、扩建 26 个重点协作配套厂。1975 年 7 月，二汽东风 EQ240 型 2.5 t 越野汽车生产基地建成并投产；1978 年 7 月，二汽东风 EQ140 型 5 t 载货汽车生产基地建成并开始投入批量生产。

1974 年 12 月，陕西汽车制造厂生产的延安牌 SX250 型越野汽车鉴定定型。1978 年 3 月，陕西汽车制造厂和陕西齿轮厂建成，延安牌 SX250 型越野汽车正式投产。

1969 年以后，上海、本溪等地投入矿用自卸汽车试制、生产；安徽、南阳、丹东等地开始生产重型载货汽车。1969 年 7 月，由上海汽车底盘厂试制的上海 SH380 型 32 t 和 SH361 型 15 t 矿用自卸车试制成功。1971 年 12 月，第一汽车制造厂试制成功 60 t 矿用自卸汽车。

在这个阶段，全国各地积极发展汽车工业，出现了遍地开花的现象。截至 1980 年，全国有汽车制造厂近 70 家，改装车厂近 200 家，汽车零部件厂 2 000 多家，我国汽车工业体系基本形成。1980 年，全国生产汽车 22.2 万辆，是 1965 年产量的 5.48 倍；1966—1980 年，各类汽车累计生产 163.9 万辆；1980 年，全国民用汽车保有量 169 万辆，其中载货汽车 148 万辆。

3. 全面发展阶段（1981—2000 年）

在这个阶段，国家采用了正确的方针政策，对汽车工业进行了产品结构调整，实行了对外开放，引进国外先进技术和资本，形成完整的汽车工业体系。

1982 年 5 月，在北京成立了中国汽车工业公司（简称中汽公司）。在中汽公司的统一领导和管理下，汽车行业以各个大型骨干厂为主，联合一批相关的中、小企业组建了解放、东风、南京、重型、上海、京津冀 6 个汽车工业联营公司和 1 个汽车零部件工业联营公司，促进了企业之间的合作和专业化分工生产，有利于技术引进和技术改造。"六五"计划期间，我国汽车工业加快了主导产品更新换代和新产品开发的步伐，注重提高产品质量和添加品种，调整产品结构，大力发展轿车，使汽车产量翻了一番，1985 年产量超过 44 万辆。

1984年，我国汽车行业第一个合资企业——北京吉普汽车有限公司成立（与美国克莱斯勒公司合资）。1985年，北京吉普汽车有限公司第一款组装的JEEP切诺基下线，如图2-47所示。其后，长安机器厂与日本铃木、南京汽车公司与法国依维柯、上海汽车集团与德国大众、广州汽车厂与法国标致、天津汽车公司与日本大发、一汽与德国大众、二汽与法国雪铁龙等纷纷进行合作与合资，先后引进先进技术100多项，其中整车项目10多项，取得了显著成效。

图2-47 第一款JEEP切诺基下线

1985年，中央在"七五"计划中，把汽车工业列为国家支柱产业。1987年，我国政府确定了重点发展轿车工业的战略决策。这两项决定确立了我国汽车工业在国民经济中的重要地位以及汽车工业发展的重点。汽车工业坚持走联合、高起点、专业化、大批量的道路，进入了大发展时期。中汽公司及其下属机构经过调整改组，充实了解放、东风、重型三大汽车企业集团，并在国家计划中单列户头。以天津、上海、沈阳等城市为中心的汽车生产企业也组成了一些地方性企业集团。此外，其他部、委所属企业以及一批军工企业也从事汽车产品的生产。"七五"计划期间，一汽具有年产8万辆新一代载重5 t的CA141货车的生产能力，二汽具有年产10万辆货车的生产能力。各汽车企业定型投产的基本车型有30多种，改装车、专用汽车新产品200多种。至1993年年底，我国汽车年产量达129.7万辆，跃居世界第12位。1994年，国务院颁布《汽车工业产业政策》，提出"增强企业开发能力，提高产品质量和技术装备水平，促进产业组织的合理化，实现规模经济，到2010年成为国民经济的支柱产业"的奋斗目标。国家开始对汽车产业的发展方向进行重新定位，其中重要的是把汽车和家庭联系起来。家庭轿车市场孕育多年的潜能被无限放大，激发了富裕起来的中国人对轿车强烈的购买能量，渴望拥有一辆自己的轿车不再是遥远梦想，中国轿车工业的春天开始到来。

此时，中国各主要汽车集团公司都与国外大汽车公司合资，国内汽车企业进一步改组兼并，对汽车产业组织结构进行优化调整，初步形成了"3+6"格局，即一汽、东风（原二汽）、上汽3个汽车集团，加上广州本田、重庆长安、安徽奇瑞、沈阳华晨、南京菲亚特、浙江吉利6个独立骨干轿车企业。其中，一汽、东风和上汽三大汽车集团的汽车产量就占全国产量的52%。

此时，商用车产品系列逐步完整，发展迅速，生产能力逐年提高，具有一定的自主开

发能力；重型汽车、轻型汽车的不足得到改变；轿车生产开始向规模化方向发展。至1999年年底，我国汽车年产量达183万辆，跃居世界第9位。

4. 快速发展阶段（2001年至今）

进入21世纪后，中国汽车工业进入快速发展阶段，这可从国际汽车制造商协会公布的汽车排名数据（见表2-1）看出。1999年，我国汽车产量不到200万辆，世界排名第9。而仅过了一年，我国已经跃居世界第8，不过，这时我国的汽车产量仅相当于发达国家一个中等汽车公司的水平。2002年，我国汽车工业迎来了第一次"大井喷"，全年汽车产量增幅接近41%，跃居世界第5，被写入"世界井喷史"。在2008年金融危机冲击下，2009年我国汽车产量达1 379.10万辆，奇迹般同比增长48%，位居世界第一。更令人惊讶的是，在高速增长后的2010年，我国汽车产量仍以32%的增幅继续保持世界第一。中国汽车产业仅用不到十年的时间，实现了跨越式发展，完成了其他市场要用五十年甚至上百年才能完成的壮举。

表2-1 中国汽车1999—2010年产量及排名

年份	1999	2000	2001	2002	2003	2004
汽车产量/万辆	183	206.9	233.4	328.7	444.4	523.4
世界排名	9	8	8	5	4	4
年份	2005	2006	2007	2008	2009	2010
汽车产量/万辆	570.8	718.9	888.2	934.5	1379.1	1 826.5
世界排名	4	3	3	2	1	1

进入21世纪以来，中国汽车工业已经在整个国民经济发展中占有了重要地位，中国已成为世界上最大的汽车生产国和最大的新车销售市场。世界更加关注中国，中国汽车行业已经成为外资企业、跨国公司进入数量最多的行业，在中国进行汽车零部件生产的外资企业超过1 200家，世界汽车跨国公司已悉数在中国建立合资公司，为其配套的零部件公司也相继进入国内，纷纷以合资、控股、独资的方式在中国建立起零部件企业近500家。这些企业在进入中国的同时，也把它们之间的国际市场竞争引向中国国内市场。中外在汽车设计、技术开发领域的合作不断加强；与汽车相关的宣传、展览、文化活动等合作也越来越多；中外在技术、管理、贸易、人员交流等方面合作越来越深入。2006年，中国汽车及零部件进出口出现22亿美元顺差，这说明中国汽车工业真正进入国际市场，成为国际性产业。随着上汽收购韩国双龙、南汽收购英国罗孚、吉利收购沃尔沃，长城、中顺、吉利、华晨等海外建厂，都说明中国汽车企业已经走出了国门，基本具备了建立全球战略的基础和发展框架。

2009年1月14日，国务院通过了《汽车产业调整和振兴规划》，首次提出实施自主品牌战略。国家将在技术开发、政府采购、融资渠道等方面制定相应政策，引导汽车生产企业发展自主品牌。中国汽车工业如果没有自主品牌作为支撑，在国际产业竞争中的地位就只能处于底层，甚至是依附地位。汽车产品失去品牌就失去市场，因此，要成为中国汽车大市场的主导者或有地位的竞争者，就要实施品牌优先战略，扶持自主品牌发展。目前，中国汽车工业在自主品牌方面取得了令人瞩目的成绩，有的企业更是取得了骄人的发展。例如，奇瑞公司2009年以超过50万辆的销售成绩位居全球汽车企业第22位，较2008年的第26位上升了4位，是排名上升最快的汽车公司之一。2009年，在出口市场急剧萎缩的形势下，自主品牌轿车销量还大幅度提高：如吉利汽车销量首次突破 30 万辆；比亚迪汽车全年销量超过 40 万辆，比上年翻了一番；长城汽车销量同比增长超过 60%。另外，2009 年和 2010 年中国自主品牌车型在中国整个乘用车市场的占有率分别达到 40% 和 50%，这比 2001 年自主品牌乘用车市场占有率不足 5% 来说是一个可喜的进步。不过，中国大多数汽车自主品牌规模小、自主开发能力弱、技术含量不高、缺乏国际竞争力。

在未来的很长一段时间，汽车工业都将是中国的支柱产业之一。在中国政府有关汽车产业的各项政策支持下，中国汽车工业必将进一步扩大开放，进一步推动自主创新，将全方位融入世界汽车工业。伴随中国社会汽车消费的增加，广阔的中国汽车市场也将继续保持拉动世界汽车工业发展的角色，中国汽车工业将继续保持健康、快速发展，使中国从一个汽车大国变为汽车强国。

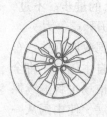

第三章
汽车技术常识

本章概述

　　汽车尾标是展示汽车文化、技术、配置的地方，汽车排量、型号、发动机排列形式、驱动方式等以及这款车最引人瞩目的技术都贴在汽车车身上。

　　本章结合许多汽车车身两侧、尾部、发动机气缸盖罩上的字母、数字，介绍汽车技术常识。

第一节　汽车发动机排量

　　在一些汽车的尾部，经常出现数字，它代表的是汽车发动机排量。

　　如图 3-1 所示，活塞在气缸里往复运动，将输入气缸内部的可燃混合气燃烧后的热能转化为机械能，经由曲柄连杆机构传递活动力总成，驱动车辆前进。活塞从气缸的上止点移动到下止点所通过的空间容积称为气缸排量，由于汽车发动机通常都有若干个气缸，因此发动机的排量就是所有气缸排量之和。排量可以说是汽车发动机最重要的技术参数之一，它直接关系到发动机的很多技术指标。通常来说，在自然吸气和增压发动机的各自范畴内，排量和动力是成正比的，同时排量也和油耗以及碳排放成正比，不过这也不是绝对的。比如，当今一台 1.6 L 自然进气发动机已经可以与几年前的 1.8 L 甚至 2.0 L 发动机的动力相媲美，而燃油经济性则更加出色，这就是技术发展所带来的成果。

　　汽车发动机排量通常有如下几种表示方法。

　　（1）用汽车产品型号编号规则中特定数位的数字表示，如图 3-2 所示，一汽轿车尾部标识 CA7230AT 中 23 代表排量为 2.3 L。

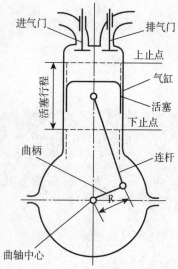

图 3-1　汽车发动机工作示意图

（2）用以 L 为单位的数字表示，如一些客车、轿车尾部的数字 1.8 代表排量为 1.8 L，克莱斯勒汽车尾部 5.7LITER（见图 3-3）代表排量为 5.7 L。

（3）用以 mL 为单位的数字表示，如昌河汽车尾部的 870CC 代表排量为 0.87 L，一些越野车两侧诸如 4 500、3 000 等的 4 位数字，代表此车排量为 4.5 L、3 L 等。

为实现更好的燃油经济性，出现了可变排量发动机。图 3-3 中 HEMI 代表可变排量发动机，此技术可根据需要控制发动机排量，在 4 缸、6 缸和 8 缸之间主动切换。其他厂家也有类似的技术，但是叫法有所不同，如通用汽车叫 DOD（Displacement On Demand）技术，即可变排量技术，本田公司叫 VCM（Variable Cylinder Management）技术，奔驰公司叫 MDS（Multi Displacement System）技术，大众公司叫 ACT（Active Cylinder managemenT）钝化技术。这些技术对应的中文名称是多段式排气量调节系统。

图 3-2　一汽轿车　　　　　　　图 3-3　克莱斯勒汽车

如图 3-4 所示，本田公司 VCM 系统对 V6 发动机节气门开度、车速、发动机转速、自动变速箱挡位选择及其他因素进行监测，根据行驶状况自动调整成 6 缸、4 缸或 3 缸 3 种动力输出模式。当 2 缸或 3 缸处于休止状况时，就等于减少了 1/3 或 1/2 的燃料使用，同时有效降低了 CO_2 的排放。

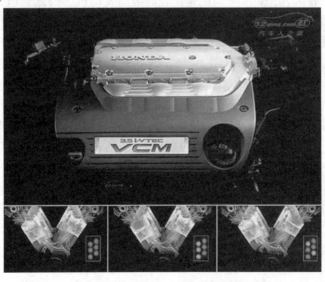

图 3-4　本田发动机动力输出模式

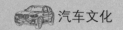

第二节 汽车发动机排列形式

一些轿车尾部标有"V6"（见图 3-5）字样，而一些轿车标在发动机气缸盖罩上（见图 3-6），其中 V 代表气缸排列形式，6 代表 6 缸发动机。

图 3-5　别克轿车尾部的 V6

图 3-6　奥迪发动机气缸盖罩上的 V6

汽车发动机常用缸数有 3、4、5、6、8、10、12 缸。排量 1 L 以下的发动机常用 3 缸；1 ~ 2.5 L 的发动机一般为 4 缸；3 L 左右的发动机一般为 6 缸；4 L 左右的发动机一般为 8 缸；5.5 L 以上的发动机一般为 12 缸。

发动机气缸的排列形式主要有 L 形、H 形、V 形、W 形等。

一般 6 缸以下发动机的气缸多采用直列方式排列，少数 6 缸发动机也有直列方式的，过去也有过直列 8 缸发动机。直列发动机的气缸体成一字排开，气缸体、气缸盖和曲轴结构简单，制造成本低，低速扭矩特性好，燃料消耗少，应用比较广泛，缺点是功率较低。直列 6 缸发动机的动平衡较好，振动相对较小，所以也为一些中、高级轿车采用。

6 ~ 12 缸发动机的气缸一般采用 V 形排列。V 形发动机长度和高度尺寸小，布置起来非常方便，而且一般认为，V 形发动机是比较高级的发动机，因此它也是轿车级别的标志之一。V8 发动机结构非常复杂，制造成本很高，所以使用得较少。V12 发动机过大过重，只有极个别的高级轿车采用。

H 形发动机为水平发动机（见图 3-7），两列气缸水平相对排列，特点是重心低、平衡性好。

W 形发动机（见图 3-8）是德国大众专属发动机技术，其气缸排列形式是由两个小 V 形组成一个 W 形。严格说来 W 形发动机还应属 V 形发动机的变种。W 形与 V 形发动机相比，可做得更短一些，曲轴也可短些，这样就能节省所占的空间，同时质量也可轻些，但它的宽度更大，使得发动机室更满。W 形发动机最大的问题是发动机由一个整体被分割为两个部分，在运作时必然会引起很大的振动。针对这一问题，大众在 W 形发动机上设计了两个反向转动的平衡轴，让两个部分的振动在内部相互抵消。

对于多缸发动机，气缸的排列形式决定了发动机的外形尺寸和结构特点，对发动机气缸的刚度和强度也有影响，并关系到汽车的总体布置。

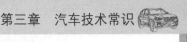

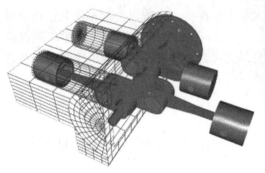

图 3-7　水平发动机气缸排列形式

图 3-8　W12 发动机气缸体

第三节　汽车发动机增压

　　汽车发动机所能发出的最大功率主要是由气缸内燃料有效燃烧所放出的热量决定的，而这受到每循环吸入气缸内实际空气量的限制。如果空气在进入气缸前得到压缩，空气的密度增大，则在同样气缸工作容积的条件下，可以有更多的新鲜空气进入气缸，因而可以增加循环供油量，获得更大的发动机输出功率。

　　汽车发动机增压就是将空气预先压缩然后再供入气缸，以提高空气密度、增加进气量的一项技术。实现空气增压的装置称为增压器。

　　一些轿车尾部的字母 T（见图 3-9）、发动机气缸盖罩上的字母 TURBO（见图 3-10），意思都为增压。

图 3-9　T 表示增压

图 3-10　TURBO 代表增压

一、内燃机增压技术概述

　　1880 年，德国人开始着手研究发动机增压技术，并在第一次世界大战期间应用于飞机上，当时采用的是机械式增压器，这项技术的发明使得当时的航空发动机能够尽可能地轻量化。

　　1905 年，瑞典人 Alfred Buchi 博士申请了第一款涡轮增压器的专利：动力驱动的轴向增压器。瑞典萨博（Saab）公司是第一家把涡轮增压器应用到汽车产品上的汽车制造商。

　　随着材料科学及制造技术的进步，柴油机的涡轮增压技术在 20 世纪中叶开始大规模应用，并逐步推广到汽油机。目前绝大部分的大功率柴油机、半数以上的车用柴油机以及相当比例的高性能汽油机均采用了增压技术。一般而言，增压后发动机的功率可提高40%~60%，甚至更多，发动机的平均有效压力最高可达到3 MPa，发动机的燃油经济性也有所提高。增压已经成为发动机强化最有效的手段之一。

二、内燃机的增压方式

内燃机的增压方式按空气被压缩的方式不同，可以分为4种类型，如图3-11所示。

1. 机械增压

发动机输出轴直接驱动机械增压装置（如螺杆式、离心式、滑片式、涡旋式、转子活塞式等压缩机），实现对进气的压缩。

2. 涡轮增压

压气机与涡轮机同轴相连，构成涡轮增压器，涡轮在排气能量的推动下旋转，带动压气机工作，实现进气增压。内燃机排气涡轮增压系统包含压气机、涡轮机、中冷器等部件。

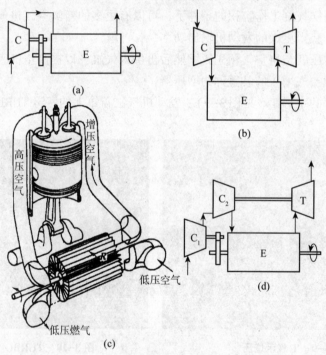

E—发动机；C—压气机；T—涡轮机。

图3-11 内燃机增压的几种基本形式

（a）机械增压；（b）涡轮增压；（c）气波增压；（d）复合增压

3. 气波增压

利用排气系统中的压力波动效应来压缩进气，如气波增压器。可变长度进气管是直接利用进气压力波和气流惯性，增加缸内进气量，这也算是一种气波增压。

4. 复合增压

复合增压就是把机械增压与涡轮增压联合起来工作的增压方式。机械增压有助于低转速时的扭矩输出，但是高转速时功率输出有限；而涡轮增压在高转速时拥有强大的功率输出，但低转速时则力不从心。发动机的设计师们于是就设想把机械增压和涡轮增压结合在一起，来解决低速扭矩和高速功率输出的问题。

2005 年，大众开始将这套技术装配到量产的民用车型高尔夫 1.4 TSI 上，这套系统被称作"双增压"，如图 3-12 所示。在低转速时，由机械增压器提供大部分的增压压力，在 1 500 r/min 时，两个增压器同时提供增压压力，其总增压值达到 2.5 bar[①]（如果涡轮增压器单独工作，只能产生 1.3 bar 的增压压力）。随着转速的提高，涡轮增压器能使发动机获得更大的功率，与此同时，机械增压器的增压压力逐渐降低。机械增压器通过电磁离合器控制，与水泵集成在一起。在转速超过 3 500 r/min 时，由涡轮增压器提供所有的增压压力，此时机械增压器在电磁离合器的作用下完全与发动机分离，防止消耗发动机功率。

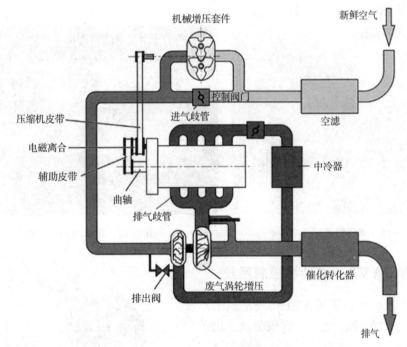

图 3-12　复合增压示意图

第四节　汽车发动机可变气门正时技术

发动机的气门通常由凸轮轴上的凸轮驱动，对于没有可变气门正时技术的普通发动机而言，进、排气门开闭的时间都是固定的，但是这种固定不变的气门正时却很难顾及发动机在不同转速和工况时的需要。

可以将发动机的气门比作是一扇门，门开启的大小和时间长短，决定了进出的人流量。门开启的角度越大，开启的时间越长，进出的人流量越大，反之亦然。同样的道理用

---

① 1 bar=0.1 MPa

于发动机上，就产生了气门升程和正时的概念。气门升程就像门开启的角度，气门正时就像门开启的时间。以立体的思维观点看问题，角度加时间就是一个空间的大小，它也决定了在单位时间内的进、排气量。

汽车发动机的工作也像是人在运动，当人正常走路时，呼吸均匀、平缓；而当人增大运动强度时，呼吸会随之变得越来越急促。发动机同样需要由于运转负荷的增加而调整进排气量，于是可变气门正时系统就应运而生了。其主要作用是调整凸轮轴转角对配气正时进行优化，从而提高发动机在所有转速范围内的动力性、燃油经济性，降低尾气的排放。

目前的可变气门正时系统调节方式有两种：一种是通过调节气门的开闭时间来达到调整"呼吸"量的效果；另一种是通过调整气门行程改变单位时间的进气流量。前者以丰田凯美瑞 VVT-i（Variable Valve Timing-intelligent）发动机为代表（见图 3-13），后者以本田雅阁 i-VTEC（Variable Valve Timing and Lift Electronic Control System）发动机（见图 3-14）、宝马 Valvetronic 发动机为代表。

图 3-13　丰田凯美瑞 VVT-i

图 3-14　本田雅阁 i-VTEC

一、丰田 VVT-i 发动机控制系统

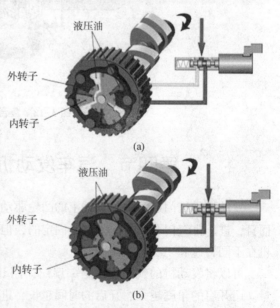

如图 3-15 所示，丰田 VVT-i 发动机的外转子上有正时齿轮，由正时链条驱动，内转子通过螺栓与凸轮轴连接，内、外转子之间有叶片，叶片将内、外转子的空腔分为提前腔和迟后腔。当提前腔油压增大，迟后腔油压减小时，叶片推动内转子相对于外转子顺转（设凸轮轴转向为顺转），则气门的开启时刻提前，如图 3-15（a）所示。相反，当提前腔油压减小，迟后腔油压增大时，叶片推动内转子相对于外转子逆转（设凸轮轴转向为顺转），则气门的开启时刻迟后，如图 3-15（b）所示。

图 3-15　丰田 VVT-i 发动机控制示意图
（a）气门开启时刻提前；（b）气门开启时刻迟后

二、本田 i-VTEC 发动机控制系统

本田是最早将可变气门升程技术发扬光大的厂商。本田的可变气门升程系统的结构和工作原理并不复杂,工程师利用 3 根摇臂和 3 个凸轮即实现了看似复杂的气门升程变化。当发动机在中、低转速时,3 根摇臂处于分离状态,普通凸轮推动主摇臂和副摇臂来控制两个进气门的开闭,气门升量较小。此时,虽然中间凸轮也推动中间摇臂,但由于摇臂之间是分离的,因此两边的摇臂不受它控制,也不会影响气门的开闭状态,如图 3-16 所示。

发动机达到某一个设定的转速时,计算机即会指令电磁阀起动液压系统,推动摇臂内的小活塞,使 3 根摇臂锁成一体,一起由高角度凸轮驱动,这时气门的升程和开启时间都相应地增大了,使得单位时间内的进气量更大,发动机动力也更强。这种在一定转速后突然的动力爆发极大地提升了驾驶乐趣。当发动机转速降到某一转速时,摇臂内的液压也随之降低,活塞在回位弹簧作用下退回原位,3 根摇臂分开。

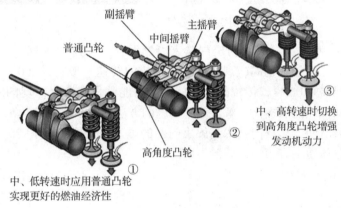

图 3-16 本田 VTEC 控制系统

三、宝马的 Valvetronic 技术

宝马的 Valvetronic 系统(见图 3-17)在传统的配气相位机构上增加了一根偏心轴、一个步进电动机和中间推杆等部件。该系统借由步进电动机的旋转,再在一系列机械传动后很巧妙地改变了进气门升程的大小。当进气凸轮轴运转时,凸轮会驱动中间推杆和摇臂来完成进气门的开启和关闭。当电动机工作时,蜗轮蜗杆机构会首先驱动偏心轴发生旋转,然后中间推杆和摇臂会产生联动,偏心轴旋转的角度不同,最终凸轮轴通过中间推杆和摇臂顶动气门产生的升程也会不同。在电动机的驱动下,进气门的升程可以实现从 0.18 mm 到 9.9 mm 之间的无级变化。

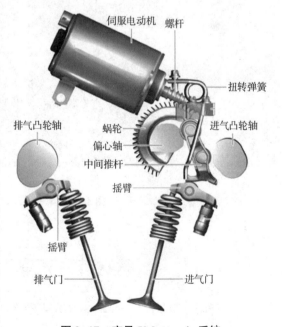

图 3-17 宝马 Valvetronic 系统

第五节　多气门汽车发动机

一些轿车尾部的16V、发动机气缸盖罩上的16VALVE、30V等代表多气门技术，如图3-18所示。

图3-18　多气门技术标识

气门（Value）专门负责向发动机内输入可燃混合气并排出废气。随着技术的发展，汽车发动机的转速已经越来越高，现代轿车发动机的转速一般在5 500 r/min 转以上，完成4个工作过程只需0.005 s，传统的两气门已经不能胜任在这么短促的时间内完成换气工作，限制了发动机性能的提高。解决这个问题的方法只能是扩大气体出入的空间，换句话就是用空间换取时间，多气门技术是解决问题的最好方法。20世纪80年代多气门技术推广使发动机的整体质量有了一次质的飞跃。

所谓的8 V、16 V、30 V，是指一台发动机的总气门数，8 V是指4缸发动机每缸2气门结构，而16 V和30 V分别是4缸发动机每缸4气门结构（见图3-19a）和6缸发动机每缸5气门结构（见图3-19b）。

(a)　　　　　　　　　　　　　　　　　　　　(b)

图3-19　4气门、5气门结构示意图
(a) 4气门；(b) 5气门

第六节　汽车汽油喷射方式

一些轿车尾部的EPi、前端的GDI表示汽油喷射方式，如图3-20所示。

图 3-20　EPi、GDI 表示汽油喷射方式

电控汽油喷射（Electronic Fuel Injection，EFI），简称电喷。全球的能源危机与环境保护促使汽车油耗法规和排放法规的要求不断提高。电喷发动机能根据发动机工况的变化供给最佳空燃比的混合气，且供入各气缸内的混合气空燃比相同、数量相等，由于进气管道中没有狭窄的喉管，进气阻力小、充气性能好，因此省油、环保。

在日本，由于丰田公司把 EFI 作为本公司的专利，因此其他公司只能另起英文名称。

铃木公司：EPI＝Electronic Petrol Injection（电控汽油喷射）。

三菱公司：ECI＝Electronic Controlled Injection（电控汽油喷射）。

日产公司：EGI＝Electronic Gasoline Injection（电控汽油喷射）。

本田公司：PGM-FI＝Programmed Fuel Injection（程序电控汽油喷射）。

目前一般汽油发动机上所用的汽油电控喷射系统，是将汽油喷入进气歧管或进气管道上，与空气混合成混合气后再通过进气门进入气缸燃烧室内被点燃做功，如图 3-21 所示。而缸内喷注式汽油发动机将喷油嘴安装在燃烧室内，将汽油直接喷注在气缸燃烧室内，如图 3-22 所示，空气则通过进气门进入燃烧室与汽油混合成混合气被点燃做功，混合比达到 40（一般汽油发动机的混合比是 15），也就是人们所说的"稀燃"，压缩比达到 12。采用汽油直接喷射（Gasoline Direct Injection，GDI）技术的缸内喷注式汽油发动机是由日本三菱汽车公司首先研制的。

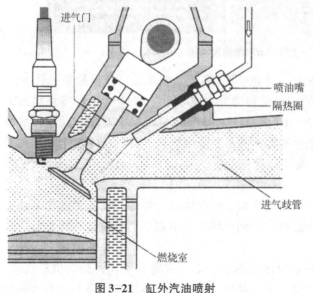

图 3-21　缸外汽油喷射　　**图 3-22　缸内汽油喷射**

随着汽车工业的迅速发展和人们生活水平的提高，环保和能源成为全球关注的重大事件，汽车的排放性、经济性受到各国政府、汽车制造业、汽车使用者的进一步重视。发动机缸内电子控制汽油喷射技术的应用是汽油机的重大突破，它不仅大大降低了污染和排放、使汽油机的动力性得到很大改善，并使汽油机的经济性与柴油机相当。不同厂家的直喷技术虽然有不同的称呼，如三菱 GDI、奥迪的 FSI，凯迪拉克的 SIDI，奔驰的 CGI，宝马的 HPI 等，但是技术原理几乎是相同的。

第七节　家用柴油车

"中国十佳发动机"评选，已经与"沃德十佳发动机""国际年度发动机"并称为世界三大发动机评选活动，代表中国市场发动机产品的最高技术成果和制造水准。

2020 年，应用在上汽大通旗下多款车型上的上汽"π"柴油发动机成功入围"中国十佳发动机"榜单，并成为唯一一款上榜的柴油发动机，如图 3-23 所示。

图 3-23　上汽"π"柴油发动机

该款柴油发动机融入了国内首次采用的 2 000 bar 高压共轨系统、博世最新一代 MD1 ECU 等先进技术与模块，使得发动机的油耗整体降低 20% 以上，整车燃油经济性得到大幅提升。在柴油发动机的老大难问题 NVH 上，上汽"π"集成了双平衡轴、发电机解耦减振器、高精度静音齿轮、进气压后消声器等十项最新降噪静音设计与技术，全方位提升 NVH 静音性能，其整体 NVH 性能堪比豪华品牌汽油机，为用户带来前所未有的"图书馆级"超静音驾乘体验。

在国外，柴油车作为家用车是非常普遍的现象，但在国内，柴油车一般都是作为功能车，甚少作为家用车。所以，各大汽车品牌在中国市场上基本都不会投放柴油版车型，除非该品牌车型有涉及功能车的领域。

从技术的角度上来说，柴油机和汽油机的原理和工作方式略有不同，柴油机靠压燃、汽油机要靠火花塞点火。所谓的压燃就是没有火花塞，通过对柴油施加极高的压力从而达到着火点燃烧。由于柴油机压缩冲程的压力高，因此做功冲程迸发出来的动力就会非常大。在相同排量的前提之下，柴油车要比汽油车更加省油。原因就是压缩比，高柴油的能量转化率高，并且国内柴油的价格要比汽油低一点，一箱油既便宜又耐用。

尽管柴油车比汽油车有更多的优点，但国内很少会有人买柴油车作为家用车，原因主要是柴油机在国人的印象中都是冒黑烟、噪声大。近几年，柴油发动机采用了高压共轨、废气再循环和双质量飞轮等世界最前沿的技术，使柴油发动机的运转更加平稳，一改人们心目中的不良印象。

第八节　汽车变速器

图 3-24 中的 MT、CVT、DSG，以及图 3-2 中的 AT，为汽车变速器标识。

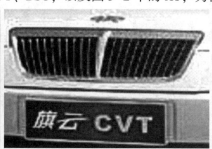

图 3-24　MT、CVT、DSG 为汽车变速器标识

汽车变速器是一套用于协调发动机的转速和车轮的实际行驶速度的变速装置，以发挥发动机的最佳性能。变速器可以在汽车行驶过程中，在发动机和车轮之间产生不同的变速比，通过换挡可以使发动机工作在其最佳的动力性能状态下。变速器的发展趋势越来越复杂，自动化程度也越来越高，自动变速器将是未来的主流。

一、手动变速器

手动变速器（Manual Transmission，MT），也叫手动挡，即必须用手拨动变速杆（俗称"挡把"）才能改变变速器内的齿轮啮合位置，改变传动比，从而达到变速的目的，如图 3-25 所示。手动变速在操纵时必须踩下离合，方可拨得动变速杆。

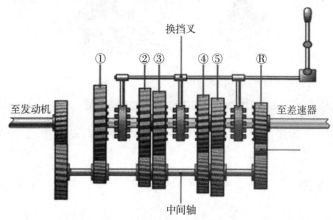

图 3-25　手动变速器结构示意图

一般来说，如果驾驶者技术好，手动变速的汽车在加速、超车时比自动变速车快，也更省油。

二、自动变速器

自动变速器（Automatic Transmission，AT）利用行星齿轮机构进行变速，它能根据油门踏板被踏下的程度和车速变化，自动地进行变速。而驾驶者只需操纵油门踏板控制车速即可。

虽说自动变速汽车没有离合器踏板，但自动变速器中有很多离合器，这些离合器能随车速变化而自动分离或合闭，从而达到自动变速的目的。

三、手动/自动变速器

手动/自动变速器由德国保时捷车厂在 911 车型上首先推出，称为 Tiptronic，它可使高性能跑车不必受限于传统的自动挡束缚，让驾驶者也能享受手动换挡的乐趣。此型车在其挡位上设有"+""-"选择挡位。在 D 挡时，可自由变换降挡（-）或加挡（+），如同手动挡一样。驾驶者可以在入弯前像手动挡一样强迫降挡减速，出弯时可以低中挡加油出弯。

现在的自动挡车的方向盘上又增加了"+""-"换挡按钮，驾驶者手不离开方向盘就能加减挡。

四、无级变速器

无级变速器最早由荷兰人范·多尼斯发明。无级变速系统不像手动变速器或自动变速器那样用齿轮变速，而是用两个锥盘和一个传动带来变速，其传动比可以随意变化，没有换挡的突跳感觉，如图 3-26 所示。

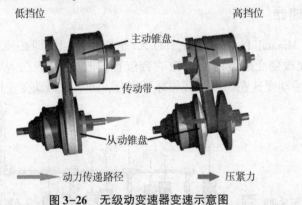

图 3-26　无级动变速器变速示意图

无级变速器属于自动变速器的一种，但它能克服普通自动变速器"突然换挡"、油门反应慢、油耗高等缺点。

五、DSG 变速器

DSG（Direct-Shift Gearbox）变速器是目前世界上最先进的、具有革命性的变速器系统，如图 3-27 所示，大众汽车在 2002 年于德国沃尔夫斯堡首次向世界展示了这一技术创新。

图 3-27　DSG 变速器组成

　　新一代 DSG 变速器采用了双离合器和 6 个前进挡的传统齿轮变速器作为动力的传送部件，主要与高扭矩的发动机配合使用。可以把 DSG 想象为将两台手动变速箱的功能合二为一，并建立在单一的系统内，它没有液力变矩器也没有行星齿轮组。从齿轮部分乍一看很像一台手动变速器，因为它有同步器，但不同的是它用双离合器控制与发动机动力的通断，这两台自动控制的离合器，由电子控制及液压推动，能同时控制两组离合器的运作。当变速箱运作时，一组齿轮被啮合，而接近换挡之时，下一组挡段的齿轮已被预选，但离合器仍处于分离状态；当换挡时一组离合器将使用中的齿轮分离，同时另一组离合器啮合已被预选的齿轮，这 4 个动作都是在 ECU 的控制下同时进行的，因此变速反应极快，在整个换挡期间能确保最少有一组齿轮在输出动力，令动力不出现间断的状况。要配合以上运作，DSG 的传动轴被分为两条，一条是放于内里的实心传动轴，而另一条则是放于外面的空心传动轴；内里的实心传动轴连接了 1、3、5 及后挡，而外面的空心传动轴则连接 2、4 及 6 挡，两组离合器各自负责一条传动轴的啮合动作，引擎动力便会由其中一条传动轴无间断地传送。从布局上看，这套变速器长度很短（相当于传统 6 速变速器的一半长度），所以可以用于前置前驱的车型上。

六、比亚迪 TID 动力总成

　　在比亚迪 G7 的尾部，有 "TID" 的标识，如图 3-28 所示。其中，T（Turbo）代表涡轮增压发动机、I（Injection）代表缸内直喷技术、D（DCT）代表双离合器变速箱。TID 是涡轮增压直喷发动机及双离合器变速箱的黄金动力组合。

　　比亚迪 G6 搭载的 1.5 L 涡轮增压缸内直喷全铝合金发动机，是涡轮增压、缸内直喷、分层燃烧、可变气门正时、全铝合金发动机五大技术的完美结合。采用涡轮增压，使得燃烧更充分，有效提升了燃油经济性；缸内直喷，使燃油燃烧更加充分，油耗比普通发动机降低 20%；双离合器变速箱能消除换挡离合时的动力传递停滞现象，由于换挡更直接，动

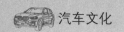

力损失更小，因此其燃油消耗可以降低 10% 以上。

图 3-28　比亚迪 TID 动力总成

第九节　汽车驱动方式

汽车的驱动有：FF、FR、MR、4WD、AWD、E-Four 等方式。

FF：前置引擎，前轮驱动。大部分机械配件都在车头，质量分配不均（头重尾轻），加上转向轮和驱动轮都是前轮，容易产生转向不足。

FR：前置引擎，后轮驱动。这种车具有天生的运动性能，转向灵活，甚至还有些转向过度，很多高性能的跑车都是这种配置。

MR：中置引擎，后轮驱动。相对于 FF 的转向不足、FR 的转向过度，MR 正好适中。以运动性能而言，MR 是最理想的。不过引擎在车体中间，不但占用了空间，而且发出的噪声和热量都很容易传到车厢内，只有追求终极运动性能的跑车才会使用这种配置，如 F1 赛车、兰博基尼跑车。

4WD：4 轮驱动。4 轮驱动的车 4 只轮胎都有驱动力，所以抓地力比其他车都好，而且越野性能好，过弯稳重，这种车不限制引擎的安装位置。但 4WD 的车一般都很重，限制了它的动力发挥，一般用于拉力赛。

AWD（All Time All Wheel Drive），是全时全轮驱动，如图 3-29 所示。普通的轿车一般是两个车轮驱动（前轮 FWD 或后轮 RWD）。AWD 比两轮驱动多了接近一倍的抓地力，车子前"拉"后"推"，上下湿滑的斜坡更安全。后轮驱动的车型，前轮决定方向，后轮决定动力，车子可以急速转弯，但稳定性稍差；而前轮驱动的车型，前轮决定方向并提供动力，后轮只起支撑作用，需要的转弯半径较大，不过稳定性较强，因此易于控制。而 AWD 成功地将前轮驱动车辆良好的控制力、稳定性与后轮驱动车辆灵敏的操纵性完美地结合起来。在转弯方面，AWD 拥有强于两轮驱动的优势。通过 4 个车轮的传递动力，中性转向能够自然地操纵车辆转弯，能准确地操控汽车的行进方向。

日产"X-TRAIL"（见图 3-30）中的"X"代表挑战 4×4 的车辆，"TRAIL"代表轮辙、崎岖的道路和越野地势。将这两个要素结合起来，"X-TRAIL"代表新颖的 4×4 车。该车型的新颖之处在于采用了全模式四驱系统，这套系统由计算机控制，在城市路面，雨雪天路况不佳和极端恶劣等不同的情况下可以选二驱、自动与四驱锁定等模式，操作方法比较简单。

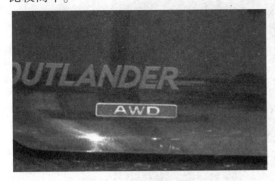

图 3-29　欧蓝德 AWD

图 3-30　日产 X-TRAIL

丰田 E-Four 电四驱系统（见图 3-31）实际上是发动机只负责提供前轴动力，而后轴的动力完全由电动机提供，所以丰田 E-Four 电四驱系统的车型并没有中央传动轴。

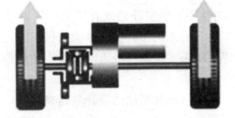

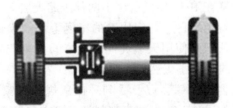

图 3-31　丰田 E-Four 电四驱系统

作为一种驱动技术，全时四驱已经被众多车型应用，不过不同的厂商对于它的称呼略有差别，如奥迪 Quattro、大众 4motion、奔驰 4MATIC、讴歌 SH-AWD 等。

第十节　CNG 汽车

图 3-32 中，东风爱丽舍轿车燃料为压缩天然气（Compressed Natural Gas，CNG）。

图 3-32　东风爱丽舍 CNG 汽车

自从 1872 年发明了奥托循环发动机开始就有了天然气发动机。早在第一次世界大战期间天然气就开始用在汽车上，后来由于其储存、携带极不方便才让位于液体燃料中的汽油和柴油。从 20 世纪 60 年代以来，全世界经历了 3 次大的能源危机，这就警示人们石油资源也会枯竭。

随着汽车数量的增多，车用汽油和柴油的消耗量越来越大。按现在人类消耗石油的速度测算，全球已探明石油资源仅能维持 40～50 年。但天然气气田不断被发现和探明，其储量也逐年增加。以 1 000 m³ 天然气相当于 1 t 石油计，世界天然气的储量与石油储量是在同一个数量级上的，天然气将成为未来的第二大能源。

天然气作为汽车燃料于 20 世纪 30 年代初由意大利人率先采用，到 1939 年意大利就有 1 万辆天然气汽车。苏联在 1938 年就研制出两种压缩天然气汽车。但在 20 世纪 50—60 年代发展缓慢，只在某些特定地区、特定用途的车辆上小规模地使用。直到 1973 年第一次石油危机之后，人们才认识到使用天然气代替传统的石油产品作为汽车燃料具有经济、清洁的突出优点，于是纷纷加快了天然气汽车的发展。在天然气资源丰富的俄罗斯、意大利、阿根廷、新西兰、巴西等国家，以及受到环保法规和国家政策制约的美国、日本等国，天然气汽车的发展非常迅速。许多国家都制订了研究与发展计划。

从 1993 年起，我国已成为石油净进口国，年进口石油 2 000 万～3 000 万 t，而天然气资源比较丰富，为推广天然气汽车提供了良好的资源条件。在 20 世纪 50 年代，我国就开展天然气汽车研究。20 世纪 80 年代中期，为解决燃油供需矛盾，四川省率先提出"以气代油"发展天然气汽车，加快了天然气汽车的发展步伐。1988 年，中国石油天然气总公司从新西兰引进了一套天然气汽车充气设备及汽车改装配件，在四川省南充市建成了我国第一座 CNGV 充气站。1994 年，上海组织开发 LPG 燃气汽车，为 LPG 清洁汽车的推广应用工作提供了技术基础保障。到 1999 年年底，由于国家重视，成立了国家清洁燃料汽车领导小组，确定北京、重庆等 12 个城市、地区为燃气汽车试点示范城市。各地方政府纷纷出台优惠政策给予鼓励支持，使全国清洁燃料汽车的发展步伐大大加快。

除了压缩天然气外，作为汽车用清洁燃料还有液化石油气、甲醇、乙醇和氢气等。因为上述燃料燃烧后的排放，在整体上比汽油和柴油低，故称为清洁燃料。

第十一节　混合动力汽车DM

　　DM（Dual Mode）是"双模"对应英文的首字母缩写。如果将纯电动简称为EV，混合动力简称为HEV，比亚迪DM电动汽车是EV+HEV，简言之就是可充电的混合动力电动汽车，如图3-33所示。

图3-33　比亚迪DM双模电动汽车

　　2008年，比亚迪搭载第一代双模技术的DM车型上市，成为中国自主插混技术的启蒙者。该车采用双动力系统，是一种将控制发电机和电动机两种混合力量相结合的先进技术，它不仅降低了油耗及排放，还极大地提高了动力和操纵性能，实现了既可充电、又可加油的多种能量补充方式，是真正意义上的双动力混合系统。

　　2020年，比亚迪DM车型采用了DM-p、DM-i（见图3-34）双平台策略，其中p指的是powerful，意为动力强劲，i则是intelligent，指的是智慧、节能和高效。通俗点理解就是一个主打性能，一个主打节能省油。DM-p比DM-i系统多了一个大功率后置电机。

图3-34　比亚迪DM-i混合动力系统结构模型

　　DM-i超级混动，是基于超级电混系统、以电为主的混动技术。在架构上，DM-i超级混动以超安全大容量电池和高性能大功率扁线电机为设计基础，主要依靠高性能大功率电机进行驱动，汽油发动机的主要功能是在高效转速区发电，适时直驱，改变了传统混动技术主要依赖发动机、以油为主的设计架构，从而大幅降低了油耗。

　　DM-i超级混动的核心部件包括有双电机的EHS机电耦合单元，骁云-插混专用高效

发动机，DM-i 超级混动专用功率型刀片电池以及整车控制系统、发动机控制系统、电机控制系统、电池管理系统。这些核心部件和关键技术完全由比亚迪自主研发。

与燃油发动机相比，电机驱动效能更高且环保。DM-i 超级混动以电为主的架构，真正实现了多用电、少用油并且高效用油。电量充足时，DM-i 超级混动就是一台纯电动车；在电量不足时，DM-i 超级混动就是一台超低油耗的混合动力车。市区行驶，有 99% 的工况下是用电机进行驱动，驾乘体验无限接近纯电动车，有 81% 的工况下发动机处于熄火状态，完全零油耗；高速行驶，以并联直驱为主，发动机在高效区间驱动，简化了能量传递环节，实现超高效率和超低油耗。

第十二节　燃料电池汽车

2003 年，由上海燃料电池汽车动力系统有限公司、上汽集团和同济大学联合开发的中国首台燃料电池汽车"超越一号"在同济大学研制成功。

2017 年 11 月 17 日，第十五届广州国际汽车展览会上，上汽大通举行了以"智科技致生活"为主题的发布仪式，中国首款商业化运营燃料电池宽体轻客 FCV80（见图 3-35）正式上市，去除国家和地方补贴后实际购买价为 30 万元。

图 3-35　中国首款商业化运营燃料电池宽体轻客 FCV80

随着环境问题和能源问题的日益突出，新能源汽车成为世界各大汽车厂商及研发机构的研究热点，而在其中，燃料电池汽车（Fuel-Cell Vehicle，FCV）以其高效率和近零排放被普遍认为具有广阔的发展前景。美国、欧盟、日本和韩国都投入了大量资金和人力进行燃料电池汽车的研究，通用、福特、克莱斯勒、丰田、本田、奔驰等大公司都已经开发出燃料电池车型并已经在公路上运行，状况普遍良好。近年来，我国在燃料电池方面的投入也不断加大，北京奥运会、上海世博会期间都有燃料电池轿车和大客车进行了示范运行。燃料电池汽车将在新能源汽车中占据重要地位已经是不争的事实。国务院办公厅印发的《新能源汽车产业发展规划（2021—2035）》中提到，2035 年目标之一就是燃料电池汽车实现商业化应用。这个发展规划正说明氢能源就是汽车发展的未来，目前以纯电动汽车为主的规划只是过渡阶段而已。

世界上第一款量产氢燃料汽车——丰田 Mirai 诞生于 2014 年，Mirai 在日语中的意思是"未来",寓意面向未来的新能源、新科技。

2021 款 Mirai 有 3 个储氢罐,提高了燃料电池的工作效率和车辆空气动力学设计,零排放、充电时间约 3 min、续驶里程相比旧款提高 30%,达到了 850 km。该车目前售价710 万日元(约合人民币 44.48 万元)。很多人把特斯拉叫作搅浑国内新能源市场的"鲶鱼",那么丰田的这款氢动力汽车,就是即将到来的第二只"鲶鱼"。

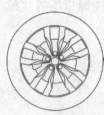

第四章
汽车公司与车标

本章概述

　　内燃机汽车发明于德国，发展于美国，拓展于日本。电动汽车发明于法国，发展于中国。随着汽车的问世，公司这个为全球提供81%的工作、90%的经济力量、94%的生产总值的组织开始了与汽车的完美结合，汽车公司及其品牌如雨后春笋般不断涌现。车标是随着汽车生产和销售的发展而产生的。车标就是汽车的标志，装饰在汽车头部，每一枚车标，都有一个耐人寻味的故事，看似简单的车标，往往有一段很深的寓意。一枚枚形状各异的车标更是汽车发展历史的鲜活见证，同时也是一种知识产权和无形的财富。

　　本章主要介绍世界主要汽车生产国各大汽车公司及其品牌。通过本章的学习，大家能够掌握亚洲、北美洲、欧洲的著名汽车公司及其经典代表品牌，了解世界著名汽车公司的发展历程、品牌特点及品牌文化，熟悉汽车商标与品牌的联系与内涵。

第一节　中国主要汽车公司及车标

一、中国第一汽车集团有限公司

1. 概述

　　中国第一汽车集团有限公司（简称一汽集团，中国一汽或一汽，英文缩写为FAW）位于中国吉林省长春市绿园区，前身为第一汽车制造厂，由毛泽东主席亲笔题写厂名（见图4-1），由饶斌创建，于1953年7月15日奠基。现有员工12.8万人，资产总额4 889.4亿元；已构建了从东北到华北、华东，再到西南、华南的产业布局，业务覆盖红旗、解放、奔腾、合资合作、新兴业务、海外业务和生态业务等七大业务板块。总部直接运营"红旗"，对其他业务进行战略或财务管控，形成面向市场、直达客户的全新运营和管控模式；构建以长春为总部的"三国九地"全球研发布局。"红旗""解放"品牌价值在国内自主轿车和自主商用车中保持第一；"红旗"L系列是国家重大活动指定用车，H系列在细分市场增长迅速；"解放"中重型卡车是国内商用车领域的领航者。新能源汽车已经量产，红旗 E-HS3、红旗 E-HS9 等纯电动车型已投放市场。2020 年，中国一汽实现整车销售 370.6 万辆，实现营业收入 6 974.2 亿元，位居《财富》世界 500 强第 89 位。

图 4-1　毛泽东主席为一汽建厂奠基题词

　　中国一汽历经工厂建设、换型改造、产品系列拓展等三次创业，基本构建完成了适应市场经济要求的发展布局、管理体制、经营机制和人才队伍。2011 年 6 月，中国第一汽车股份有限公司成立，企业 90% 以上资产进入股份公司；2013 年 4 月，在股份公司开展了建设规范董事会试点工作；2017 年 11 月，完成集团公司制改制，更名为中国第一汽车集团有限公司；2018 年 1 月，中国一汽发布新红旗品牌战略，要把新红旗打造成为"中国第一、世界著名"的"新高尚品牌"；2018 年 12 月，正式发布《中国一汽 2025 战略愿景规划》，到 2025 年基本完成世界一流移动出行服务公司建设的主体工程，实现再创一个中国一汽的目标。

　　2. 公司主要品牌及车标

　　1）解放

　　一汽解放汽车有限公司的前身是一汽生产中重型卡车的主体专业厂，于 1953 年建立。1956 年 7 月 13 日，第一辆国产解放牌汽车 CA10 驶下装配线（见图 4-2），结束了新中国不能制造汽车的历史。解放 CA10 搭载直列 6 缸汽油发动机，最大功率为 95 马力（1 马力 = 735.5 W），最高时速为 75 km/h，可拖挂 4.5 t 挂车，百公里综合油耗为 29 L。20 世纪 80 年代，一汽在中国改革开放政策推动下，自主研发、生产了第二代解放卡车 CA141，实现了第二次创业。20 世纪 90 年代末，先后自主研发生产了第三代、第四代产品，实现了卡车生产柴油化和平头化转变。2003 年 1 月 18 日，一汽对中重型卡车核心业务进行重组，成立了一汽解放汽车有限公司，并先后推出了解放第五代、第六代、第七代重卡产品。2018 年，解放第七代卡车产品——解放 J7 正式下线，如图 4-3 所示。搭载了 L4 级智能驾驶系统的解放 J7 作为集高自动化、高精准度、高安全性等特点于一身的智能车，能够自动规划行驶轨迹，自动检测障碍物，自动监测装载状态及灯光系统，自动监测油量并规划轨迹自动行驶至加油区加油，可满足多种运输作业需求。

图 4-2　第一辆国产解放牌汽车 CA10 驶下装配线　　　　　图 4-3　解放 J7 驶下装配线

解放汽车车标是阿拉伯数字"1"和汉字"汽"艺术化的组合，构成一只展翅翱翔在蔚蓝天空中的雄鹰（见图 4-4），同时也是第一汽车集团公司打印在零部件上的一个产品商标。该标志既代表不断进取、展翅高飞的中国一汽精神，又表达了中国汽车工业冲出国门、走向世界的决心。

2）奔腾

一汽奔腾创立于 1997 年 6 月 10 日，是中国一汽旗下中高端汽车品牌，早期奔腾的车标是"1"字形车标，像个竖起的大拇指，也像是小红旗（见图 4-5a），这个车标是非常经典的，也是广大消费者印象最深的。全新车标的造型与老车标基本没有任何重合，但灵感都是来源于一汽的"1"。全新 LOGO 整体为竖直长方形造型，内部以两条"L"形的圆角边重合勾勒出主体，中央以数字"1"的图案进行填充，配色以黑白为主（见图 4-5b）。这款全新车标替代了奔腾使用了 8 年的老车标。同时，新奔腾品牌正式启用全新设计的英文标识：BESTUNE。BESTUNE 由 BEST 和 TUNE 共同组成：BEST 象征着最好、最高、最适合，TUNE 是节奏、旋律、潮流，代表着新奔腾品牌为用户提供顶级标准的产品和服务的美好心愿。

(a)　　　　　　　　(b)

图 4-4　解放汽车车标　　　　　图 4-5　一汽奔腾车标
　　　　　　　　　　　　　　　（a）早期车标；（b）全新车标

3）红旗

红旗品牌是由中国一汽集团直接运营的高端品牌。红旗牌轿车诞生于 1958 年，是中国国家领导人和国家重大活动的国事用车。改革开放后，红旗开始不断向市场化、商业化的方向进军，打造"红旗心服务体系"，建立红旗线下体验中心、数字体验中心、旗仕团，推出红旗共享出行和终身免费的红旗服务（保修、救援、取送）。

1958 年 5 月 12 日，国产第一辆小轿车试制成功，取名叫"东风"，车型编号为 CA71，也就是红旗的前身。之所以叫东风，源自毛泽东同志所说的"东风压倒西风"中的东风之意，配上昂首奋进的龙标，自有一份威武和霸气。1959 年 5 月，经过重新设计的 CA72 制造成功，正式命名"红旗"，车标由"龙"变成了一面"红旗"（见图 4-6），后车标是"红旗"两个汉字，是借用的毛泽东为 1958 年 5 月创刊的《红旗》杂志封面的题字。另外，侧面配有 5 面并列的小红旗，代表"工、农、兵、学、商"。

2018 年起，红旗汽车分为 3 类车标。迎风招展——立体大车标，适合 L 系列车型；1 字型——立体小车标（见图 4-7），适合 H 系列车型；引擎盖长线型立体车标，适合中高端概念车。

图 4-6 早期红旗车标

图 4-7 红旗立体小车标

4) 一汽—大众汽车有限公司

一汽—大众汽车有限公司于 1991 年 2 月 6 日成立，是由中国第一汽车股份有限公司、德国大众汽车股份公司、奥迪汽车股份公司和大众汽车（中国）投资有限公司合资经营的大型乘用车生产企业，是我国第一个按经济规模起步建设的现代化乘用车生产企业。

从建厂初期的 1 个品牌 1 款产品，发展到现在的奥迪、大众、捷达 3 个品牌 20 余款产品（奥迪 e-tron、奥迪 A6L、奥迪 A6L e-tron、奥迪 Q5L、奥迪 A4L、奥迪 Q3、奥迪 A3 Limousine、奥迪 A3 Sportback、奥迪 Q2L、奥迪 Q2L e-tron、迈腾 GTE、新迈腾、CC、探岳、探岳 R-Line、探歌 T-ROC、探影、全新一代速腾、高尔夫、高尔夫 GTI、高尔夫 R-Line、高尔夫·嘉旅、高尔夫·纯电、C-TREK 蔚领、宝来、宝来·纯电以及捷达 VS5、捷达 VA3），一汽—大众已成为国内成熟的覆盖 A、B、C 级全系列乘用车型的生产企业。

5) 一汽丰田汽车有限公司

一汽丰田汽车有限公司成立于 2000 年 6 月，占地面积 161 万 ㎡，目前生产能力为年产 42 万辆，公司注册资本为 33 亿元，注册于天津经济技术开发区，现有员工 12 000 余人。一汽丰田共有三大生产基地，分别位于中国天津、吉林长春、四川成都。

一汽丰田的产品有威驰（VIOS）、卡罗拉（COROLLA）、亚洲狮（ALLION）、亚洲龙（AVALON）轿车和奕泽（IZOA）、荣放（RAV4）、皇冠陆放（CROWN KLUGER）SUV 以及客车柯斯达（COASTER）。

二、东风汽车集团有限公司

1. 概述

东风公司前身是 1969 年创立于湖北省十堰市的第二汽车制造厂，1992 年更名为东风汽车公司。2005 年成立控股子公司东风汽车集团股份有限公司，在香港联交所挂牌上市。2017 年完成公司制改制，更名为东风汽车集团有限公司。东风汽车集团有限公司是中央直管的特大型汽车企业，总部位于武汉，现有总资产 3 256 亿元，员工 16 万余名。东风公司主营业务涵盖全系列商用车、乘用车、新能源汽车、军车、关键汽车总成和零部件、汽车装备以及汽车相关业务。事业分布在武汉、十堰、襄阳、广州等国内 20 多个城市，在瑞典建有海外研发基地，在中东、非洲、东南亚等区域建有海外制造基地，在南美、东欧、西亚等区域建有海外营销平台，拥有法国 PSA 集团 14% 的股份，是 PSA 三大股东之一。

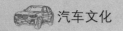

2. 公司主要品牌及车标

1）东风风神

2008 年，东风将新的自主乘用车品牌定名为"东风风神"。该品牌标识的核心形象是两只环绕正圆、展翅高飞的春燕（见图 4-8），既是春风送暖的象征，又是寄托着东风人全部情与思的吉祥物，一个代表传承，一个代表创新，表明东风风神对东风精神的血脉传承和对东风新事业的激情拓展，喻示着中国与世界汽车文明的和谐交融。

2）东风启辰

启辰品牌于 2010 年 9 月 8 日成立，是东风汽车有限公司东风日产乘用车公司（简称东风日产）旗下品牌。东风日产成立于 2003 年 6 月 16 日，是东风汽车集团有限公司旗下重要的乘用车事业板块，是涵盖企划、研发、采购、制造、销售、服务业务的全价值链汽车企业。启辰的诞生，标志着东风日产进入双品牌运营阶段。一方面，东风日产将继续秉承"技术日产 人·车·生活"的品牌理念，坚持日产全球最先进的技术与品质标准，导入 NISSAN 品牌的产品；另一方面，自主品牌启辰将以"尊重"为信念，以"亲和力""信赖感"为品牌特征，依托东风日产的强大实力、资源积累以及优秀团队，为中国消费者提供更具价值感的产品与服务。

启辰的 LOGO（见图 4-9）以蓝色作为底色，象征着深邃的梦想；而"五角星"是象征完美的符号，表达了东风日产为实现梦想，不断追求完美的态度；英文名为 VENUCIA，源于希腊文，本意为启明星。

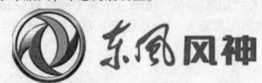 

图 4-8　东风风神车标　　　　　　　　　图 4-9　东风启辰车标

三、上海汽车集团股份有限公司

1. 概述

上海汽车集团股份有限公司（简称上汽集团）作为国内规模领先的汽车上市公司，努力把握产业发展趋势，加快创新转型，正在从传统的制造型企业向为消费者提供移动出行服务与产品的综合供应商发展。目前，上汽集团主要业务包括：整车（含乘用车、商用车）的研发、生产和销售，正积极推进新能源汽车、互联网汽车的商业化，并开展智能驾驶等技术的研究和产业化探索；零部件（含动力驱动系统、底盘系统、内外饰系统，以及电池、电驱、电力电子等新能源汽车核心零部件和智能产品系统）的研发、生产、销售；物流、汽车电商、出行服务、节能和充电服务等移动出行服务业务；汽车相关金融、保险和投资业务；海外经营和国际商贸业务；在产业大数据和人工智能领域积极布局。

上汽集团所属主要整车企业包括上汽乘用车分公司、上汽大通、智己汽车、上汽大众、上汽通用、上汽通用五菱、南京依维柯、上汽依维柯红岩、上海申沃等。

2. 公司主要品牌及车标

1）上汽通用

2021 年 9 月 16 日，上汽通用宣布正式换用全新车标（见图 4-10），新车标采用更加简约化的设计，同时配色更加活泼，标志着上汽通用汽车面向电动化、智能化、网联化的转型。全新车标将原来大写的 GM（General Motors）英文字母换成了小写英文字母，并在 m 字母底部放置下划线，官方解释为代表通用研发的 Ultium 平台。另外，上汽通用最新的车标还融入了上汽的"S"标志，"S"标志变更为天蓝色渐变设计。

图 4-10　上汽通用车标

（a）旧车标；（b）新车标

2）上汽荣威

荣威（ROEWE）是上海集团总公司旗下的一款汽车品牌，于 2006 年 10 月推出。荣威外文命名 ROEWE 源自西班牙语 Loewe，蕴含"雄狮"之寓意。荣威车标以两只站立的东方雄狮构成，如图 4-11 所示。狮子是草原之王，在中国宫廷大殿、私家豪宅的正门前，常常能看到左右分别蹲着石雕或铜铸的雄赳赳的狮子，气宇轩昂、凛然而不可冒犯，它代表着吉祥、威严、庄重。在西方文化中，狮子是王者与勇敢精神的象征，其昂然站立的姿态传递出一种崛起与爆发的力量感。双狮图案以直观的艺术化手法，展现出尊贵、威仪、睿智的强者气度。

3）上汽名爵

名爵（Morris Garages，MG）是百年英国运动汽车品牌，于 1924 年成立于英国牛津。《大英百科全书》就是用名爵来定义跑车的。2007 年，其收归上汽集团。

名爵的英文名称 MG，取自创始人威廉·莫里斯（William Morris）在 1910 年创立的 Morris Garages（莫里斯车行）首字母。运用英国圣公教会天穹的极具张力、坚定、稳固的八角形形状来作为名爵的车标（见图 4-12），与中国传统文化有众多相通之处，都代表着稳固、忠诚、可信赖，都蕴含着四面八方、君临天下的王者之气。

图 4-11　荣威车标　　　　　　　图 4-12　名爵车标

4）上汽通用五菱

2002 年 11 月 18 日，上汽通用五菱汽车股份有限公司（SGMW）成立，其前身可以追

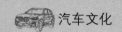

溯到 1958 年成立的柳州动力机械厂。公司在国内拥有柳州河西总部、柳州宝骏基地、青岛分公司和重庆分公司四大制造基地,形成南北联动、东西呼应的发展格局。2010 年 7 月 18 日,上汽通用五菱发布乘用车品牌"宝骏",正式进军乘用车市场。

五菱汽车车标由五个菱形组成(见图 4-13),形似鲲鹏展翅,雄鹰翱翔,有上升、腾举之势,象征着五菱的事业不断发展。

5)上汽依维柯红岩

2007 年 6 月 15 日,上汽依维柯红岩商用车有限公司成立。该公司先后引进法国贝利埃技术和奥地利斯太尔技术,拥有"红岩"品牌和"斯太尔"品牌使用权,形成新大康、霸王等 25 大系列,共 1 000 多个品种,涵盖载重 5 ~ 60 t 重型汽车产品的生产基地。

上汽依维柯红岩商用车车标主体元素为由字母 S、I、H 构成的狮子,如图 4-14 所示。S、I、H 为上汽、依维柯和红岩的首字母,巧妙地组合成不怒自威的草原之王,寓意强强联合的新公司,在集成全球资源后,犹如勇猛无敌的力量之狮,以其王者风范和庞大实力,威慑天下,领导中国科技重卡,走向更为宽广的世界舞台。

图 4-13　五菱车标

图 4-14　红岩车标

四、重庆长安汽车股份有限公司

1. 概述

长安汽车公司的前身是上海洋炮局,由洋务运动发起人李鸿章于 1862 年创办。1958 年,该公司生产了中国第一辆吉普车——长江牌 46 型吉普车。1984 年,该公司生产出中国第一批小型汽车,正式进入汽车领域。2014 年,长安系中国品牌汽车销量累计突破 1 000 万辆。2021 年,长安系中国品牌汽车销量累计突破 2 000 万辆。长安汽车分别在重庆、北京、河北定州、安徽合肥、意大利都灵、日本横滨、英国伯明翰、美国底特律和德国慕尼黑建立起"六国九地"各有侧重的全球协同研发格局。它拥有专业的汽车研发流程体系和试验验证体系,确保每一款产品满足用户使用 10 年或 26 万 km。长安汽车推出了 CS 系列、逸动系列、UNI 系列等热销产品,坚持"节能环保、科技智能"理念,大力发展智能新能源汽车。在智能化领域,发布"北斗天枢计划",为用户提供安心、开心、贴心、省心的"四心"汽车平台,通过"知音伙伴、合作共创、智能体验、智能联盟、千人千亿"行动,将智能化打造成长安产品提升、品牌提升、转型升级的核心支柱。在新能源领域,发布"香格里拉计划",开展四大战略行动,预计到 2025 年,将全面停售传统意义燃油车,实现全谱系产品的电气化。长安汽车积极寻求合资合作,成立长安福特、长安马自达等合资合作企业,并向合资企业输入中国品牌产品,建立中国车企合资合作新模式。

2. 公司主要品牌及车标

1）长安乘用车

长安汽车车标创意来自抽象的羊角形象（见图4-15），充分体现了长安汽车在中国汽车行业"领头羊"的地位。车标形似直立欲飞的翅膀形象，象征一种气势，一种信念以及高瞻远瞩、放眼未来的人生态度。罗马数字中，V代表5，而5在中国文化中主要体现为"五行学说"，即金木水火土形成一个完美的链条，体现其各方面紧密默契配合、动力源源不断的内涵。同时，在英语中，V也是单词Victory的首字母，代表长安公司及其用户走向新的成功。

2）长安商用车

长安商用车车标的椭圆代表拓展、三角形代表稳固、尖头代表向上；CA代表长安，A字分开解释为J和L，代表江陵发动机，如图4-16所示。

图 4-15　长安乘用车车标

图 4-16　长安商用车车标

3）长安福特

长安福特汽车有限公司成立于2001年4月25日，总部位于重庆市两江新区，由长安汽车股份有限公司和福特汽车公司共同出资成立。长安福特现有重庆、杭州、哈尔滨3个生产基地，共有7个工厂，分别为5个整车工厂、1个发动机工厂和1个变速箱工厂，其中重庆已成为福特汽车继底特律之外全球最大的生产基地。长安福特生产并销售的SUV车型有福特探险者、福特锐界、福特锐际，轿车车型有福特金牛座、福特蒙迪欧、福特福克斯和福特福睿斯。自建厂以来，长安福特累计销量已突破600万辆。长安福特通过践行福特全球标准的产品研发体系、生产制造体系、质量管控体系，为消费者带来高品质的产品与服务。

4）长安马自达

长安马自达汽车有限公司前身为长安福特马自达汽车有限公司南京公司，成立于2005年4月19日，并于2007年9月24日竣工投产，由重庆长安汽车股份有限公司、马自达汽车株式会社共同出资组建，双方各占50%股份。2012年8月24日，经国家发展改革委核准，长安马自达汽车有限公司成为具有独立法人资格的现代化合资汽车企业，是马自达在海外唯一一家集研发、制造和销售为一体的整车制造型企业。

2021年8月，马自达汽车、中国第一汽车股份有限公司与重庆长安汽车股份有限公司签订了"三方"联合声明，一汽马自达与长安马自达业务合并，马自达在中国将只有长安马自达一家合资公司，而一汽马自达将退出中国市场。

五、比亚迪股份有限公司

比亚迪股份有限公司由王传福创立于1995年，2002年7月31日在香港主板发行上市，是一家拥有 IT、汽车和新能源三大产业群的高新技术民营企业。2003 年，比亚迪正式收购西安秦川汽车有限责任公司，进入汽车制造与销售领域，开始民族自主品牌汽车的发展征程。发展至今，比亚迪已建成西安、北京、深圳、上海四大汽车产业基地，在整车制造、模具研发、车型开发等方面都达到国际领先水平，产业格局日渐完善并已迅速成长为中国最具创新的新锐品牌。汽车产品包括各种高、中、低端系列燃油轿车，以及汽车模具、汽车零部件、双模电动汽车、纯电动汽车等，代表车型包括 F0、F3、F3-R 两厢、F6、S8 硬顶敞篷跑车、F3DM 双模电动汽车、S6（SUV）、M6（MPV）等。作为电动车领域的领跑者和全球二次电池产业的领先者，比亚迪将利用独步全球的技术优势，不断制造清洁能源的汽车产品。

比亚迪车标在 2007 年把由蓝天白云组成的车标换成了只用 3 个字母和 1 个椭圆组成的车标（见图 4-17），BYD 的意思是 Build Your Dreams，即为成就梦想。

图 4-17　比亚迪车标演变

（a）老标；（b）新标

比亚迪总裁王传福先生在 2016 年 8 月接受某媒体采访时，回应了比亚迪为什么用汉字车标（见图 4-18）的问题，他当时的回答阐明了以下几点。

（1）中华民族一个显著特征就是汉字。

（2）我们是一家中国企业，所以想用中国朝代命名这些汽车。

（3）比亚迪车上所有的按键都用汉字（卖给国外也是）。

（4）老外若是嫌弃不买，没事，出了错我承担，我舍得这点销量。

2021 年的第 1 天，比亚迪在官方社交平台渠道发布了全新的比亚迪车标（见图 4-19）。

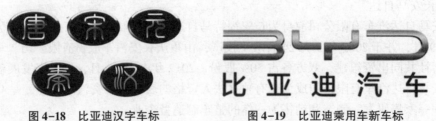

图 4-18　比亚迪汉字车标　　　　图 4-19　比亚迪乘用车新车标

六、浙江吉利控股集团

1. 概述

浙江吉利控股集团始建于 1986 年，从生产电冰箱零件起步，发展到生产电冰箱、电冰柜、建筑装潢材料和摩托车，1997 年进入汽车行业，一直专注实业，专注技术创新和人才培养，不断打基础、"练内功"，坚定不移地推动企业转型升级和可持续发展。吉利控股集团现已发展成为一家集汽车整车、动力总成和关键零部件设计、研发、生产、销售和服务于一体，并涵盖出行服务、数字科技、金融服务、教育等业务的全球创新型科技企业集团。集团总部设在杭州，旗下拥有吉利、领克、极氪、几何、沃尔沃、极星、宝腾、路特斯、英伦汽车、远程新能源商用车、太力飞行汽车、曹操出行、钱江摩托、盛宝银行、铭泰等品牌，在新能源科技、共享出行、车联网、智能驾驶、车载芯片、低轨卫星、激光通信等前沿技术领域不断提升能力，积极布局未来智慧立体出行生态。吉利控股集团是戴姆勒股份公司第一大股东，沃尔沃集团第二大股东。

2. 公司主要品牌及车标

1）吉利美日

2000 年，吉利发布了旗下全新小型车品牌——美日，该品牌主打廉价车市场，售价为 3 万 ~4 万元，对标名噪一时的夏利。其实，美日首款车型就是基于夏利打造而来，而夏利的前身则是丰田大发 Charad，除了模仿丰田车型，吉利美日还使用了一款备受争议的车标，如图 4-20 所示。值得一提的是，经过 20 多年的发展，吉利车标也经历了好几次革新，而这款早期的美日车标，认识的人少之又少。

2）吉利全球鹰

2008 年 11 月 6 日，吉利正式发布了全新的子品牌——全球鹰。吉利全球鹰车标（见图 4-21）整体外廓为椭圆形，是图形中兼具动态和稳固特征的图形，并象征着全球化的背景，寓示吉利在全球市场中动态平稳发展的前景。椭圆形状呈掎角之势，意喻开拓、奋进、忠诚和使命感。吉利全球鹰车标中间部分为吉利首字母"G"的变体，同时又是阿拉伯数字"6"，"6"在中国传统文化中含有吉祥顺利的寓意，全球鹰造型昭示着在新的阶段，吉利正以全新的激情和姿态蓄势待发，并在不断地自我雕琢中崭露头角。

图 4-20　吉利美日车标

图 4-21　吉利全球鹰车标

3）吉利帝豪

帝豪车标由 6 个方块构成（见图 4-22），6 个方块寓意团队、学习、创新、拼搏、实事求是、精益求精的吉利精神。

4）吉利领克

领克汽车是由吉利汽车与沃尔沃倾力打造，基于 CMA 架构的新时代高端品牌，为个性、开放的都市人群提供了新审美、新科技、新体验、新能源的出行解决方案。领克车标（见图 4-23）形似两只正在紧紧握住的手，代表着吉利和沃尔沃联手首度共同研发并在以后深度合作，实现互惠共赢。领克汽车车尾部以及 4 个轮毂中心均标有领克的英文名字 Lynk & Co，其中 Lynk 代表连接，即以先进的智能互联技术，实现人、车、科技、互联的无间连接。Co 是一系列词语的组合，如 Connected，Collaboration 等，代表着互联网时代的开放与协作的精神以及无限可能，具有划时代的意义。

图 4-22　吉利帝豪车标

图 4-23　吉利领克车标

七、长城汽车股份有限公司

1. 概述

长城汽车股份有限公司是全球知名的 SUV、皮卡制造商，于 2003 年、2011 年分别在香港 H 股和境内 A 股上市，旗下拥有哈弗、WEY、欧拉、坦克和长城皮卡 5 个整车品牌，产品涵盖 SUV、轿车、皮卡 3 个品类，具备发动机、变速器等核心零部件的自主配套能力。

2. 公司主要品牌及车标

1）长城皮卡

长城汽车始于长城皮卡，是中国皮卡领导者。1996 年，第一辆长城皮卡下线。2018年 9 月 28 日，长城皮卡宣布独立，产品包括风骏系列和长城炮系列。2019 年 8 月 18 日，长城炮品牌正式发布，开启中国皮卡 3.0 多用途乘用化时代。2020 年 10 月 26 日，长城炮第 10 万台于长城汽车重庆智慧工厂正式下线，开创中国高端皮卡新时代。

长城皮卡车标由两个对放字母"G"组成"W"造型（见图 4-24），"GW"是长城汽车的英文缩写。椭圆外形是地球的形状，象征着长城汽车不仅要立足于中国，铸造牢不可破的汽车长城的企业目标，更蕴含着长城汽车走向世界，屹立于全球的产业梦想。长城汽车是中国的长城，更是融入世界的长城！长城车标中间凸起的造型是仰视古老烽火台 90°夹角的象形，被正中边棱平均分割，挺立的姿态酷似"强有力的剑锋和箭头"，象征着长城汽车蒸蒸日上的活力，寓意着长城汽车敢于亮剑，无坚不摧；凸起部分也象征着立体的"1"，表明勇于抢占制高点，永远争第一的企业精神。

长城炮车标（见图 4-25）有三重含义，Power——力量与实力，PK——挑战与创新，Perfect——完美与极致生活，代表着长城炮追求的精神内涵，以及那些向往自由、无惧挑战、追求完美、有鲜明时代特征的精英人群。

图 4-24　长城皮卡车标

图 4-25　长城炮车标

2）长城哈弗

哈弗定位为 CUV（City Utility Vehicle）车型，即城市多功能车，2005 年哈弗英文名为HOVER，代表自由翱翔。由于 2006 年开始批量出口欧盟，在国际市场有了一定影响，原来的英文名字已被很多国家注册，因此只好重新寻找一个在英文里没有实际意义、全球发音更一致的单词 HAVAL，想赋予它 Haveall（无所不能）的含义，这就是长城哈弗车标（见图 4-26）的起源。

3）长城坦克

长城坦克车标由 T 和 U 两个字母组成（见图 4-27），T 代表坦克（TANK）品牌、科技（Technology）和潮流（Trend）的定位，U 代表用户（YOU）和共创（United）。坦克品牌以创新科技打造硬核实力，创造全新出行及生活方式，并以包容之心、铁血之情，与用户携手，共创共享品牌生态，引领潮流时尚生活方式。

图 4-26 长城哈弗车标

图 4-27 长城坦克车标

第二节 日本主要汽车公司及车标

一、丰田汽车公司及其车标

1895 年，丰田汽车创始人丰田喜一郎出生于日本。1929 年年底，丰田喜一郎亲自考察了欧美的汽车工业。1933 年，在丰田自动织布机制造所设立了汽车部。1935 年 8 月，其团队造出了一辆 GI 牌汽车。该车是二冲程双缸，木制车身，车顶用皮革缝制。1937—1945 年，丰田为日本生产各类装甲车、汽车等军用装备。1946 年后，生产丰田牌、皇冠、光冠、花冠汽车。自 2008 年开始，逐渐取代通用汽车公司而成为全世界排行第一的汽车生产厂商。

丰田公司的三个椭圆的标志（见图 4-28）是从 1990 年年初开始使用的。标志中的大椭圆代表地球，中间由两个椭圆垂直组合成一个字母 T，代表丰田公司。

20 世纪 90 年代，丰田汽车公司推出的雷克萨斯高级轿车，就像一匹黑马，以与众不同的风格进入人们的视野，以不同凡响的商标"L"标新立异。雷克萨斯车标（见图 4-29）不是采用常见的 3 个椭圆相互嵌套形式，而是在一个椭圆中镶嵌英文 Lexus 的第一个大写字母 L，椭圆代表着地球，表示遍布全世界。该标志被镶在散热器正中间。车尾标有文字商标"Lexus"，喻示该车驰骋在世界各地的道路上。

图 4-28 丰田车标

图 4-29 雷克萨斯车标

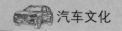

二、本田汽车公司及其车标

本田汽车公司成立于 1948 年 9 月，全称为本田技研工业股份有限公司，前期主要生产纺织机械，于 1963 年开始发展汽车业务。

"本田"车名，源自 1948 年本田宗一郎先生创立的本田摩托车公司。本田车标（见图 4-30）中的 H 是 HONDA 的第一个字母。这个标志体现出本田公司年轻性、技术先进性等新颖形象，也体现了其经营坚实的特点。

讴歌（ACURA）为本田公司高端汽车产品。ACURA 源于拉丁语中的 acu，意味着"精确"。中文名称讴歌取意为：对生活充满自豪和乐趣，人生充满活力，积极向上。最初，讴歌用一把专门用于精确测量的卡钳为车标的原型，作为点睛之笔，由 Honda 创始人和精神领袖本田宗一郎在两个钳把之间加入了一个小横杠，由此用象形的大写字母 A（见图 4-31）来代表这一品牌。不论是拉丁语原意还是作为标志原型的卡钳，都寓意着讴歌这一代表着最高造车水平品牌的核心价值：精确、精密、精致。

图 4-30　本田车标

图 4-31　讴歌车标

三、日产汽车公司及其车标

1933 年 12 月，日产公司成立，名称来自股东"日本产业"的缩写，NISSAN 为日文汉字"日产"二字的罗马音拼写形式，旗下主要包括核心品牌日产（中国民间旧称"尼桑"）和豪华品牌英菲尼迪。

日产车标（见图 4-32）中的圆表示太阳，中间的字是"日产"两字的日语拼音形式，整个图案的意思是"以人和汽车的明天为目标"。

英菲尼迪（INFINITI）车标（见图 4-33）中的椭圆曲线代表无限扩张之意，也象征着"全世界"；两条直线代表通往巅峰的道路，象征无尽的发展。英菲尼迪的车标和名称象征着英菲尼迪人的一种永无止境的追求，就是创造有全球竞争力的真正的豪华车用户体验和最高的客户满意度。

图 4-32　日产车标

图 4-33　英菲尼迪车标

第三节 韩国主要汽车公司及车标

一、现代汽车公司及其车标

现代汽车公司成立于 1967 年，创始人是原现代集团会长郑周永，公司总部在韩国首尔。创业期，和美国福特汽车公司合作，引进福特技术生产"哥蒂拉"牌小汽车；1974 年 6 月，现代汽车首款量产自主车型"小马"问世。1986 年，现代公司的超小马汽车投入美国市场，当年即售出 16 万辆，创下汽车业销售奇迹，从而奠定了现代汽车公司的国际地位。

2002 年 4 月 29 日，经国务院批准，北京汽车工业与韩国现代汽车战略重组在北京签字，组建中国加入 WTO 后第一家中外合资汽车企业——北京现代汽车有限公司，旗下主要车型包括索纳塔（Sonata）、伊兰特（Elantra）、胜达（Santa Fe）和途胜（Tucson）等。

现代车标（见图 4-34）是椭圆内嵌斜字母 H。椭圆表示地球，意味着现代汽车以全世界作为舞台，进行企业的全球化经营管理。斜字母 H 是现代汽车公司英文 HYUNDAI 的首字母，同时又是两个人握手的形象化艺术表现，代表现代汽车公司与客户之间互相信任与支持。此外，椭圆又代表汽车方向盘，结合地球的寓意表示现代汽车遍布世界。

二、起亚汽车公司及其车标

起亚（Kia）全称起亚自动车（Kia Motors Corporation），是一家韩国跨国汽车制造商。起亚成立于 1944 年，初称京城精密工业，1952 年改称起亚工业，"起亚"二字寓意"起于亚洲"或"亚洲崛起"。2000 年，起亚并入现代汽车。

起亚的名字源自汉字，"起"代表起来，"亚"代表亚洲。因此，起亚的意思就是"起于东方"或"起于亚洲"，反映了起亚的胸襟——崛起亚洲，走向世界。

2021 年 1 月 6 日，起亚汽车正式发布了全新车标（见图 4-35），虽然依旧是 KIA 这 3 个英文字母，但是整体的造型更加简洁而现代化。车标的设计源于三大设计理念——"均衡（Symmetry）""律动（Rhythm）""向上（Rising）"。其中，"均衡"体现了起亚汽车在原有的业务领域将始终以顾客满意度为核心，面向未来拓展产品与服务，提供全新客户体验的信心。"律动"代表着起亚汽车在出行领域不断推陈出新的创新精神，始终匹配消费者不断变化的诉求。"向上"则象征着起亚汽车致力于真正从顾客角度出发向全新品牌进行挑战的决心。Movement that inspires 是起亚品牌宣言的核心，诠释了起亚的全新目标，即通过产品、服务和品牌体验赋予用户灵感。起亚的新品牌旨在强调移动是人类发展的原动力，移动使人们有新的发现，结识新的伙伴并获得新的体验。

图 4-34 现代车标

图 4-35 起亚车标

第四节　美国主要汽车公司及车标

一、通用汽车公司及其车标

通用汽车公司（General Motors Company，GM）成立于 1908 年 9 月 16 日，自从威廉·杜兰特创建了美国通用汽车公司以来，通用汽车就致力于全球生产和销售，包括别克、雪佛兰、凯迪拉克、GMC、五菱、宝骏以及霍顿等一系列品牌车型。

1903 年 5 月 19 日，大卫·别克（David Buick）在布里斯科兄弟的帮助下创建了别克汽车公司。1908 年，该公司的产量达到 8 820 辆，居美国第一，并以其为中心成立了通用汽车公司。别克部是通用汽车公司的第二大部门。别克车具有大马力、个性化、实用性和成熟的特点。别克车标（见图 4-36）是 3 个盾牌，它们的排列给人们一种起点高并不断攀登的感觉，象征着一种积极进取、不断登攀的精神。"心静 思远 志行千里"是别克的品牌理念，也是其打造旗下新车的文化基点。2019 年，别克开启了从"心静 思远 志行千里"到"心静 思远 智行千里"的新征程，以智慧科技造时代之车。

凯迪拉克（Cadillac）是美国通用汽车旗下著名豪华汽车品牌，1902 年诞生于被誉为美国汽车之城的底特律。在《韦伯斯特大词典》中，凯迪拉克被定义为"同类中最为出色、最具声望事物"的同义词；被一向以追求极致尊贵著称的伦敦皇家汽车俱乐部冠以"世界标准"的美誉。凯迪拉克车标（见图 4-37）是经典的盾牌形状，盾牌由各种颜色的小色块组成，其中红色代表勇气，银色代表纯洁的爱，蓝色代表探索。

图 4-36　别克车标　　　　　　　　图 4-37　凯迪拉克车标

雪佛兰车标（见图 4-38）是由通用汽车创始人之一威廉·杜兰特于 1913 年年末设计的。但是，这个标志成为雪佛兰品牌代名词的故事，则有许多个版本。流传最久并广为人知，而且也得到了杜兰特本人证实的版本是：杜兰特本人创造雪佛兰领结车标的灵感来源于巴黎一家旅馆的墙纸设计。根据 1961 年雪佛兰品牌 50 周年庆典时，其官方出版的《雪佛兰故事》记载：1908 年，杜兰特在一次环球旅行中，无意间在一间法国旅馆中看到了墙纸上无限延伸的图案。他撕下一块壁纸保留下来，并展示给朋友们看，认为它将成为绝佳的汽车标志。

霍顿（Holden）是澳大利亚人引以为豪的一个品牌。这个品牌自 1856 年就开始在澳大利亚使用。当时霍顿公司主要从事运输及冶金用品的制造。1918 年，霍顿公司首次为顾客设计制造车身，此后渐渐涉足汽车制造行业。1931 年，通用澳大利亚公司与霍顿公司合并，成立通用—霍顿公司。霍顿车标（见图 4-39）是一只狮子滚石头的红色圆形浮雕，其设计灵感来自一则古老传说：埃及狮子滚石头的情景启迪人类发明了车轮。霍顿不但称霸澳大利亚车坛，还以锻造强劲发动机而闻名于世，因此那只红色雄狮也就更具象征意义了。

图 4-38　雪佛兰车标

图 4-39　霍顿车标

二、福特汽车公司及其车标

福特汽车公司是世界最大的汽车企业之一，创立于 20 世纪初。凭借创始人亨利·福特的"制造人人都买得起的汽车"的梦想和卓越远见，福特汽车公司历经一个多世纪的风雨沧桑，终于成为世界四大汽车集团公司之一，拥有世界著名汽车品牌：福特（Ford）和林肯（Lincoln）。旗下还拥有全球最大汽车金融子公司的信贷企业——福特信贷（Ford Credit Financial）和客户服务品牌 Quality Care。2008 年经济危机时，福特是美国唯一一家没有经过国家救济而自己走出经济危机的汽车集团。

福特车标（见图 4-40）采用福特英文 Ford 字样，蓝底白字。由于创始人亨利·福特喜欢小动物，所以标志设计者把福特的英文画成了一只小白兔的样子。广告语为：Go Further（进无止境）。如果是 Go Farther 的话意思也不错，可以翻译为去到更远的地方，比较符合对一个汽车产品的宣传诉求，不过就缺少了些意境；Further 则可以表达对未来的渴望和对进取的坚定信念，格局更高。

林肯大陆（LINCOLN CONTINENTAI）是林肯·默寇利部于 1939 年首推的名牌豪华车型，乃豪华车中的佼佼者，被称为福特汽车公司的传世佳作。林肯（LINCOLN）轿车是以美国第 16 任总统亚伯拉罕·林肯的名字命名的，借助林肯总统的名字来树立公司的形象，显示该公司生产的是顶级轿车。林肯车标（见图 4-41）是一个矩形中嵌有一颗闪闪放光的星辰，表示林肯总统是美国联邦统一和废除奴隶制的启明星，也喻示福特林肯牌轿车光辉灿烂。

图 4-40　福特车标

图 4-41　林肯车标

三、克莱斯勒汽车公司及其车标

克莱斯勒汽车公司是美国第三大汽车制造企业，总部设在密歇根州海兰德帕克。该公司以经营汽车业务为主，主要生产道奇、顺风、克莱斯勒和 Jeep 等品牌的汽车，除此之外还经营游艇、钢铁、艇外推进器等业务。2021 年 1 月 16 日，标致雪铁龙集团与菲亚特克莱斯勒汽车公司的合并交易正式完成，双方从而合并成为一家全新的集团——克莱斯勒（Chrysler）。

克莱斯勒车标（见图 4-42）像一枚五角星勋章，它体现了克莱斯勒家族和公司员工的远大理想和抱负，以及永无止境的追求和在竞争中获胜的奋斗精神；五角星的五个部分，分别表示五大洲（亚、非、欧、美、大洋）都在使用克莱斯勒汽车公司的汽车，即克莱斯勒汽车公司的汽车遍及全世界。

道奇品牌创始人道奇兄弟的事业是从制造自行车开始的。1914 年，道奇兄弟投资建成了美国第一条试车道，开创了汽车公司自己投资建立试车道的先河，为道奇汽车的质量提供了重要保证。同年，道奇兄弟设计出他们的第一辆车，将其戏称为 Old Betsy，这就是现在道奇的雏形，真正完成了从两个轮子到四个轮子的飞跃。1928 年，道奇兄弟公司被克莱斯勒集团收购。道奇文字商标采用道奇兄弟的姓氏 Dodge，图形商标是在一个五边形中嵌入一个羊头（见图 4-43），象征道奇汽车强壮剽悍、善于决斗，也表示道奇的产品朴实无华、美观大方。

图 4-42　克莱斯勒车标

图 4-43　道奇车标

第五节　德国主要汽车公司及车标

一、大众汽车公司及其车标

德国大众汽车集团成立于 1937 年，是德国最大的企业。大众汽车公司是一个在全世界许多国家都有生产厂的跨国汽车集团，常年名列世界十大汽车公司之首。主要子公司有德国大众公司，德国奥迪汽车公司，捷克斯柯达汽车、保时捷集团，西班牙西亚特公司等。旗下品牌有大众（Volks Wagenwerk）、奥迪（Audi）、斯柯达（SKODA）、保时捷（PORSCHE）、兰博基尼（LAMBORGHINI）、西雅特（SEAT）、布加迪（BUGATTI）、宾利（BENTLEY）、斯堪尼亚（SCANIA）、MAN、杜卡迪（DUCATI）等。

20 世纪 30 年代，由于纳粹的缘故，大众汽车的车标外围被添加了风扇设计（类似于纳粹符号的变形）。直到 1945 年第二次世界大战结束，大众才去掉了这个带有纳粹元素的设计。大众汽车的德文 Volks Wagenwerk，意为大众使用的汽车。车标主要以人民大众（Volks）和汽车（Wagen）两个单词的首个字母组成，并把这两个字母上下排列后，放入圆环内。这个标志看起来非常平凡，但只有平凡才能最好地表现出国民车平凡的定位。大众车标演变如

图 4-44 所示。

图 4-44　大众车标演变

　　奥迪汽车公司的创始人霍尔茨在大学毕业后长期从事机械制造业，集理论、实践、经验于一身，于 1890 年创办了霍尔茨汽车厂。后来，由于种种原因霍尔茨离开了自己创建的工厂，1909 年他又重新创建了一家汽车工厂。由于与原厂的厂名相似，原厂提出起诉、法院裁定新建厂改名，霍尔茨便将德文 HORCH 译成拉丁文 Audi，更名奥迪汽车厂，这样既让厂名带有古典语言的韵味，又使原名的意义得以延续。1932 年，霍尔茨汽车公司、奥迪汽车公司、蒸汽动力车辆厂（DKW）和漫游者汽车公司 4 家汽车公司合并组成汽车联盟股份有限公司。新成立的公司选用 4 个相扣的圆环作为自己的商标，象征兄弟 4 人紧握手。半径相等的 4 个紧扣连环象征公司成员平等、互相协作的亲密关系和奋发向上的敬业精神。1969 年，汽车联盟股份有限公司和 NSU 股份有限公司合并，组成奥迪-NSU 汽车联盟股份公司；1985 年，该公司改名为奥迪股份公司。奥迪车标的演变如图 4-45 所示。

图 4-45　奥迪车标演变

二、宝马汽车公司及其车标

　　宝马汽车公司（Bayerische Motoren Werke AG，BMW）创建于 1916 年，总部设在德国慕尼黑，主要的车型有 1、2、3、4、5、6、7、8 等系列，以生产豪华轿车、摩托车和高

性能发动机而闻名于世。

宝马车标（见图4-46）采用了内外双圆圈的图形，并在双圆圈环的上方，标有 "BMW"字样。整个车标就像蓝天、白云和运转不停的螺旋桨，寓示宝马公司渊源悠久的历史，又象征公司的一贯宗旨和目标（在广阔的时空中，以最新的科学技术、最先进的观念满足顾客的最大愿望），反映了公司蓬勃向上的精神和日新月异的新风貌，表明宝马轿车的品质优秀、技术领先、驰骋全球。

老MINI诞生于英国，代表着20世纪60年代社会历史变革的印记，精巧、富有乐趣、激发朝气与自由，1994年德国宝马集团从它原来的生产商Rover接手过来，并进行了改良工作。新MINI的诞生，代表着高技术含量、高水准的生产工艺，突出的产品特点，还有强大的品牌形象，其车标如图4-47所示。

图4-46　宝马车标　　　　　　　　　图4-47　新MINI车标

三、奔驰汽车公司及其车标

奔驰汽车公司创立于1926年，创始人是卡尔·本茨和戈特利布·戴姆勒。它的前身是1886年成立的奔驰汽车厂和戴姆勒汽车厂。1926年两厂合并后，改名为戴姆勒—奔驰汽车公司，现在，奔驰汽车公司除以高质量、高性能豪华汽车闻名外，也是世界上最著名的大客车和重型载重汽车的生产厂家。它是世界上汽车行业资格最老的厂家，也是经营风格始终如一的厂家。

1886年1月29日，本茨获得了"用汽油作为燃料的车子"的专利权，这是人类史上第一份汽车专利证书，而这一天也是公认的汽车的生日。1893年，Benz & Cie. 公司提交了"ORIGINAL BENZ+齿轮"的新商标申请，标签上的英文直译为"原版奔驰"，可以看出本茨这位汽车之父通过这个标志所展示的一种自豪感，而这枚标志也是所有资料中记载的最早的奔驰标志。奔驰车标演变如图4-48所示。

图4-48　奔驰车标演变

戴姆勒于1909年为三叉星标志申请专利权，三叉星徽象征着戴姆勒的"陆、海、空"全面机动化的雄心。标志内的MERCEDES（梅赛德斯）取自戴姆勒汽车经销商埃米尔·耶利内克女儿的名字。MERCEDES在西班牙语中有幸运的含义。1916年，三叉星的标志与奔驰的名字合二为一，成为世界十大著名的商标之一。

smart 是德国奔驰汽车和瑞士 Swatch 手表公司合作制造的微型车，目前隶属于戴姆勒集团。其中，s 代表斯沃奇（Swatch），m 代表戴姆勒集团（Mercedes-Benz），而 art 则是英文中的艺术，意为 Swatch 和 Mercedes 完美结合的艺术品。smart 本身在英文中也有聪明伶俐的意思，这也契合了 smart 公司的设计理念。open your mind 是 smart 品牌的核心理念，它号召人们开放心灵、敞开胸怀、包容万象，从而启迪心智、突破自我，如图 4-49 所示。

DENZA 腾势是深圳腾势新能源汽车有限公司推出的首个致力于新能源的汽车品牌。腾势汽车是由中国新能源汽车领军企业比亚迪与世界豪华车制造巨头德国戴姆勒共同设立的合资企业，成立于 2010 年，总部位于深圳市。DENZA 源自中文名"腾势"的音译，为"腾势而启，电动未来"之意，表达出借助双方资源整合和中国及全球新能源汽车崛起的大势，呈现腾飞而起的气势，带给消费者全新的电动汽车生活体验。2019 年 11 月，腾势品牌再启新程，完美结合了梅赛德斯—奔驰与比亚迪优势资源的全新腾势 X 正式上市。车标（见图 4-50）由中央的水滴和外围的合拢造型构成：水滴形状体现了追求纯净自然的环保愿景；合拢的造型则表示合资双方强强联手，共同呵护自然与环境，共同致力于新能源汽车事业，践行环保责任。

图 4-49　smart 车标及理念

图 4-50　腾势车标

2019 年 12 月，吉利和奔驰共同成立智马达汽车有限公司，注册资金 54 亿元，双方各持股 50%。2020 年 7 月，吉利汽车与奔驰正式签署合作协议，将奔驰 smart 国产，定位纯电微型车，整车超过 75% 的 ECU 可实现远程持续升级。smart 品牌新车型将采用 D2C（Direct to Customer）直销代理商业模式。

第六节　法国主要汽车公司及车标

一、标致雪铁龙集团及其车标

标致雪铁龙集团，即 PSA 集团，是一家法国私营汽车制造公司，致力于为全球消费者提供独具特色的汽车体验和自由愉悦的出行方案，旗下拥有标致、雪铁龙、DS、欧宝、沃克斯豪尔五大汽车品牌，以及 Free2Move 品牌提供的共享出行服务。此外，PSA 集团的业务还涉及金融（PSA 融资银行）和汽车零部件行业（佛吉亚公司）。2021 年 1 月 16 日，标致雪铁龙集团与菲亚特克莱斯勒汽车公司合并成为克莱斯勒集团。

雪铁龙（Citroën）汽车公司是法国第三大汽车公司，创立于 1915 年，创始人是安德列·雪铁龙。1900 年，22 岁的安德烈·雪铁龙在波兰旅行时偶然发现了一种人字形齿轮切割方法，并立即购买了这项专利。从此，这种人字形齿轮便成为雪铁龙公司的象征，也是一直延续至今的雪铁龙车标，如图 4-51 所示。

标致（PEUGEOT），曾被译为别儒，公司采用狮子作为汽车的商标。商标图案是蒙贝利亚尔创建人别儒家族的徽章。据说别儒的祖先曾到非洲探险，在那里见到了令人惊奇的动物——狮子，为此就用狮子作为本家族的徽章。后来，狮子又成为蒙贝利亚尔省的省徽。古往今来，狮子的雄悍、英武、威风凛凛被人们尊崇，古埃及的巨大雕塑司芬克司，就是人首狮身，以代表法老的威严和英武。2021 年 2 月 25 日，标致推出了全新标识，是其品牌历史上第 11 次更新车标。第 11 代车标仍然是雄狮——主体是一个壮美的狮头，外层呈盾形轮廓设计，如图 4-52 所示。

图 4-51　雪铁龙车标

图 4-52　标致车标

二、雷诺汽车公司及其车标

1898 年，路易斯·雷诺（Louis Renault）三兄弟在布洛涅—比扬古创建雷诺汽车公司，该公司主要产品有雷诺牌轿车、公务用车及运动车等。车标（见图 4-53）是 4 个菱形拼成的图案，象征雷诺三兄弟与汽车工业融为一体，表示"雷诺"能在无限的（四维）空间中竞争、生存、发展。

三、布加迪公司及其车标

1909 年，意大利人埃多尔·布加迪（Ettore Bugatti）在法国创建布加迪公司，专门生产运动跑车和高级豪华轿车，车标为其姓氏 BUGATTI，如图 4-54 所示。1998 年，大众集团收购并复兴了布加迪品牌。2010 年 7 月，布加迪威航 Supersport 以平均时速 431 km/h 拿下世界量产车最快纪录（吉尼斯纪录承认）。

图 4-53　雷诺车标

图 4-54　布加迪车标

第七节　英国主要汽车公司及车标

英国汽车产业拥有悠久的发展历史，自汽车发明以来，一百多年里，英国车一直被认为是集极致、品位、价值、豪华、典雅等最完美体现的汽车。专业的知识和前瞻性的思维赋予了英国开发核心汽车技术的独特优势。

一、劳斯莱斯公司及其车标

劳斯莱斯（Rolls-Royce）于1906年在英国正式成立。劳斯莱斯以一个"贵族化"的汽车公司享誉全球，同时也是目前世界三大航空发动机生产商之一。2003年，劳斯莱斯汽车公司归入宝马集团。

"飞天女神"车标设计者是英国画家兼雕塑家查尔斯·赛克斯。20世纪初，经朋友蒙塔古（出身贵族世家，劳斯莱斯创始人之一劳斯先生的好朋友）介绍，赛克斯负责为劳斯莱斯设计一尊雕塑车标。1911年，"飞天女神"正式成为劳斯莱斯车的车标。

劳斯莱斯的平面车标采用两个重叠在一起的"R"，这是查理·劳斯（Charles Stewart-trolls Rolles）与亨利·莱斯（Henry Royce）两人姓氏的第一个字母，体现了两人融洽的关系。起初，双R标为红色，有说法称在两位创始人相继离世之后，劳斯莱斯公司的车标从红色变成了黑色，但这种说法有悖于事实：根据权威的历史资料记载，公司启用新的车标只是为了让整车风格显得更加庄重。劳斯莱斯车标演变如图4-55所示。

图4-55　劳斯莱斯车标演变

二、宾利汽车公司及其车标

宾利汽车公司（Bentley Motors Limited）是世界著名的英国汽车制造商，由沃尔特·欧文·宾利创建于1919年1月18日。车标是以公司名的第一个字母"B"为主体，生出一对翅膀，似凌空翱翔的雄鹰，如图4-56所示。第一次世界大战期间，宾利以生产航空发动机而闻名，战后，宾利开始设计制造汽车产品。1931年，宾利被劳斯莱斯收购。1998年，劳斯莱斯和宾利被德国大众集团买下。在近百年的历史中，宾利历经时间的洗礼，依然历久弥新，熠熠生辉，呈现给世人的永远是尊贵、典雅、动力、舒适与精工细做的最完美结合。To build a fast car, a good car, the best in its class.（要造一台快的车，好的车，同级别中最出类拔萃的车。）曾是创始人华特·欧文·宾利先生最初追求极致卓越的造车理念。

三、捷豹汽车公司及其车标

捷豹（Jaguar）是英国知名豪华汽车品牌，于1922年诞生，创始人为威廉·里昂斯爵士，现属印度塔塔集团旗下，2004年进入中国。捷豹在中国市场拥有X系列豪华运动轿车、TYPE系列豪华跑车、PACE系列豪华轿跑SUV三大产品。2018年，捷豹历史上首款豪华纯电轿跑SUV I-PACE在北京车展展出。

捷豹车标被设计成一只纵身跳跃的美洲豹，造型生动、形象简练、动感强烈，蕴含着力量、节奏与勇猛，如图4-57所示。

图4-56　宾利车标　　　　　　　　　　　　　　　图4-57　捷豹车标

四、路虎汽车公司及其车标

路虎（Land Rover）是英国豪华全地形SUV品牌，创始人是莫里斯·维尔克斯，创立于1948年，现属印度塔塔集团旗下。Land Rover在中国大陆翻译成"陆虎"，进入中国上市时发现"陆虎"两个字已被抢注商标，因此注册为"路虎"。路虎现拥有三大产品家族：揽胜系列、发现系列、Defender系列。车标如图4-58所示。

2012年11月，奇瑞捷豹路虎汽车有限公司成立，合资双方股比为50：50，是国内首家中英合资的高端汽车企业，主要生产路虎揽胜极光、路虎发现运动版、捷豹XFL、捷豹XEL和捷豹E-PACE这5款车型，以及英杰力发动机家族产品。

五、阿斯顿·马丁汽车公司及其车标

阿斯顿·马丁（Aston Martin）公司是英国豪华轿车、跑车生产制造公司，始建于1913年，创始人是莱昂内尔·马丁和罗伯特·班福德，总部设在英国新港市，以生产敞篷旅行车、赛车和限量生产的跑车而闻名世界，1987年被美国福特公司收购。1994年，阿斯顿·马丁成为福特汽车公司的全资子公司。福特除了为其提供财务保障外，还向它全面提供福特在世界各地的技术、制造和供应系统，以及支持新产品的设计和开发，令这颗豪华跑车中的明珠重新焕发出迷人的魅力。2007年，公司被福特卖给了英国人大卫·理查德，孤悬海外的游子再次回到了英伦的故乡。阿斯顿·马丁车标（见图4-59）为一只展翅飞翔的大鹏图，喻示该公司像大鹏一样，具有冲天而起的冲刺速度和远大的志向。

图4-58　奇瑞捷豹路虎标　　　　　　　　图4-59　阿斯顿·马丁车标

从 1964 年 007 系列《金手指》中的 DB5 开始，阿斯顿·马丁的多款汽车都曾是 007 系列影片中邦德的座驾，为邦德的出奇制胜立下了赫赫战功。在 2020 北京车展上，阿斯顿·马丁带来了依照 007 系列电影《金手指》中出现过的车而复刻的车型阿斯顿·马丁 DB5 007 版。该款复刻车型搭载了 4.0 升直列 6 缸自然吸气发动机，最大功率 282 马力，配备来自采埃孚的 5 挡手动变速箱，该车在阿斯顿·马丁的经典车系中限量打造 25 辆。

第八节　意大利主要汽车公司及车标

一、菲亚特汽车公司及其车标

菲亚特（FIAT）是世界上第一个生产微型车的汽车生产厂家。公司全称是意大利都灵汽车制造厂，意大利语全称是 Fabbrica Italiana di Automobili Torino。菲亚特是该公司缩写的译音，FIAT 也是该公司产品的商标，如图 4-60 所示。集团总部设在意大利都灵市，其轿车部门主要有菲亚特、法拉利、阿尔法·罗密欧和蓝旗亚公司，工程车辆公司有依维柯公司。

1999 年 4 月，南京菲亚特成立，菲亚特首次以合资企业的形式进入中国。2007 年 12 月，菲亚特与南汽集团的合作关系正式终止。2010 年 3 月，菲亚特与广汽集团共同组建广汽菲亚特。2014 年 1 月，菲亚特完成了对克莱斯勒集团的全面收购，合并后的菲亚特克莱斯勒集团更名为菲亚特克莱斯勒汽车公司。

二、法拉利汽车公司及其车标

法拉利（Ferrari）是世界上最著名的赛车和运动跑车的生产厂家，创建于 1929 年，公司总部在意大利的摩德纳，创始人是世界赛车冠军、划时代的汽车设计大师恩佐·法拉利。菲亚特公司拥有该公司 90% 股权，但该公司能独立于菲亚特公司运营。

法拉利车标是一匹跃起的马，如图 4-61 所示。在第一次世界大战中，意大利有一位表现非常出色的飞行员，他的飞机上就印有这样一匹会给他带来好运气的跃马。在法拉利最初的比赛获胜后，飞行员的父母亲，一对伯爵夫妇建议：法拉利也应在车上印上这匹带来好运气的跃马。后来这位飞行员战死了，马就变成了黑颜色。车标底色则为公司所在地摩德纳的金丝雀的颜色。

图 4-60　菲亚特车标

图 4-61　法拉利车标

三、兰博基尼汽车公司及其车标

兰博基尼（Automobili Lamborghini S. p. A.）是一家意大利汽车生产商，全球顶级跑车制造商及欧洲奢侈品标志之一，公司坐落于意大利圣亚加塔·波隆尼（Sant'Agata Bolognese），

由费鲁吉欧·兰博基尼在 1963 年创立。兰博基尼早期由于经营不善，于 1980 年破产；数次易主后，1998 年归入奥迪旗下，现为大众集团（Volkswagen Group）旗下品牌之一。

兰博基尼车标是一头充满力量、正向对方攻击的斗牛，与大马力高性能跑车的特性相契合，同时彰显了创始人斗牛般不甘示弱的个性，如图 4-62 所示。

四、玛莎拉蒂汽车公司及其车标

玛莎拉蒂是意大利的一家豪华汽车制造商，其跑车系列是意大利顶尖跑车制作技术的体现，也是意大利设计美学以及优质工匠设计思维的完美结合，其精湛的技艺和思维方面的独创性让人着迷。玛莎拉蒂车标（见图 4-63）是在树叶形的底座上放置的一件三叉戟，这也是公司所在地意大利博洛尼亚市的市徽，相传为罗马神话中的海神纳普秋手中的武器，显示出海神巨大无比的威力。玛莎拉蒂代表着非凡的精致、永恒的风格和强烈的情感，最重要的是，代表着梦想成真。玛莎拉蒂汽车始终是尊贵品质与运动精神完美融合的象征。

图 4-62　兰博基尼车标　　　　图 4-63　玛莎拉蒂车标

第九节　其他国家著名汽车公司及车标

一、塔塔汽车公司及其车标

塔塔汽车公司（Tata Motors）是印度最大的综合性汽车公司、商用车生产商。塔塔汽车是印度塔塔集团下属的子公司，成立于 1945 年，与德国戴姆勒奔驰进行合作，1969 年能够独立设计出自己的产品。商用车涵盖 2 ~ 40 t 的产品。1999 年，塔塔进入乘用车领域。塔塔主要产品包括小型汽车、4 驱越野车、公共汽车、中型及重型货车等。2008 年，福特汽车与塔塔汽车公司签订协议，同意将路虎、捷豹、罗孚、Daimler 和 Lanchester 等 5 个品牌的使用权以 26.5 亿美元的价格出售给塔塔公司。

塔塔车标是椭圆形中两个字母"T"相叠而成，一个实心，另一个是空心，巧妙地融合在一起，如图 4-64 所示。

二、沃尔沃汽车公司及其车标

沃尔沃是瑞典著名汽车品牌，原沃尔沃集团下属汽车品牌，又译为富豪，于 1924 年由阿瑟·格布尔森和古斯塔夫·拉尔森创建，该品牌汽车是目前世界上最安全的汽车。

沃尔沃车标（见图 4-65）由图标和文字商标两部分组成，图形商标画成车轮形状，并有指向右上方的箭头；文字商标"VOLVO"为拉丁语，是滚滚向前的意思，寓意着沃尔沃汽车的车轮滚滚向前和公司兴旺发达，前途无量。

2010年，吉利与美国福特汽车签约，花费18亿美元，100%股权收购瑞典沃尔沃汽车公司。

三、萨博公司及其车标

萨博公司由斯堪尼亚公司和瑞典飞机有限公司合并而成，原飞机公司瑞典文缩写为SAAB，后即作为公司轿车的标志。车标正中是一头戴王冠的狮身鹰面兽头像，王冠象征着轿车的高贵，狮子则为欧洲人崇尚的权力象征，如图4-66所示。2013年1月21日，萨博新东家瑞典国家电动车公司（NEVS）发布了新车标，萨博将不再使用原先的"鹰狮"图案，改为只有英文字母与圆圈组合的灰色标识。

图4-64 塔塔车标　　　　图4-65 沃尔沃车标　　　　图4-66 萨博车标

2009年12月14日，北京汽车收购萨博资产的谈判覆盖了萨博的整个整车开发体系，主要转移的IP（知识产权）包括：三个整车平台和两个系列的涡轮增压发动机、变速箱的技术所有权。绅宝是北京汽车旗下首款中高级轿车。绅宝不仅完整继承了萨博"人车合一，贴地飞行"的性能基因，而且进一步结合国际前沿造车趋势与中国市场需求，凝练形成了"Turbo（动力）、Equipment（配置）、Safety（安全）、Control（操控）"独有的TESC四大产品优势，同时在外观造型、内饰设计、驾乘舒适、智能科技等方面进行了创新升级。

四、斯堪尼亚公司及其车标

斯堪尼亚（SCANIA）是瑞典的货车及巴士制造厂商之一，于1891年在瑞典南部的马尔默成立。斯堪尼亚的产品销往世界100多个国家和地区，为全球领先的重型卡车和巴士制造商之一，并凭借技术领先的模块化系统成为商用汽车行业盈利能力最强的公司。斯堪尼亚车标（见图4-67）的狮身鹰面兽符号，最初来自瑞典南部斯堪尼亚省的盾形徽章，象征着力量、速度、敏捷和勇气。

2020年，中国取消商用车制造外商股比限制，同时取消合资企业不超过两家的限制政策。2020年11月，斯堪尼亚通过收购南通皋开汽车制造有限公司，成立斯堪尼亚制造（中国）有限公司，成为首批在华独资建厂的国外汽车制造企业之一。

图4-67 斯堪尼亚车标

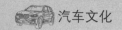
五、拉达车标

拉达是伏尔加旗下的汽车品牌，是伏尔加的当家"花旦""国产汽车之光"。20 世纪 60 年代，苏联从意大利引进了该车型，20 世纪 80 年代曾一度做过北京的出租车，后因外观差被夏利取代。但拉达在莫斯科可绝对是个宝，在俄罗斯的中国人总结的俄罗斯四大怪中的第一怪就是"拉达开得比火箭快"。2021 年，达拉再度进入中国市场，普京亲自站台、宣传。

拉达车标是由 LADA 中 L 和 D 两个字母组合成的一个带帆的游船图形，如图 4-68 所示。

六、伏尔加车标

高尔基汽车厂（GAZ，"嘎斯"即高尔基汽车厂的简称）是苏联自行建造的最大的综合性汽车制造企业，于 1930 年 5 月开始动工，福特公司向其提供技术设备。1929—1933 年的资本主义世界经济危机期间，苏联抓住美国经济困难的时机，用大量黄金买下了一整个福特汽车工厂的图纸和设备。1932 年，高尔基厂生产出第一批自己的产品——嘎斯 AA 型载货汽车。1936 年，高尔基厂研制成功第一辆中级轿车伏尔加牌轿车（外文名 VOLGA），车标是昂首飞奔的鹿，如图 4-69 所示。因此，它进入中国后多了一个名字"金鹿"。20 世纪 50 年代，我国领导干部用车中，伏尔加金鹿（见图 4-70）称得上主打车型。

图 4-68　拉达车标

图 4-69　伏尔加车标

图 4-70　伏尔加金鹿

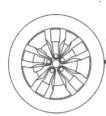

第五章
汽车命名

本章概述

　　古语有云："赐子千金，不如教子一艺；教子一艺，不如赐子好名"。名字在中国人心中具有特殊的意义。汽车车名，是汽车文化的重要组成部分。任何一种汽车，都有它自己的车名，以便与其他汽车区分，同时也是一种商标、一种品牌。对于优良的汽车来说，它同时也是知识产权，是一种无形的财富，是汽车性能和质量的象征，能够演变成巨大的效应。

　　本章主要介绍世界各国汽车命名的主要原则和种类。通过本章的学习，大家能够了解汽车命名的主要类型及其内涵。

第一节　领导命名

中国汽车工业起步期，中央领导命名汽车彰显企业地位。

一、解放卡车命名

　　1953 年下半年，援建一汽的苏联莫斯科斯大林汽车厂提出为新车命名问题，由重工业部汽车筹备组驻苏联莫斯科代表孟少农转告到国内，当时的一汽厂务会多次研究，第一机械工业部也多次开会研究，并搞了征集活动。最终是如何确定为"解放"的车名有两种说法。一种说法是由第一机械工业部副部长段君毅将讨论和征集的若干名称向毛泽东主席作了汇报，毛泽东主席给新车起了个名字叫"解放"；另一种说法是段君毅在政治局会议上提到这件事，朱德总司令说"我们的部队叫解放军，汽车也叫'解放'吧"，毛泽东主席表示赞同，确定新车就叫"解放"。无论是哪种说法，都可以确定最先生产的国产汽车的名称，是由毛泽东主席确定的。尔后，毛泽东主席为《解放日报》题写的"解放"二字的手写体，由苏联莫斯科斯大林汽车厂放大后，刻写到汽车车头第一套模子上，如图 5-1 所示。

图5-1 毛泽东主席命名"解放"

二、东风轿车命名

1958年5月5日，中国第一辆自己制造的轿车终于在一汽人手中诞生，从而揭开了我国民族轿车工业的历史篇章。轿车发动机为4缸顶置气门，最大功率为52 kW，百公里耗油10 L，最高设计时速为128 km/h。一汽厂长饶斌一锤定音："就叫东风牌吧！东风压倒西风嘛！"生产编号为CA-71，CA为生产厂家一汽的代码，7为轿车的编码，1就表示第一辆。

1958年5月14日，东风牌小汽车样车送到北京，轿车前方最初用的是拼音字母"DONG FENG"（见图5-2），送给首长审批，时任中央办公厅主任的杨尚昆看后说："不行！像外国车的名字，应该用汉字的'东风'。"最后，由当时担任一汽计划处科长的李岚清同志到人民日报社找到了毛泽东的诗词"东风压倒西风"中"东风"这两个字的影印样，并在一个修配厂连夜换上了"东风"这两个字，如图5-3所示。

图5-2 饶斌定音"DONG FENG"

图5-3 杨尚昆改为"东风"

1958年5月21日下午两点钟，毛泽东主席来到了中南海的后草坪，与人大常委会林伯渠副委员长坐上小汽车围着草坪转了两圈，他下车笑着说："好啊，坐了咱们自己的轿车了！"

三、红旗轿车命名

1958年8月，中央急于在国庆十周年的庆典上用上国产的高级轿车，向一汽下达了制造国产高级轿车的任务。一汽的工人们以从吉林工业大学借来的一辆 1955 型的克莱斯勒高级轿车为蓝本，根据中国的民族特色进行改进后以手工制成了一辆高级轿车。这辆轿车的动力系统和装备几乎和克莱斯勒一样，其实就是把克莱斯勒车完全拆开，对每个零件进行手工测绘，然后自己制造，内装有 V 形 8 缸顶置气门发动机，最大功率为 147 kW，最高车速为 185 km/h。时任吉林省委第一书记的吴德在全厂万人集会时，正式将轿车命名为"红旗"，红旗车标经历多次更改，如图 5-4 所示。"红旗"二字已经远远超出了一个轿车品牌的含义，在国人心里，它有其他品牌所不能代替的位置。从 20 世纪 60 年代开始，红旗车的各项技术日臻完善，被规定为副部长以上首长专车和外事礼宾车。

四、跃进货车命名

1958 年 3 月，南京汽车制造厂造出中国第一辆轻型载货汽车，当年周恩来总理等老一辈开国元勋亲自命名为"跃进"牌。新中国初期，毛泽东主席曾经对时任江苏省委书记的江谓清同志说："这个厂（南京汽车制造厂）比长春汽车制造厂还要前途远大，主要是管理好，工人很有组织性，讲究劳动纪律。"毛泽东主席还风趣地说："我要来当半年副厂长，学习学习。"1964 年 1 月 8 日，朱德同志来南汽视察，并应邀为该厂题写厂牌"南汽"二字，如图 5-5 所示。

1995 年 6 月 21 日，原国家经贸委同意南京汽车制造厂更名为跃进汽车集团公司，并以跃进汽车集团公司为核心组建跃进汽车集团。2007 年 12 月 26 日，成为上海汽车集团股份有限公司的全资子公司。

图 5-4 吴德命名"红旗"

图 5-5 朱德题词"南汽"

五、风神命名

1978 年，东风卡车 EQ240（见图 5-6）开始出口，不巧的是，"东风"在我国是春风、暖风的意思，在欧洲地区则是冷风、寒风。这在用户的文化心理上显然是难以被接受的。于是，由当时的东风汽车厂副厂长兼总工程师孟少农首倡，出口产品使用欧洲广为传诵的 AEOLUS 来命名，AEOLUS（伊尔诺斯）是古希腊神话中的风神。

2008 年，东风将新的自主乘用车品牌定名为"东风风神"。2020 年，东风风神正式发布 AEOLUS 赛道标识（见图 5-7），品牌迈向年轻化。新赛标代表风神的新平台、新技术、新品质，标志着东风风神品牌进入新阶段。

图5-6 东风卡车 EQ240　　　　图5-7 AEOLUS 赛道标识

六、黄河重汽题名

1960年4月15日，济南汽车制造厂试制出我国首辆重型载货汽车——黄河 JN150，结束了我国不能生产重型汽车的历史。在汽车试制的同时，为汽车起一个好听的名字也提上了议程。经多次提议酝酿，最后定名为"黄河"。因为济南地处黄河岸边，黄河是华夏文明的发祥地，是中华民族的摇篮，象征着自力更生、奋发图强、自强不息的精神。济南生产的汽车也要像黄河水那样奔流向前、驰名中外。

1966年1月11日，朱德视察济南汽车制造总厂，并为黄河牌汽车题写"黄河"二字，如图5-8所示。

(a)

(b)

图5-8 朱德题写"黄河"及黄河重汽
（a）朱德题写"黄河"；（b）黄河重汽

2020年9月16日，中国重汽黄河品牌暨新产品发布仪式在济南奥体中心场馆启幕，高端民族自主品牌"黄河"正式发布，标志着中国重汽开启"驾黄河、驶未来"的新篇章。

七、夏利轿车命名

1984年，天津汽车工业公司和日本大发工业株式会社签订合作协议，正式引进微型两厢轿车 Charade 1.0 的全套制造技术。天津汽车选择了合作而不是合资，一字之差，对中国汽车产业的发展产生了重大影响。当时之所以选择合作，是为了在之后的生产经营过程中让中方占据优势地位，同时还可以获得这两款车型的全部知识产权。所以后来生产的轿车并没有像桑塔纳（SANTANA）或捷达（Jetta）一样，使用英文原名作为产品的名称，而是采用了"夏利"。"夏利"是由时任天津市市长的李瑞环命名，有"华夏得利"之意。

第二节　动物命名

十二生肖是中国民俗文化的代表，它代表着在农耕时代，中华先民对动物崇拜、图腾崇拜以及早期天文学的艺术结晶。几千年来，由十二生肖衍生而来的生肖文化已经成为中华民族传统文化的象征之一，鼠、牛、马、羊、猴等这些动物，也与我们结下了不解之缘。在汽车世界里，也有一些动物与汽车结下了不解之缘，堪称汽车世界里的"十二生肖"。

一、最具速度感的动物：豹

代表车型：捷豹、斯巴鲁翼豹、吉利美人豹、长丰猎豹、影豹。

猎豹是陆地上奔跑速度最快的动物，最快可以达到110 km/h，尽管这个速度和现代汽车已经不可同日而语，但也已经达到了陆地哺乳动物的极限，它因此被称为"速度之王"。人类对速度的崇拜让以"豹"命名的汽车数量之多不亚于以"马"：命名的汽车，名气最大的就是捷豹，不过和这个名字相比，也许它之前的"美洲豹"这个名字更加迷人。

除了捷豹，日本有斯巴鲁翼豹，中国则有长丰猎豹，吉利汽车也有两款"豹类汽车"，分别是"中国第一跑"——美人豹，以及由它进化而来的黑豹。

2021年7月14日，广汽传祺官方正式宣布苏炳添受邀成为旗下运动智能轿车传祺影豹的品牌代言人，如图5-9所示。凭轻跑理念出圈的传祺影豹，运动、性能已融入品牌血液中，携手亚洲飞人苏炳添，联合开启极速模式，共同引爆中国速度。影豹是广汽传祺品牌焕新的首款新车，选择与以往不同的产品命名，是为了打造一种全新形象，为年轻赋能。其中，"影"寓意急速飞驰的风影，灵动轻快的影迹，传递产品的运动感、战斗感；"豹"代表协调的比例、优美的线条、矫健的形态，犹如充满力量而蓄势待发的豹子。影豹英文名为EMPOW，源于EMPOWERYOUNG（赋能年轻），意思是为年轻人专属打造，以动感新颖的设计和快捷敏感的动力响应，为他们追求美好生活而赋能。

图 5-9　苏炳添受邀成为影豹品牌代言人

二、最珍贵的动物：熊猫

代表车型：吉利熊猫、菲亚特熊猫。

吉利熊猫的问世，再度证明了吉利在汽车命名上的"趋炎附势"，当好莱坞流行"金刚"时，吉利也有"金刚"，当"功夫熊猫"盛行时，吉利"熊猫"也开始流行。不过，实事求是地说，在"熊猫"的打造上，作为熊猫原产国的吉利要比菲亚特干得干脆，在吉利熊猫之前诞生的菲亚特熊猫空有"熊猫"之名而无"熊猫"之形，吉利就不同了，黑白配的吉利熊猫在外形设计上相当成功，尽管它不到 5 万元的售价和熊猫国宝级的地位相去甚远，但它仍然是一款非常不错的微型轿车。

三、最具霸气的动物：虎

代表车型：路虎、福特翼虎、奇瑞瑞虎、斯巴鲁傲虎。

作为动物世界的王者，老虎也是汽车企业在给自己的车型取名字时最青睐的动物之一，狂野、彪悍、百兽之尊，是人类对老虎的基本印象，所以以虎命名的车型，往往是越野车。路虎堪称是知名度最高的"老虎车"，而福特翼虎，则代表着福特汽车对老虎"如虎添翼"横行天下的渴望，同样威名赫赫。另外，老虎作为亚洲特有的生物，自然也少不了亚洲车的身影，奇瑞的越野车就叫瑞虎。

四、最具王气的动物：龙

代表车型：布加迪威龙、克莱斯勒大捷龙、丰田亚洲龙、红旗金龙。

龙是中国传统文化的代表、中华民族的图腾，也是汽车世界的常客。尤其是随着中华文化再次走向世界，越来越多的西方人开始对"龙"这个中华民族的伟大图腾产生兴趣并开始认真研究。在国外，不少体育、娱乐明星在身上都会绘上"龙"字来表示对这个东方神兽的兴趣，而在汽车世界里，以龙命名的汽车也不在少数。布加迪威龙堪称威名最盛的"龙车"，这个和东方神龙一样充满王者气息、神龙见首不见尾的汽车品牌，其尊贵不亚于劳斯莱斯，另外克莱斯勒大捷龙、丰田亚洲龙也都曾"横行一时"。

中国生产的第一款轿车就叫"金龙"，这个名字可能很少有人知晓，但说起它的第二个名字，那可就真是大名鼎鼎了，它就是"红旗"。

五、最优雅的动物：羊

代表车型：长安铃木、羚羊、道奇公羊。

秉性善良、风度翩翩，这就是羊，在汽车的"十二生肖"里，同样也有这位气质优雅的动物一席之地。长安铃木、羚羊尽管已经声势渐微，但仍以它省油、朴实的风格赢得了万千车迷的心，即使是真正的玩家也对这位"脾气温和、身价便宜"的小车评价甚高。至于道奇公羊，作为早年道奇品牌在华的代表车型之一，同样是喜欢美国大车的车迷的最爱。

六、最具攻击性的动物：蛇

代表车型：道奇蝰蛇、福特眼镜蛇。

谁是最具攻击性的汽车名字？不负责任的人会告诉你是路虎、捷豹，作为百兽之王和速度之王，这二者的确相当有攻击性，但和剧毒、诡异的蛇相比，人类对狮、虎、豹的恐惧性似乎又少了一些。道奇蝰蛇、福特眼镜蛇，光看名字，就能让人不寒而栗，而这二者的性能包括车标，也的确非常有攻击性，只有最疯狂的车迷，才敢于驾驭这最疯狂的汽车。

七、最有人气的动物：马

代表车型：宝马、悍马、福特野马、起亚千里马、哈弗赤兔。

传统十二生肖里，老鼠居长，那么在汽车"十二生肖"里，则以与汽车关联最大的马占据首席地位。从一定程度上来说，汽车就是由马车进化而来的，甚至到现在，我们还称道路为马路，称汽车的功率为马力。

勤奋、速度、激情，这些都是马——这个汽车发明前人类最普遍的代步工具给我们的最深刻印象，所以以马命名的汽车品牌和车型在汽车世界里也就最多，最出名的当然就是德国宝马了，而美国悍马和福特野马的知名度也相当高，另外千里马作为人类对马的美好愿望，自然也不能少。

从轩辕的"服牛乘马"到汉武帝引进"汗血马"，中国人对马的热爱从未消退，"一马当先""马到成功"等成语也是流传至今。不过，如果要选出知名度最高的马，当仁不让的应该是《三国演义》中的那匹赤兔马，"人中吕布，马中赤兔"已经是今天家喻户晓的典故。2021 年，一匹当代"赤兔"成为汽车圈热议的话题，那就是哈弗 SUV 旗下全新车型"哈弗赤兔"，如图 5-10 所示。过去，在 SUV 市场从无到有的阶段，消费者需要直接通过车名了解级别，以方便购买，哈弗过去的产品名基本都是字母加数字的形式。但在 SUV 消费向品质化、个性化迅速演变的今天，哈弗赤兔这样既能传达产品特性，又潮流感十足的命名显然可以和年轻消费者产生更多共鸣，这也从侧面展示了哈弗品牌一直以来对消费者需求和对 SUV 市场消费趋势敏锐的洞察力。

图 5-10　哈弗赤兔

八、最野性的动物：狮

代表车型：斯巴鲁力狮、丰田海狮。

相比百兽之王——老虎、速度之王——猎豹，草原之王——雄狮在汽车世界受到的青睐似乎不多，这也难怪，老虎盛行的亚欧大陆是汽车工业和市场发达的地区，而出产雄狮的非洲大地汽车工业则几乎等于零，汽车世界"虎强狮弱"的格局也由此形成。不过凡事总有例外，日本个性车厂斯巴鲁旗下 4 款车型，就把狮（力狮）、虎（傲虎）、豹（翼豹）、人（森林人）一网打了个干净，斯巴鲁猫科"三大兽"和森林人的组合，在汽车命名里，也算是独树一帜。

丰田海狮（Toyota HIACE）是丰田汽车第一款前置驾驶室车型，它的名字由 Hi（High）——高性能和 Ace——王牌组成，在中国音译为海狮。

九、最灵巧的动物：鸟

代表车型：庞蒂克火鸟、福特雷鸟、日产蓝鸟。

提起以鸟命名的汽车，中国消费者最为熟悉的就是日产的蓝鸟。现在在中国市场，日产蓝鸟仍在生产，只不过改了名字叫轩逸，但英文名字——Blue Bird 没变。

日产蓝鸟声名赫赫，但和以下两只"鸟"比起来，它可算是小字辈了，那就是挽救了庞蒂克品牌的火鸟和书写了个人豪华车传奇的福特雷鸟，在 20 世纪 50 年代，庞蒂克火鸟和福特雷鸟双双诞生，前者浴火重生，挽救了当时几乎穷途末路的庞蒂克品牌，开辟了"宽轮距"的新时代，而后者则和凯迪拉克、雪佛兰、JEEP 一起，成为"美国大车"的代表作之一。

十、最不屈的精灵：燕

代表车型：铃木雨燕。

小车出身的日本铃木，对小动物的偏爱在它的汽车命名上可见一斑，羚羊、雨燕，代表着这个日本小车厂奋斗、永不服输的精神。在羚羊渐渐淡出视野之后，铃木雨燕展翅放飞了铃木在中国汽车市场的新希望。

十一、最后的经典：大黄蜂

代表车型：雪佛兰（Camaro）大黄蜂。

它的学名叫雪佛兰，但几乎所有人都亲切地叫它"大黄蜂"。动画版的《变形金刚》代表了美国汽车的辉煌和骄傲。好莱坞的《变形金刚》让我们看到了美国汽车不死的雄心和未来的希望。大黄蜂，代表着忠诚、勇敢以及值得信赖，这是一个成长潜力足以媲美大众甲壳虫的汽车名字。

十二、最迷人的动物：甲壳虫

大众甲壳虫可能是动物世界里知名度最高也最经典的车型，你可以亲切地叫它"虫虫"，也可以直呼其名"甲虫"，它的外形、名称包括历史都是难以复制的经典，在它最流行的时代，有"甲壳虫乐队"和"甲壳虫文化"向它致敬。在流行的狂热慢慢退却后，这个历史的"老爷车"却并没有一起退场，它以比时间更经典的设计，战胜了时间，成为人类汽车世界里为数不多的几个经典之一，以至于现在，当我们提起甲壳虫时，第一时间想到的不是甲壳虫这个昆虫，而是一辆汽车。

第三节　字母命名

采用字母作为车名，十分简洁。有些汽车直接以希腊字母命名，如意大利蓝旗公司的"阿尔发""贝塔""伽马""德尔塔"等。有些汽车采用厂家名称的缩写字母命名，如"菲亚特"（FIAT）、"宝马"（BMW）、"依维柯"（IVECO）、"绅宝"（SAAB）、"MG"（英国罗孚）、"西特"（SEAT）等。

一、大众 CC

大众 CC：Comfort（舒适的）、Coupe（小轿车），连起来就是舒适型汽车，是一种车型的定位，融合高科技使驾车更人性化。

二、本田 CR-V

1995 年，本田公司宣布推出一个全新的紧凑型 SUV 车系，并为该车取名为 CR-V。对于 CR-V 的命名，针对不同的国际市场有着多种含义，其中 Compact Recreational Vehicle（紧凑型休旅车）和 Comfortable Runabout Vehicle（舒适轻便车型）就是分别针对美国市场和日本本土所做出的不同解释。

三、长安 COS

COS 是一个全新的品牌，由长安欧尚品牌全面升级而来，隶属于重庆长安汽车股份有限公司。字母 C 取为英文 Cloud 首字母，寓意"云"，智能互联；OS，为一个系统，支撑欧尚开放式平台。

四、雪铁龙 DS

DS 来自法语中的 Deesse 一词，中文意思为"女神"。DS 系列是雪铁龙旗下的高端产

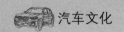

品系列，其名称源自 1955 年出产的一款著名的雪铁龙轿车，体现了创意、严谨和大胆。

五、北京汽车 E 系列

北京汽车 E 系列，E 系列取自 Economy（经济）、Electric（电子）、Effciency（效能）、Environment（环保）的首字母，体现了电子、经济、高效、环保、愉悦的设计理念。本着对消费者负责的态度以及对产品品质的信心，北京汽车 E 系列也是中国率先实施"三包"服务政策的轿车。

六、广汽丰田 EZ

广汽丰田 EZ 逸致是欧洲市场上投放的丰田 Verso 车型，是第一款 FUV 车型。2011 年 7 月 16 日，广汽丰田首款 FUV 车型 EZ 逸致全国上市。为了更好地贴合目标顾客的生活理念，逸致的命名方式也区别于丰田的其他产品。"逸致"代表"安逸、雅致"，这样的命名，既彰显了产品的特质和价值，同时又形象地描绘出时尚活力新家庭的全新生活形态。广汽丰田为其取了一个简洁的英文名 EZ，与逸致读音极为相近，便于记认；它与传统的英文命名方式不同，以个性化、简洁的字母组合，传递出产品时尚、动感、活泼的特质。

七、Jeep

Jeep 是一个汽车品牌。世界上第一辆 Jeep 越野车是 1941 年在第二次世界大战中为满足美军军需生产的。克莱斯勒公司作为 Jeep 的鼻祖，单独拥有这一注册商标。因此，"不是所有吉普都叫 Jeep"。

Jeep 名字的由来一直是个谜，有说来自 1941 年美军对 Jeep 的要求，即 General Purpose（全能用途）缩写 GP 的发音；有说来自将士们的评价 Just Enough Essential Parts（组件刚好够用）的缩写 JEEP；甚至传说来自漫画《大力水手》中英勇机智的小动物 Jeep。

八、奇瑞 QQme

奇瑞新车 S16 品牌名确定为"QQme"。奇瑞公司从员工、全国经销商及众多 QQ 用户建议的上千个名称中甄选出 QQme 作为 S16 正式品牌名。QQme 可发音为"QQ 迷"，也可理解为"QQ 我"，即"我的 QQ"，代表着这款车与消费者双方互动、契合的含义。在这个多元化的新时代，车已经不仅仅是代步工具，更是消费者自己性格、思想、追求的表达。

九、奥迪 TT

奥迪 TT 是一款跑车。在中国销售的有 3 款，分别是 TT coupe 1.8t、TT 2.0TSI、TT 3.2Quattro（敞篷软顶）。TT 是 Tourisi Trophy 的缩写，意为"旅行者大奖赛"，它是 21 世纪初的一项颇负盛名的汽车赛事。奥迪 TT 的概念和名称的首次亮相是在 1995 年的法兰克福车展。

十、永源飞碟 UFO

UFO 是 Unidentified Flying Object 的缩写，中文意思是不明飞行物，俗称飞碟。浙江飞

碟汽车公司的 "飞碟·UFO" 轿车（在国家第 78 批公告上）是一款充满动感、时尚的都市休闲车。

十一、长城 WEY

2016 年 11 月，WEY 品牌诞生。WEY 品牌创始人魏建军先生，用自己的姓命名产品，实现了中国豪华 SUV 从无到有的开创。WEY 独特的竖型标识（见图 5-11），源自长城汽车发源地、创始人魏建军的故乡——中国保定的标志性建筑 "保定直隶总督府大旗杆"，镌刻了 WEY 品牌的追求与承诺——成为全球豪华 SUV 品牌领导者，引领中国品牌向上。

图 5-11　长城 WEY 车标

第四节　汽车征名

征名是一个非常常见的互动沟通方式。大到一座城市街道的命名、街头的建筑物，乃至今天新车上市等，都可以通过征名的活动来引发关注，吸引目标群体参与。

一、长安铃木汽车征名

2006 年，长安铃木全新中级车面向社会共征集了 3 327 个中文名称，最终定名为 "天语 SX4"。"天语" 有 4 层含义。首先，"天" 就是消费者，"语" 代表了倾听消费者的声音，"天语" 体现了长安铃木对消费需求的深入理解。其次，天语谐音 "天宇"，预示像宇宙一样广阔，代表了天语 SX4 是中国首发的全球车型，有着广阔的发展空间。同时，"天语" 也寓意 "天予"，象征着这款车是上天给予广大消费者的最好礼物。"天语" 这个词语将人与车的和谐演绎得非常充分。

二、南方重卡征名

2007 年，太原南方重型汽车有限公司筹备组开展立足山西、面向全国的 "咱的汽车咱起名" 大型品牌名称征集活动。该活动获得积极响应，共有 30 多个省市的 1 万多件名称应征，最终太原人朱亚明所起的 "远威" 胜出。公司品牌标识由南方重汽的英文和山西的拼音首字母 "S" 组合而成。"远威重车，威名远扬" 的口号，昭示着太原南方重汽将 "立足山西、站稳周边、辐射全国、拓展海外"。

三、江淮轿车征名

基于 Only for You 的顾客价值诉求，江淮汽车公司把其首款轿车的命名权交给了社会各界。2007 年 4 月 20 日，上海国际汽车展新闻发布会上，江淮首款轿车网上征名大赛正式拉开帷幕，有效提名达 13 000 余条，经近 30 万网民积极参与，评选出 5 个备选名进入最终的专家评审环节，其中"宾悦"以 15 087 票的绝对优势夺得第一。同年 7 月 26 日，盛大的征名结果及专家终评发布会召开，来自全国业内的 17 位知名专家评委一起对网络评出的 5 个备选提名进行评选，17 位评委中的 16 位将自己手中的票投给了"宾悦"，并且一致认为 Only for You 的最佳解释就是"宾悦"，"宾悦"至此应运而生。

四、海马汽车征名

2008 年，海马汽车曾公开对海马 H11 进行了网络征名活动，在上万件网友作品中最终选定"欢动"作为最终产品名称。新名称既体现了欢动倡导的"动感有型、快乐随行"的生活方式，更体现了这款车运动、性感、肌肉、速度的创意灵感。

五、丰田凌志轿车征名

丰田汽车公司的第一代豪华轿车"凌志"一名是丰田人花了 3.5 万美元请美国的一家取名公司命名的。之所以以此命名，原因在于丰田汽车公司的该车型主要用于出口欧美，参加世界上最大豪华轿车市场的角逐，与通用、福特、宝马、奔驰等老牌豪华轿车生产厂家一决雌雄，借以改变人们对丰田汽车公司只能生产中低档轿车的印象。因此，当美国的取名公司将 5 个备选名称提供给丰田汽车公司以后，决策者们选中了读音与法语 Luxe（豪华）一词相近的 Lexus（凌志）。

六、哈弗大狗征名

2021 年 6 月 10 日，长城正式揭晓旗下全新品牌 SUV 的命名——哈弗大狗，对于这样一个反常规的名称，长城也在海报上打出了动人的宣传语"它陪你只身远方闯荡江湖，也陪你人间烟火进退自如；它野性十足孔武有力，它聪明听话善解人意；它动力充沛随叫随到，它跋山涉水从不畏惧；它潮有个性不任性，它野有态度不虚度"。可以看到，在宣传语的字里行间，长城将这款全新 SUV 的特性与"大狗"的形象进行了融合。最先提出"大狗"命名的参赛者在推荐理由中写道："现在的车名要么是星空宇宙，要么是天神猛兽，我只希望它是我的一条忠犬，能陪我柴米油盐，也能陪我诗和远方，能陪我潮流炫酷，也能陪我偶尔撒野，这才是一款车该有的样子"。这一观点引起了众多网友的共鸣，许多网友在评论区表示，对年轻人来说，车应该是伙伴，自己想要的就是这样一辆车。近年来与"狗"结缘的品牌越来越多，科技界有问鼎棋坛的"阿尔法狗"、音乐平台有潮人必备的"酷狗"、浏览器有海量资讯的"搜狗"，都给人潮流与智能化的联想。而作为汽车圈的新代表，哈弗大狗也有望延续这一特性，成为时下年轻人的潮玩新旅伴。同时，哈弗大狗以更潮更个性化的设计以及定位，让潮野这个词为更多人所知道。长城哈弗大狗如图 5-12 所示。

图 5-12 长城哈弗大狗

第五节 电动车命名

一、特斯拉

特斯拉（Tesla）是一家美国电动汽车及能源公司，产销电动汽车、太阳能板及储能设备。2003 年 7 月 1 日，由马丁·艾伯哈德和马克·塔彭宁共同创立，创始人将公司命名为"特斯拉汽车"，以纪念物理学家尼古拉·特斯拉。1882 年，特斯拉发明了世界上第一台高频交流电机。1960 年，在法国巴黎召开的国际计量大会上，磁感应强度的单位被命名为特斯拉，以纪念这位在电磁学领域做出重要贡献的美籍塞尔维亚发明家、电气工程师。

二、奥特能

2021 年 9 月 14 日，通用汽车董事长 Mary Barra 在通用汽车中国 Ultium Day 活动上公布了 Ultium 平台的正式中文名称——奥特能电动车平台。虽然奥特能和奥特曼并没有任何关系，但它像所有超级英雄一样守护着我们"绿色的家园"。不得不说，该中文命名让广大看着奥特曼长大的"80 后""90 后"印象深刻。

在新能源汽车的发展进程中，通用汽车有着举足轻重的地位。早在 1912 年，通用汽车就制造出了一款搭载铅酸电池和 Edison 镍铁电池的电机驱动卡车，并在当年就生产了682 辆。1996 年，通用 EV1 诞生，这是首款真正意义上的量产纯电动汽车，同样也是具有革命性的一款产品。铝身结构、制动能量回收、空气动力学、轻量化……正如通用汽车所希望的那样，在这一款产品上，集结了太多能够改变汽车 DNA 的技术和创新。

Ultium 是终极、无穷的能量之意。中文译文"奥特能"中，"奥"为深邃奥义、大气广博；"特"为自成一派、独树一帜；能为能量宇宙、动能满满。这一中文命名，寓意奥特能电动车平台将以灵活出众的性能架构为原点，衍生出深邃广博的"奥特能能量宇宙"，也就是能够衍生出丰富的纯电产品矩阵。奥特能就是通用汽车的"奥特曼"，以全球领先的科技塑造绿色环保的未来，守护我们美好的地球家园。

三、奥迪 e-tron

奥迪 e-tron 是奥迪在 2009 年推出的纯电动高性能跑车。电动车绝不是单纯将动力总

成电动化，电动车技术的成熟也不仅仅取决于电池技术的优化，而是要从车辆的每一个细节上重新设计，使各个部件在能量消耗上都毫无妥协。奥迪 e-tron 车型的诞生具有里程碑式的意义，就像奥迪全时四轮驱动技术的代名词一样，e-tron 将成为奥迪品牌纯电动技术的标志性符号。

四、奔驰 EQ

EQ 是奔驰申请注册的新能源商标，E 代表 Electric（电力），Q 代表 Intelligence（智能），它代表了奔驰未来汽车的发展方向，即电动化、智能化。

2017 年 3 月 22 日，奇瑞正式向国家工商行政管理总局商标局（今国家市场监督管理总局）国际处递交材料申请仲裁并得到受理，对奔驰申请注册的"EQ"新能源商标提出异议。经过友好协商，戴姆勒集团与奇瑞汽车股份有限公司于 2017 年 7 月 14 日共同对外宣布，就各自旗下新能源汽车品牌"EQ/eQ"品牌名称使用达到合作共识。戴姆勒今后使用以 EQ 为首的英文字母序列产品命名及品牌名称，如 EQA，EQB，EQC。奇瑞使用以 eQ（小写 e）为首的数字序列产品命名及品牌名称，如 eQ，eQ1。另外，戴姆勒还指定"EQ power"为旗下插电式混合动力产品（PHEV）命名，奇瑞还将采用"eQ TEC"为其汽车电气化系统命名。双方同时约定：戴姆勒集团认可并同意奇瑞对 eQ 产品命名和品牌名称在全球范围内的使用，奇瑞认可并同意戴姆勒的 EQ 产品命名和品牌名称在中国市场的应用。

五、宝马 i

2011 年 2 月，宝马汽车在其德国总部发布了其子品牌宝马 i，该品牌主要代表着新能源汽车和新的移动解决方案。

六、五菱 Nano EV

2021 年 9 月，上汽通用五菱宣布推出五菱品牌首款两座新能源车型，新车命名为五菱 Nano EV，作为 GSEV（Global Small Electric Vehicle）全球小型纯电动汽车架构下的新成员。新车命名为"五菱 Nano EV"，取 Nano 的"纳米"之意，直观凸显其小型两座的属性。同时，Nano 也符合新一代年轻人的社交沟通习惯、简约自在的生活方式，传递出"小小世界，大大精彩"的美好期许。

七、长城 ORA

欧拉品牌隶属于长城汽车，是中国主流自主车企中第一个独立的新能源汽车品牌。长城汽车于 2018 年 8 月 20 日正式发布欧拉品牌，以纪念全球著名数学家欧拉。数学是人类科技创新的基础，也是汽车设计研发的核心与前提。欧拉寓意长城汽车将继续一丝不苟，坚持造好车。英文名"ORA"是 Open（开放）、Reliable（可靠）和 Alternative（非传统）的组合：Open 代表开放的、合作共赢的商业模式；Reliable 代表靠谱的、高品质的动力和里程无焦虑；Alternative 代表为纯电而生的、智能网联的自动驾驶。

车标（见图 5-13）由感叹号衍生而来，寓意为致敬和问候——向欧拉致敬，向用户问候，向世界问候，同时代表着长城汽车为用户打造令人惊喜的产品的决心。

图 5-13　长城欧拉车标

八、上汽 R

R 汽车是上汽乘用车高端纯电汽车品牌,脱胎于上汽荣威(ROEVE)品牌第一个字母。车标"R"代表以人为本,源自篆书"人"的变形。"R"字母的不对称,结合"人"字的对称,在视觉呈现上均匀齐整、体正势圆,大展四平八稳之气。上汽 R 车标(见图5-14)表示一种对人文的追求:圆弧曲线代表生命的自然形体,直线条象征人的理性,展现"科技向内,人性向外"设计理念。

九、东风岚图

岚图汽车是东风汽车高端智能电动品牌,成立于 2018 年。2020 年 7 月 17 日,岚图正式发布品牌标识和中文名。

岚图,谐音"蓝图",寓意美好的规划和前景。"岚"表示山谷中的风,清风徐来,清新自然,给人纯净、清洁的新能源联想。"图"表示谋划图新、充满智慧,表达品牌以绿色出行方式,为用户创造零焦虑美妙出行、现代格调美好生活蓝图的理念。

岚图车标(见图 5-15)灵感源于《逍遥游》中的鲲鹏展翅,充满力量和创见。舒展的双翅,自由随性而行,动感的线条展现品牌向上的力量感,也体现了追求洁净、创享科技、探索进取的品牌活力。鲲鹏之大体现了品牌雄厚实力,创享未来蓝图。

图 5-14　上汽 R 车标　　　　　　　**图 5-15　岚图车标**

十、比亚迪海豚

比亚迪海豚是海洋车系的首款车型,相比王朝车系,具有更年轻的产品定位,更鲜明的新能源属性。海豚是使用比亚迪全新车标的首款车型,也是基于比亚迪 e 平台 3.0 打造

的首款车型，拥有 2 700 mm 的超长轴距，内部空间媲美 B 级车。海豚标配 IPB 智能集成制动系统，集成了 ABS、EBD、TCS、HHC、HBA、CDP、VDC、AVH、CST、BDW、CRBS、ESP 等十余项功能，可以为用户提供全方位的主动安全保护。IPB 可以在 150 ms 内建立最大制动压力，获得最佳制动效果。

十一、蔚来汽车

蔚来是全球化的智能电动汽车品牌，于 2014 年 11 月成立，由李斌、刘强东、李想、腾讯、高瓴资本、顺为资本等深刻理解用户的顶尖互联网企业家与企业联合发起创立，旗下主要产品包括蔚来 ES6、蔚来 ES8、蔚来 EC6、蔚来 EVE、蔚来 EP9 等。蔚来致力于提供高性能的智能电动汽车与极致用户体验，为用户创造愉悦的生活方式。

蔚来的外文名 NIO 取意 A New Day（新的一天）。"NIO 蔚来"表达了蔚来追求美好明天和蔚蓝天空、为用户创造愉悦生活方式的愿景。蔚来车标（见图 5-16）由象征着开放、未来的天空，以及象征着行动、前进的道路组成，完美诠释了其品牌理念。

十二、小鹏汽车

小鹏汽车成立于 2014 年，总部位于广州，是广州橙行智动汽车科技有限公司旗下的互联网电动汽车品牌，由何小鹏、夏珩、何涛等人发起，团队主要成员来自广汽、福特、宝马、特斯拉、德尔福、法雷奥等知名整车与大型零部件公司，以及阿里巴巴、腾讯、小米、三星、华为等知名互联网科技企业。车标为四叶草形状。由于四叶草非常少见，因此有着"幸运草"的称号。小鹏汽车车标也有幸运的寓意，车标看上去简单又好记，还很耐看，如图 5-17 所示。

图 5-16　蔚来车标　　　　　　　　图 5-17　小鹏车标

十三、理想汽车

理想汽车是一个豪华智能电动车品牌，以创造移动的家、幸福的家为使命。公司于 2015 年 7 月创立，总部位于北京，生产基地位于江苏常州。理想汽车的创始人李想是中国著名的连续创业家，曾创办全球访问量最大的汽车网站《汽车之家》。2020 年 7 月 30 日，理想汽车在美国纳斯达克证券市场正式挂牌上市。理想汽车的首款产品理想 ONE 于 2018 年 10 月发布，是一款智能电动中大型 SUV，搭载领先的增程电动技术与智能科技，为家庭用户提供 6 座的舒适空间。2020 年，理想 ONE 取得中国新能源 SUV 市场销量冠军，同时成为 30 万元以上国产车型销量冠军。

十四、威马汽车

威马汽车（WM Motor）成立于 2015 年 1 月（前身为联合创始人杜立刚的三电系统研发企业，成立于 2012 年），是国内新兴的新能源汽车企业及出行方案提供商，创始人为前吉利控股集团副总裁、沃尔沃全球高级副总裁兼沃尔沃中国区董事长沈晖。

威马汽车基于全球人才、科技、研发、制造及产业链资源，致力于为中国消费者提供完善、便捷、舒适的出行体验。WM 是德文 Welt Meister（世界冠军）的缩写，威马汽车的目标是制造一台高品质、高可靠性、有良好用户体验的"世界冠军"级别的主流智能汽车，并围绕产品构建新型智慧出行方案。

威马车标（见图 5-18）的核心部分，由 5 个圆角条形组成，象征着车辆智能有序地行驶在车道上；核心的外围，被一个完美的正圆所环绕，代表着威马所追求的可持续发展的完美生态环境。威马的字标，选用了一种更具冲击力的字体及排版，在鲜明突出品牌信息的同时，更显大胆无畏。

十五、哪吒汽车

哪吒汽车是浙江合众新能源汽车有限公司旗下的汽车品牌，秉持"电动化、智能化、网联化"的发展理念，让高品价比的智能电动汽车触手可及。"哪吒"作为中国传统文化中的重要 IP，其脚踏风火轮的形象深入人心，代表着古代人民对于简单、轻松、自在的出行方式的向往。同时，哪吒也是勇敢、自信、无畏的精神化身。合众旗下的汽车产品以"哪吒"命名，是对哪吒精神的深度致敬，也是其在当下新科技、新能源、新时代背景下的再一次涅槃重生。

哪吒车标（见图 5-19）由神经元、树、翼、泉 4 个自然意象元素组成，代表人工智能 AI、勃发成长、动感飞翔、灵感迸发，表达合众新能源从需求出发，让所有人尽享智慧科技带来的美好出行的愿望。

图 5-18　威马车标　　　　　　　　　　图 5-19　哪吒车标

十六、几何汽车

几何汽车（Geometry）是吉利汽车集团旗下的高端纯电品牌，是与吉利品牌、领克品牌并行的一级子品牌。几何汽车被注入"多维、专注、纯粹"的品牌基因，提供专属的品牌、渠道、服务、体验，以全新的品牌形象、组织架构和服务体系，全新定义汽车新能源世界进化方向，致力于打造"全球用户纯电出行的首选品牌"。几何汽车命名源于"全球共创"，从全球 177 个城市、70 多万名汽车爱好者中获得灵感，同时，基于吉利自身的品牌战略思考而来，组建"几何+英文字母"的品牌命名体系。

十七、奇瑞蚂蚁

蚂蚁是基于奇瑞新能源全新@ LIFE 平台诞生的首款新世代高能纯电 SUV。蚂蚁虽小，却拥有强大的力量，团结、奋进，有持之以恒的决心和不懈努力的精神，广告语是"砥砺

前行，大有蚂蚁"。

十八、日产 LEAF

日产 LEAF，又称为聆风，有两个相当响亮的头衔："全球最畅销电动车"和"世界第一款经济性零排放车"。

2010 年，纯电动车市场尚处于萌芽状态。放眼当时的全球市场，最受欢迎的新能源车型是混动车型，最具代表的就是丰田普锐斯，奔驰、雷克萨斯等豪华品牌也在打造自己的混动家族。在这样的一个背景下，日产推出了纯电动车型 LEAF。

2011 年，日产 LEAF 装备的电气驱动系统被美国权威汽车杂志 *Ward's Auto World* 评选为 2011 年度十佳发动机。

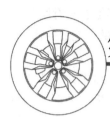

第六章
汽车广告

本章概述

　　本章主要介绍汽车界比较经典的、影响力较大的广告。通过本章的学习，大家能够了解世界著名的汽车广告案例及其内涵，熟悉汽车广告背后所隐含的营销逻辑，了解汽车广告方法定位、在汽车营销中所起的作用、汽车抖音的兴起。

第一节　早期广告

　　中国是世界文明发源地之一，广告在中国具有悠久的历史。在原始社会时期，随着生产力水平的提高，剩余产品的出现，产生了以物易物的原始商品交易，原始的商业广告诸如实物广告、叫卖广告也伴随交易产生。由此可见，商业广告和商品交易几乎在同一时间段产生，并伴随着商品交易的扩大不断发展。中国历史上第一个，也是现存最早的实物广告是北宋年间的"济南刘家功夫针铺"，因在宋朝已有了雕版印刷，故流传下来一块印制广告的铜板（见图6-1），现存于中国国家博物馆。

图6-1　中国现存最早的实物广告

　　通过铜板拓印的图案，可以清晰地看出店铺名称位于铜板的上端，中间是"玉兔持铁杵捣药"的图案，像现在所说的品牌LOGO，兔子刻得栩栩如生。围绕在玉兔周围的是八个大字"认门前白兔儿为记"，这类似于现在的防伪标志，意思就是我家店铺门前雕刻有白兔，容易识别。下方为广告内容：收买上等钢条，造功夫细针，不误宅院使用，转卖兴贩别有加饶，请记白。"上等钢条"告诉顾客针的材质，用的都是好料；"功夫细针"告诉顾客做工考究，加工精细；"不误宅院使用"即按时交货，不耽误使用，这里的"宅院"有讲究，说的是大户人家，告诉顾客他们家的针是高品质，供应的都是有头有脸的人家；"转卖兴贩别有加饶"是促销手段，如有人想做批发生意，价格可商量，能适度优惠；"请记白"，再次强调，请记住白兔防伪标志。

这短短二十八个字，既把产品工艺和特点描述得清楚，还顺便抬高了功夫针的消费人群，到后面还有促销手段，实在是一个精致广告宣传，广告的两个基本功能"被记住、被认出"都完美实现。由此可以看出，宋朝的商贩们已经很有商业头脑，也很注重商品的宣传。

有据可查的最早的汽车广告出现在 1898 年 8 月 13 日的《科学美国人》杂志中，是一家位于俄亥俄州克利夫兰市，名为 The Winton Motor Carriage Co. 的汽车制造商刊登的广告（见图 6-2），其文案中写道：DISPENSE WITH A HORSE. THE WINTON MOTOR CARRIAGE，译为"让马都歇了吧。温顿牌汽车。"

图 6-2　最早的汽车广告

在汽车出现的早期，其主要竞争对手还是马车，汽车制造商要做大量工作说服人们放弃传统马车，改用汽车。

第二节　汽车广告作用

在全球范围内，汽车厂家众多，市场竞争相当激烈。想要吸引消费者的购买欲望、打动消费者，除了产品本身质量好、性能优越、售后服务好、品牌口碑好、营销网络健全外，还需要赋予产品人文色彩，让消费者在感受汽车本身魅力的同时，有购买一种"感觉和品位"的冲动。因此，针对品牌个性，设计出能够引起消费者购买欲望的广告显得尤为重要。

具体来说，汽车广告有以下作用。

1. 信息传播

汽车广告把有关生产方面的信息传递给消费者，向消费者提供汽车或劳务信息。广告宣传可以疏通物流和商流渠道，缩短流通时间，刺激消费需求，促进汽车市场的繁荣。

2. 指导消费

汽车广告通过对汽车信息的传播，向消费者介绍汽车的品牌、商标、性能、规格、用途、特点、价格，以及如何使用、维护和各项商业措施，帮助消费者提高对汽车的认识程度，激发消费者购买欲望，指导消费者如何购买汽车。

3. 促进销售

汽车广告宣传能引起消费者注意，诱发消费者潜在的购买欲望，促成购买行为，增加汽车销量。

第三节 汽车广告定位

广告定位是企业产品在消费者心目中占据位置、留下深刻印象的一种新型的宣传方法和推销方法。这一广告理论的特点，就是突出广告商品的特殊个性，即其他同类商品所没有的优异之点，而这些优点正是消费者所需求的。汽车广告定位对广告效果至关重要。汽车广告定位不准、没有创新、不能煽情，广告就会空洞而难以打动人心。一个人情味十足且富有吸引力的广告必须具备精准的广告定位。具体的广告定位有以下 3 种方法：实体定位法、观念定位法、竞争策略定位法。

一、实体定位法

实体定位法就是从产品本身出发，突出产品本身的新价值，强调其与同类产品的差异性，从而突出产品个性，或其在某种意义上的不可替代性。该方法着眼于产品的功能和价值。实体定位法又分为以下 4 种方法。

1. 品质定位法

品质定位法强调产品优于同类产品的品质，突出其与众不同。例如，凯迪拉克轿车广告定位于高档车，为了显示其高贵的品位，广告画面把汽车的标志同钻石放在一起，人们一看到这个广告就会在脑子里留下豪华高档的深刻印象。

2. 功能定位法

功能定位法突出汽车的使用功能和特别使用效果。例如，劳斯莱斯轿车除性能优良外，把广告定位集中于噪声极小，使消费者驾乘时感到更加清醒、舒适，以此区别于其他高档品牌轿车，其广告标语是奥格威传世之作"60 英里时速下，这辆最新劳斯莱斯车内最大的噪声来自电子钟"，如图 6-3 所示。

The Rolls-Royce Silver Cloud—$13,995

"At 60 miles an hour the loudest noise in this new Rolls-Royce comes from the electric clock"

图6-3　劳斯莱斯轿车汽车广告

出生于英国的大卫·奥格威，是现代广告业的大师级传奇人物，他一手创立了奥美广告公司，开启了现代广告业的新纪元。1962年，一本影响世界无数广告人的旷世巨著《一个广告人的自白》诞生。奥格威经典名言有：做广告是为了销售产品，否则就不是做广告；消费者不是低能儿，她是你的妻子，别侮辱她的智商，不要推出一个你不愿意你家人看到的广告；广告业需要注入大量的天才，而天才极有可能在不循规蹈矩者、特立独行者与反叛不羁者中产生；鼓励创新，变革是我们的生命源泉，停滞是我们鸣响的丧钟。

3. 市场定位法

市场定位法强调产品在市场上的最佳位置，或者将其与特定使用者相联系（如名模或影视名人驾驶某品牌汽车），或者强调在某一市场或对某一类消费者的特别意义。例如，皇冠汽车定位于高端客户市场，其广告定位于成功人士这类消费者，与之相适应的广告标语是"最辉煌的选择"，如此定位，使皇冠顾客的身份与其他车顾客的身份明显区别开来。

4. 价格定位法

价格定位法就是利用价格差异制造产品区别的定位。马自达6系列轿车广告定位于三厢轿车的操控性、舒适性和经济性，以及MPV和SUV的超大空间融为一体，让用户在商务交际和休闲生活间自如穿梭。其体现这一定位的广告标语是"一辆车的价格，两辆车的价值"。广告受众会在自己的心目中留下一个印象，马自达6系列轿车在同档次车中价格划算。江铃汽车广告定位于低收入消费群体，其广告标语是"好车共享，实惠百姓"。"实惠"两字向目标消费群体传递了"我的车属于低档车，价格便宜，你买得起"这一价格信息，从而抓住了想购车、经济收入低的这部分消费群体。

二、观念定位法

观念定位是指通过对消费者诉求的分析，为产品树立一种新的价值观，借以改变消费者的习惯心理，形成新的认识结构和消费习惯。适合汽车广告定位的观念定位法可分为以下两种。

1. 心理定位法

心理定位法强调产品带给消费者某种心理满足和精神享受，它往往采用象征和暗示的手法，赋予产品某种气质性归属，借以强化消费者的主观感受。例如，帕拉丁 SUV 汽车广告定位于回归大自然的消费群体，其广告标语是"纵情广阔天地，驾驭自由梦想"。现代都市人生活和工作都在一个狭小、紧张的空间里，"纵情广阔天地"反映了现代都市人的心声，"驾驭自由梦想"暗示用户驾驶帕拉丁 SUV 时不仅仅是在开车，也是奔向自由的梦想。这个广告标语强化了消费者脱离喧嚣的都市、回归大自然的一种轻松、惬意，获得自由的主观感受。

2. 逆向定位法

逆向定位法采取反向思维方式，从消费者的否定中树立自己的形象。德国大众生产的甲壳虫轿车广告定位于美国工薪阶层这一消费群体，其广告标语是"想想还是小的好"。20 世纪 70 年代，人们认为汽车很大程度上是身份、财富及地位的象征，其他汽车厂商都着力宣传自己的车更长、更大、更豪华。随着石油危机来临，大众公司紧紧抓住这一机会，从逆向思维中对甲壳虫轿车进行广告定位，宣传该车"小"的优越性，结果这一定位改变了美国人的汽车观念，使甲壳虫车畅销美国市场。

三、竞争策略定位法

竞争策略定位法是根据汽车市场竞争者的状况而采用的广告定位方法。适合汽车广告定位的竞争策略定位法可分为以下两种。

1. 领导者定位法

一汽—大众汽车公司在我国汽车制造业内属领头羊之一，其生产的轿车质量好、市场份额大，旗下宝来轿车广告就定位于国内汽车领先地位的强势品牌，广告标语为"驾驶者之车"，这意味着，消费者购车就购一汽—大众的车，该公司生产的轿车是真正的轿车，完全展露出一种轿车市场领导者的地位。

2. 实施竞争压制法

实施竞争压制法强调多品牌策略。一汽—大众汽车公司生产的轿车品种较多，高、中、低档车均有，为了针对市场中其他品牌相应档次车的竞争，各品种车广告定位各不相同。例如，奥迪的广告定位于高档车，它的广告标语是"突破科技，启迪未来"；捷达的广告定位于低档车，它的广告标语是"理性的选择"。

汽车广告定位确定之后，还必须有与之相配的广告标语来体现广告定位、传递广告定位的信息和主题，否则，再好的广告定位也没用。广告标语与广告定位的关系密不可分，因此，掌握一些广告标语的写作技艺十分重要。

汽车广告标语就是精炼地将汽车广告的主题表达出来的语句，又称汽车广告口号。它的目的是使消费者树立一种观念，以指导他们选购汽车。汽车广告标语写作一般要求如下。

（1）简短易记。广告标语使用的目的，在于通过反复宣传，使消费者留下对汽车的印象。因此，标语字句一定要简短易懂、易记，标语全文一般不超过 20 个字，最好在 10 个字之内。如福特汽车广告标语"一路领先"只有 4 个字，非常简洁。

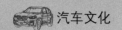

（2）突出特点。汽车广告标语要起到加深印象、打动人心的作用，根据广告定位，突出汽车的独特之处。如雷克萨斯轿车的广告标语"潇洒外形，豪迈个性"，突出了该车在外形上很有个性这一特点。

（3）号召力强。广告标语要有煽动性，文字要尽可能口语化，押韵动听，形象生动，富于情感。如马自达轿车广告标语"像心上人一样，让你愈看愈喜欢"，人情味很浓。福克斯两厢车广告标语"我的精彩，我的自由"很有号召力，打开了年轻一代购车族的心扉。

（4）适应需求。广告标语虽然是一种在较长时间内反复使用的商业标语，但不是不可更改的。随着市场的变化，可适当更改标语，突出新的特点。2019 年，别克开启了从"心静 思远 志行千里"到"心静 思远 智行千里"的新征程。从"志行千里"到"智行千里"，表面来看仅一字之差，实则意味深远。

第四节　汽车广告案例

一、雪铁龙汽车广告

1920 年年初，安德烈·雪铁龙发现国家和地区公路网的路牌都在第一次世界大战中被损坏，便毅然投资捐献一批带有雪铁龙标识的蓝底黄字路牌安装在路边。他找人先后设计出椭圆形和八角形的搪瓷路牌（见图 6-4），用来指示道路交叉口和重要城市的方向，或提醒人们注意道路安全，甚至还提示司机们附近哪里有雪铁龙经销商。这些画着雪铁龙的双人字标识，底部标注"雪铁龙公司捐赠"的标牌很快遍布整个公路网，一直沿用了几十年。至今，在法国仍能看到它们的身影，甚至是标有"雪铁龙运输"字样的客车站。这一经典的户外广告案例至今还在被津津乐道。

图 6-4　早期的雪铁龙广告

1922 年，雪铁龙派出一架装有烟雾发生器的双翼飞机，在空中表演飞行技巧，尾烟将 CITROËN 这 7 个字母绘在巴黎的上空，如图 6-5 所示。这时，距离美国莱特兄弟飞机试飞成功刚刚 9 年，真正的飞机还很罕见，这场空前前卫和壮观的营销活动，实在魄力非凡。

1925 年 10 月 2 日，由霓虹灯组成的"CITROËN"在埃菲尔铁塔上闪耀，如图 6-6 所示。从 1925 年 10 月—1934 年 10 月的每个夜晚，闪烁的霓虹灯都把埃菲尔铁塔照得光彩夺目，方圆 40 km 左右都能清晰可见。此前，从未有任何一个商业品牌能出现在这样级别的历史性建筑上，说它是最伟大的一则户外广告也毫不为过。安德烈·雪铁龙这一超凡的创意荣登当时的吉尼斯世界纪录——世界上最大的广告。

图 6-5　雪铁龙空中广告　　　　　　　图 6-6　雪铁龙塔上广告

　　制作汽车玩具，宣传要从小抓起是安德烈·雪铁龙先生的梦想，这位世界汽车史上的传奇人物曾经说："我希望所有孩子学会的前三个词是：爸爸、妈妈、雪铁龙！"1920 年起，他打造了一系列钢板玩具车，完美复制了雪铁龙系列车型。他甚至按照 1∶3 的比例将汽车缩小，生产出"迷你雪铁龙汽车"，如图 6-7 所示。孩子们可以通过踏板或是电动机驾驶这些迷你汽车。不用说，这些玩具现在也是收藏家追逐的目标。

图 6-7　迷你雪铁龙汽车

　　1931 年 4 月 4 日，43 位法国勇士驾驶着雪铁龙汽车，沿着 13 世纪威尼斯商人马可·波罗走过的道路，从地中海东岸的贝鲁特出发，一路东行，穿越喜马拉雅山，于 1932 年 2 月 12 日最终抵达太平洋西岸的北京。这是人类历史上第一次借助汽车跨越欧亚大陆的壮举，第一次采用摄像机及录音机等先进设备对沿线风土人情进行了记录，第一次在汽车长

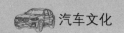

途考察中使用了无线电通信及定位技术……除了展示雪铁龙汽车的卓越性能，这段"东方之旅"还揭示了人类挑战自然的勇气、对科学技术的追求、对自由生活的向往。

二、宝马汽车广告

1. BMW 1 系独具"1"格

2008 年，BMW 1 系首度进入中国市场，创造了一个特别但目标受众都能理解的新词：UN1QUE。UN1QUE 是从英文 Unique（独特的，特别的，非同寻常的，个性的）演变而来的，其中的字母"i"被替换成了 1 系的数字"1"，以此彰显 1 系所代表的态度和生活方式——年轻、快乐、时尚、与众不同、拒绝平庸，如图 6-8 所示。BMW 1 系不只是一辆车，更是一个彰显用户个性的符号。伴随着情人节的契机，宝马汽车推出了 BMW 1 系巧克力色限量版，以此为开始，进行了长期的 UN1QUE 概念推广。在北京的巧克力公园，一辆 1：1 大小的巧克力 1 系成为媒体争相报道的话题。一个域名为"UN1QUE.cc"的网站也同步上线，将 1 系所代表的特别、时尚和个性的生活方式，通过相关内容、游戏、活动等各种方式呈现给受众，通过这些内容，进一步明确 UN1QUE 所代表的态度和生活方式。随后，伴随着 1 系运动限量版的上市，一个激动人心的 1 系驾驶挑战赛活动开始招募参与者，紧随其后的是 1 系敞篷版和双门版的上市，进一步扩展了 1 系家族的阵容。于此，一个重要的问题被提出："是什么让 1 系家族这么特别？""后驱"，这个鲜明的、与众不同产品特点，成为接下来 UN1QUE 整体传播的一个主题。平面、数字、公关等媒介，同时强调这样一个 UN1QUE 的信息：后驱是驾驶乐趣的态度。一个第三方网站"后驱控"被建立起来，发布在上面的，是各种"后驱控"们进行后驱和前驱车驾驶测试的视频。与此同时，一个用漫画和有趣方式介绍后驱驾驶优势的短片，被发布到各种数字媒体上，引来围观。北京、上海、广州的众多停车场中，30 000 多辆前驱车的左后视镜上，被挂上了指向前轮的"问题在这里"挂牌，而答案在"后驱控"网站。

2. BMW 新 5 系加长版广告语：有容，乃悦

BMW 新 5 系加长版轴距加长了 14 cm，从而使得乘员获得更多的舒适感，身心愉悦。而从"海纳百川，有容乃大"的中国古语中提炼出的广告语"有容，乃悦"（见图 6-9）荣膺"中国 2007 年度汽车广告最佳广告语奖"。数十年来，JOY 一直是宝马品牌的核心诉求，JOY 包含了"欢乐""乐趣""喜悦"等中文词汇所表达的丰富情感，众所周知的Sheer Driving Pleasure（纯粹驾驶乐趣）就是这一核心诉求的表达方式之一。自 2009 下半年起，宝马在全球开始了全新的统一品牌推广战略。这一次，宝马全球决定把 JOY 直接推向前台，直接与消费者进行更为感性的沟通。中文确定为"BMW 之悦"。"BMW 之悦"是全球统一品牌诉求 JOY 的丰富内涵在中国社会和文化背景下的提炼。"BMW 之悦"涵盖了身心感受之悦、成就梦想之悦、责任和分享之悦等多个层次的情感。通过这个主张，宝马的品牌内涵在中国被不断丰富。它不仅代表着高性能和有着纯粹驾驶乐趣的汽车，而且代表着创新和积极进取的乐观精神，以及关心社会和关注未来的公益心与责任心。这表明宝马品牌在中国的发展已进入更高层次，即从过去单方面注重驾乘者个人乐趣的"独乐乐"，提升至鼓励驾乘者在其置身的社会生活各个层面努力实现人生价值的"众乐乐"。随着中国豪华车用户人群的逐步扩大，众多拥有专业技能的中产阶层用车需求不

断提高，豪华车市场中的细分领域不断增加，这一市场变化促使宝马在中国延伸品牌内涵，增添更多人文、责任等精神层面的中国元素。从某种意义上讲，"BMW之悦"的提出，是宝马品牌在全球市场推广中出现的"中国特例"。不过，宝马中国却有效地借助"BMW之悦"这座桥梁，进一步丰富了品牌内涵，有效地完成了高档车品牌与目标客户的情感沟通。

图 6-8　BMW 1 汽车广告

图 6-9　BMW 5 汽车广告

宝马大中华区总裁兼首席执行官史登科博士说："在我们所处的时代，汽车与人和社会之间的关系已与 10 年前大不相同。作为高档品牌，宝马必须考虑汽车与社会和环境的关系，以及客户在将来会如何看待豪华和责任。我们鲜明的品牌主张'BMW之悦'反映了我们对此问题的看法，将让宝马品牌和客户建立更紧密的情感联系。"

三、吉普广告语：不是所有吉普都叫 Jeep

1940 年，美国政府邀请 135 家汽车厂参与竞争，设计生产一种既灵活又结实的全轮驱动军用车，要求这款车的驱动力是当时同类车的 3 倍，时速达 65 英里。Willys-Overland 汽车制造公司（股权几经变更现已归于克莱斯勒旗下）在竞标中获得美国军方订单，这种车型在战场上一炮而红，它用途广泛，适应能力强，且零件可互换，成本低廉，据说 Jeep 这个名字来历就是 Just Enough Essential Parts（仅有足够的零件，指 Jeep 毫无装饰可言）的缩写。不过，关于它的起源，没有一个统一的说法，流传至今的还有两个版本。一种说法：可以追溯到 19 世纪 30 年代连环漫画形象，那是个相当顽皮的细长小动物，取名为尤金尼吉普。尤金尼吉普喜欢到处乱跑，机智勇敢并善于应付各种突如其来的险境且屡屡化险为夷，正如一辆吉普车。另一种说法："吉普"的发音，是源于一种美军侦察车的名字"通用功能"（General Purpose）的两个单词首字母 "GP" 连续读音的效果。

在战火纷飞时，精明的威利斯公司意识到了吉普这个名字的巨大感召力，不失时机地把它注册成了自己的商标。克莱斯勒旗下的 Jeep 作为吉普车的鼻祖，独立拥有 Jeep 商标。也就是说，除此之外的所有越野车，都不能叫 Jeep。吉普汽车广告如图 6-10 所示。

图6-10　吉普汽车广告

四、雪佛兰广告语：未来为我而来

　　See the USA in the Chevrolet 译为"在雪佛兰上看到美国"，雪佛兰曾经创造出"7.2 s内卖出一辆车"的纪录。然而2005年1月18日，当"金领结"标志第一次亮相时，它对于大多数中国人来说，是一个陌生的汽车品牌。值得庆幸的是，这位百年巨人，并没有以一位长者的"老态龙钟"面对中国市场，而是放低身段将目光瞄准了快速崛起的年轻购车群体。不论在产品定位，还是营销模式上，都以"年轻、时尚、活力"为坐标，矢志成为年轻人和年轻家庭首选汽车品牌。

　　2007年，雪佛兰新一代景程和全进口SUV科帕奇发布，品牌逐渐转变成"一个国际化的现代中级车品牌"。同时，雪佛兰品牌目标人群"自我肯定""自我完善"的核心共性价值取向逐渐凸显。为了更好地从消费者出发，进一步加强与目标消费群体的情感沟通，雪佛兰提炼出自信睿智的品牌个性，并提出新的品牌口号"未来为我而来"，如图6-11所示。明确年轻化定位之后，上海通用展开了一系列市场营销。从推产品到扩网络，从品牌重塑到创新公关，不断为雪佛兰的向上拓展造势。为了让消费者了解雪佛兰，它始终以年轻人为营销目标，坚持通过音乐、电影、运动等线上线下互动平台，深入年轻人心中。为此，雪佛兰赞助了《变形金刚》的拍摄；推出品牌广告片《热爱我的热爱》，通过年轻人的故事来传递雪佛兰"青春"和"梦想"的概念。在潜移默化的营销里，更多年轻人被雪佛兰的年轻活力所吸引，"自信、有活力、爱表现、可信赖"等字眼被消费者用来描绘对雪佛兰品牌的印象。

图6-11 雪佛兰汽车广告

五、比亚迪汽车广告

1. T动未来E享人生

"T动未来E享人生"是比亚迪为G6赋予的广告语，前者说的是其T动力技术，后者讲的则是其众多E配置，即配置的电子化，而这些恰恰是比亚迪这款新旗舰车的最大亮点，也是其被喻为"T动力智能新典范"根本。比亚迪G6广告如图6-12所示。

图6-12 比亚迪G6广告

2. 汉为观止

2020上半年，比亚迪推出一款车"汉"，比亚迪品牌管理中心团队提出"汉为观止"的车型主张，"汉"它不单单是一台车，也不单单代表比亚迪品牌，还有更多的符号和意义，将围绕"科技、世界、山河、传承"四大方面展开，如图6-13所示。

科技·汉为观止：刀片电池"出鞘·安天下"，将自燃从新能源车的字典里彻底抹掉，DiPilot+DiLink定义基于移动互联的智能汽车形态。

世界·汉为观止：东方元素与西方功能美学交融，让世界叹为观止，汉，民族的，也是世界的。

山河·汉为观止：以科技为魂，与比亚迪汉一起，行走滇藏高原，阅览祖国大好山河。

传承·汉为观止：汉，古今融合，匠心载物，"汉为观止"，我们要去挖掘中华文化的宝藏，传承历史艺术文化的精髓，通过品牌联合及跨界活动，将民族文化发扬光大。

图6-13　比亚迪汽车广告

六、汽车英语广告

1. 北京现代：Drive Your Way

早期，北京现代车的英文广告语（见图6-14）为"Drive Your Way（开你自己的路）"，映射出驾乘人独特的风格或个性，有点像中国的"走自己的路，让别人说去吧"。后来广告语修改为"New Thinking, New Possibilities（新思维，新可能）"。

(a) (b)

图6-14　北京现代广告语

（a）旧广告语；（b）新广告语

2. 三菱：Drive@ earth

三菱汽车广告语（见图6-15）"Drive@ earth（驰骋地球，关爱地球）"有两层含义：

（1）从全新的角度关注汽车行驶与环境问题之间的关系。

（2）地球拥有无数美丽壮观的自然风景，三菱汽车将与您寻奇探胜。

图6-15　三菱汽车口号

3. 铃木：Way of Life！

铃木广告语（见图6-16）为"Way of Life！"（生活之道），Way 在英语里有道路的含义，也有解决办法的含义。中文里"道"这个字，最适合这一语双关。

4. 丰田：moving forward

丰田汽车2004年以来在美国使用这样的广告语（见图6-17）："Toyota：moving forward"，为"丰田：快速前进"。

图 6-16　铃木汽车广告语　　　　　图 6-17　丰田汽车广告语

5. 日产：SHIFT_the way you move

SHIFT_the way you move 包含两方面的含义，即从驾乘者的心出发，创造出超越期待的新价值，以及为每天的生活带来心动的感觉。这句话的价值内核是 Human-friendly advanced technology，这也是 SHIFT_the way you move 诞生的原点。Human-friendly advanced technology 的核心是 advanced technology，即"技术"，这体现了"技术日产"的研发与生产实力，而 Human-friendly 诠释了日产希望通过先进技术，凭借"以人为本，尽心关怀"的原则，用车带给消费者深入内心的感动和心动，使他们每天的生活变得更加轻松省心。针对中国市场，为了让消费者更易理解并接受日产全球的品牌价值，从中长期的传播考虑，并且强化消费者对日产的印象，将 SHIFT_the way you move 译成"技术日产，人·车·生活"，以期让消费者最终将日产视作不断带来驾控乐趣新主张的品牌。

6. 宝马 MINI、奔驰 SMART、大众甲壳虫与奥迪 A1 广告战

宝马 MINI，首先在户外打出"花 SMART 的钱，买 MINI"并将 SMART 注释为"聪明的"，但大家都知道这是 MINI 用 SMART 作为噱头，进行的一次品牌形象提升行动。MINI 这一举动马上引起了奔驰 SMART 的强烈回击。随即大众甲壳虫、奥迪 A1 也纷纷参战，均借势树立自己的品牌形象。这样一来，原先宝马 MINI 与奔驰 SMART 之间的战争瞬间变为一个相当不错的市场营销事件，而这种表现形式似乎也成为这个级别小车进行宣传的"模版"，如图 6-18 所示。

图 6-18　宝马 MINI、奔驰 SMART、大众甲壳虫与奥迪 A1 广告战

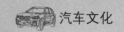

第五节　汽车抖音

抖音是由字节跳动孵化的一款音乐创意短视频社交软件，于2016年9月20日上线，是一个面向全年龄的短视频社区平台。

借助全民参与模式、算法内容分发机制、明星带动效应等，抖音成为目前极其火爆的短视频App，市场渗透率、用户规模、月增长率等方面均表现不俗。抖音已经成为汽车营销的必争之地。据《抖音汽车创作者生态白皮书》显示，截至2020年10月，抖音已经累积了超过2.8亿的汽车兴趣用户，较2019年同比增长37%，每天超过260万人分享汽车内容，超过8 400万人为汽车内容点赞，超过1 100万人评论汽车内容。

一、"4E"让抖音营销时代全面到来

"4E"让抖音营销时代全面到来。作为全新的流量高地，抖音在流量不断提升的同时，也在加速着自己的商业化进程，不断扩充行业和产品，为品牌赋能。

1. Efficient：高效

抖音能够促进人和信息的高效连接。基于技术的提升，抖音短视频内容生产变得高效，再通过平台的智能算法推荐，能够找到对不同视频感兴趣的用户，使得人和人之间的连接非常高效。同时，抖音非常符合用户碎片化的阅读行为习惯，平台用户黏性极强。

2. Engagement：互动

基于独特的社交属性，抖音成为行业扩散性传播事件的原发地。抖音在用户动线中持续强化关系链，如朋友推荐、关注人点赞提示，这使得抖音实现了人和内容、人和人之间的互动，成为热点事件形成及口碑发酵的平台。

3. Extension：场景延伸

抖音通过单一场景延展，驱动用户全场景体验。基于搜索和视频浏览，抖音发布了音乐榜、明星榜等榜单，形成热点、潮流、时尚等风向标；通过POI的地理位置打点功能，抖音将线上场景延展至线下，提升了用户参与感。

4. Ecosystem：内容生态

以用户兴趣广度为基础，抖音形成多元开放的兴趣内容生态，集结OGC、PGC、UGC内容撬动用户持续增长，满足用户丰富的内容需求，构建起以内容为核心的生态共享体系。

二、"抖音范"助力汽车品牌营销高速开跑

抖音通过流量、数据、口碑、粉丝、体验帮助汽车品牌打造出一个全新的品牌营销生态，开启"抖音范"汽车营销时代。

1. 流量抖音范：打通销售路径，缩短购买的比较时间

传统媒体平台的品牌营销通常是"注意—兴趣—欲望—行动"的四步走法则，而抖音借助其沉浸式和精准兴趣推荐，第一步就实现了品牌信息的用户触达。然后，通过算法加持及各类广告产品，实现品牌活动展示和深度互动，并直接形成转化。

例如，"双十一"期间，宝马中国借助"磁贴"产品结合红包，并搭配有趣的视频，

进行内容精准投放，成功增加了1.2万+粉丝，接近100万互动，在品牌传播提升的同时，还为其在淘宝的销售页面带来了超过25%的用户，形成潜在购买力。

2. 数据抖音范：流量精细化运营，实现内容精准触达

从流量到触达，抖音秉承着头条精准的算法和多维度的标签体系，帮助品牌实现流量精细化运营。对于汽车类客户，广告投放可以兼顾抖音特色标签和汽车标签两个维度，仅在汽车标签体系中，就可以细化到三级超过500个标签的庞大而精细的标签体系。

基于庞大而丰富的标签体系，抖音可以帮助汽车品牌通过开屏、信息流、创新广告等形式实现多素材、多维度的精准投放。

在沃尔沃新车上市期间，借助标签体系，广告主精准地将内容定向在高端消费人群和抖音TOP10达人活跃粉丝人群，最终其视频点击率达到91%，有效播放率达到15.22%，互动率达到286%，超出同期行业点击率184%，为沃尔沃带来了品效合一的双重回报。

3. 口碑抖音范：汽车品牌口碑视频营销阵地

目前，汽车品牌主要投放渠道是传统大流量新闻媒体及诸如汽车之家、易车等专业类汽车媒体。前者能够实现广覆盖，后者则具有一定专业性。对于广大用户来讲，拥有一定的阅读门槛，而真正阅读的消费用户对性能和性价比的关注度则高于品牌本身。

对于带有更多娱乐属性的抖音，则弥补了专业网站在新奇、有趣上的短板。通过各种趣味创意类汽车视频，用户不仅可以直观感受品牌，还能在其中很轻松地了解到车品的性能和特点，与专业性内容形成互补，强化用户记忆，打造记忆闭环。

4. 粉丝抖音范：企业蓝V帮助品牌搭建粉丝营销场域

抖音不仅仅是流量渠道和传播平台，还可以成为粉丝的阵地。通过抖音企业蓝V，汽车品牌可以将品牌内容聚合，吸引粉丝聚集。同时，多样化的蓝V产品功能也为汽车行业的营销打开了无限可能。

比如，某女装品牌通过抖音蓝V，一天能够收到超过5 000条私信，一个月下来就是超15万条。当一个用户愿意给品牌发私信，蓝V便成为获取用户并与潜在消费者、既有消费者互动的平台，这为汽车品牌提供了通过线上链接消费者的绝佳机会。

5. 转化抖音范：打造整合式营销解决方案

现在真正影响用户的不是单一的广告内容，而且一整套广告方案，既有内容又有功能，同时还能看到周围人对它的评价。为此，抖音提出一整套解决方案，即超级品牌馆，核心是通过大数据洞察和分析，把汽车品牌的诉求挖掘出来，将流量、口碑、数据、粉丝等这些解决方案做个性化组合，最终上线到品牌馆。超级品牌馆不是简单的网页或者官网，而是通过聚合抖音平台上的内容，并运用车型页、圈子、询底价、预约试驾等功能模块，多场景引导用户，留资转化，真正打通全场景营销闭环。除此之外，汽车品牌馆还量身定制评估标准，认知阶段开放"五秒有效"监测，兴趣阶段开放更多互动、评论等数据，转化阶段开发更多转化的监测行为，对整套方案的营销效果进行全方位监测，以提升营销效果。

抖音其实是把双刃剑，优点是可以迅速扩大口碑，可以获得快速传播的效果；缺点同样如此，也能够迅速传播门店负面口碑，甚至速度比正面口碑快上十倍。

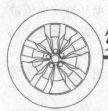

第七章
汽车名人与名城

本章概述

　　文化的根本功能是创造人。人类为了"日行千里、风雨无阻",发明了汽车,并使汽车成为世界销量最大的商品,提供了大量的就业岗位。汽车诞生至今的一百多年历史中,有指责、有赞美、有曲折、有辉煌,更有无数汽车名人各领风骚,他们历经千险、勇于创新,甚至为汽车事业奉献一生,正是他们用自己的智慧创造了一个神奇的汽车世界,与此同时,汽车工业的发展又造就了一批汽车名城。

　　本章主要介绍国内外汽车界的著名人物及极具代表性的城市。通过本章的学习,大家能够熟悉汽车从诞生发展至今,汽车名人为汽车发展所做的贡献,了解随着汽车工业的发展及世界汽车名城的崛起之路。

第一节　国外汽车名人

一、尼古拉斯·约瑟夫·古诺:蒸汽机汽车发明者

　　尼古拉斯·约瑟夫·古诺(Nicolas Joseph Cughot)是法国军事工程师,世界第一辆蒸汽机汽车的设计和制造者,如图7-1所示。

　　1725年,古诺出生在德法交界的洛林省。得天独厚的地理条件赋予了他法国人的创造和德国人的严谨。古诺青年时期曾在德意志陆军中担任技师,由于他刻苦钻研,技术精湛,得到了萨克森选帝侯奥古斯都三世的赏识,并在其援助下开始研制蒸汽车的工作,最终设计了世界上第一辆机动车。然而,这辆新诞生的三轮小车具有一项致命的弱点,即太过狭小的锅炉限制了其行驶时间,为蒸汽提供能量的燃料总是在20 min之内用尽。当发动机熄火时,只有蒸汽再次达到最大压力时才能让车起动,这样的结果显然无法令人满意。但蒸汽车的出现仍旧吸引了一批人的注意。

图7-1　尼古拉斯·约瑟夫·古诺

1763年，38岁的古诺回到法国，担任法国炮兵军官。时任陆军大臣认为，抛开一切不利的因素，从整体上看，古诺的车也是一个突破，若能克服现有的缺点，新诞生的蒸汽车将会提供强大的驱动力。因此，他找到古诺，希望古诺设计出一辆高效可靠的汽车，来代替马车拖动火炮，如果成功将大大提升法国军队的战斗效率。对于上级下达的命令，古诺欣然接受，并在短短一年的时间之内，将原有的结构及传动设置加以改良。车子的外形类似于一辆小马车，可以携带4个人并以每小时2.25英里（1英里=1.609 344千米）的速度行进。

1769年，尼古拉斯·约瑟夫·古诺在法国陆军大臣资助下，经过6年苦心研究，成功地制造出世界上第一辆完全依靠自身动力行驶的蒸汽机汽车，最高车速4 km/h，每行驶15 km停一次，加热15 min后继续缓慢行驶。这辆车由于方向杆操纵困难，试车中不断发生事故。一次因转弯不及时而撞到了兵营的墙上，这也开创了汽车交通事故的先例。

1771年，古诺又研制成功了更大型的蒸汽机汽车，时速增加到9.5 km，可牵引4~5 t的货物。该车现在珍藏在巴黎国家艺术及机械陈列馆。

二、李·艾柯卡：美国商业偶像第一人

李·艾柯卡（Lee Iacocca，1924—2019年）是美国商业偶像第一人（见图7-2），曾先后担任过福特汽车公司总裁、克莱斯勒汽车公司总裁，毕业于美国利哈伊大学，获工程技术和商业学学士学位、普林斯顿大学硕士学位。

1924年10月15日，艾柯卡生于美国宾夕法尼亚州。艾柯卡的父亲尼古拉12岁搭乘移民船来到新大陆，白手起家，略有一些资产。尼古拉在大萧条的艰苦岁月中，始终持乐观态度和坚定信念，这给艾柯卡留下深刻的印象。每当艾柯卡遇到困难时，父亲总是深情地鼓励他："太阳总是要出来的。要勇往直前，不要半途而废。"多年以后，艾柯卡在事业上遭受挫折时，他就以父亲的教诲激励自己，从逆境中奋起。

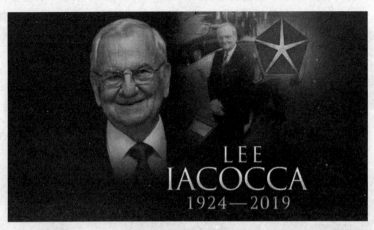

图7-2 李·艾柯卡

1946年8月，21岁的艾柯卡来到底特律，在福特公司当了一名见习工程师，从而开始了他在汽车业中的传奇生涯。然而，实习尚未结束，艾柯卡对整天同无生命的机器打交道的工作已感到索然无味。他感兴趣的是到销售部门同人打交道。经过一番努力，福特公司宾夕法尼亚州的地区经理终于给了他一个机会，他当上一名推销员。

在此期间，艾柯卡受到了一位知名人士的影响，此人是福特公司东海岸经理查利，他也是工程师出身，后来转入推销部工作。有一次，在本地区的13个小区中，艾柯卡的销售情况最糟。他为此而情绪低落，查利把手放在他肩上说："为什么垂头丧气？总有人要得最后一名的，何必如此烦恼！"说完走开了，不过他又回过头来说："但请你听着，可不要连续两个月得最后一名！"

在他的激励下，艾柯卡灵机一动，想出了一个推销汽车的绝妙办法：谁购买一辆1956年型的福特汽车，只要先付20%的货款，其余部分每月付56美元，3年付清，这样一般消费者都负担得起。艾柯卡把这个办法称为"花56美元买1956年型福特车"。

这个诱人的广告，使福特汽车在费城地区的销量像火箭般直线上升，仅仅3个月，就从原来的最末一名一跃而居全国第一位。福特公司把这种分期付款的推销方法在全国各地推广后，公司的年销量猛增了7.5万辆，艾柯卡也因此名声大振。不久，公司晋升他为华盛顿特区经理。

几个月后，年仅32岁的艾柯卡又调到福特公司总部，担任卡车和小汽车两个销售部的经理。在总部，他开始崭露非凡的管理才能，深得上司的赏识。4年后，即1960年11月10日，艾柯卡担任了福特公司副总裁和福特分部的总经理职务。这比艾柯卡在大学时发誓"要在35岁担任福特公司副总裁"的时间，仅仅晚了一年。

李·艾柯卡研制出一款专为年轻人设计的新车，并定名为"野马"，其销量更是创下当时全美汽车制造业的最高纪录，继而他获得了"野马之父"的称号，从而成为汽车界的风云人物。

李·艾柯卡54岁时被亨利·福特二世解雇，同年以总裁身份加入濒临破产的克莱斯勒公司。他向美国国会申请了贷款担保，并且领导研发了道奇Aries、克莱斯勒Imperial等一系列车型，丰富了克莱斯勒集团的产品线，6年后，创下了24亿美元的盈利纪录，比克莱斯勒此前60年利润总和还要多。艾柯卡也成为美国家喻户晓的大人物。

销售，是汽车业的关键。艾柯卡从中明白了一个道理：想在汽车这一行获得成功，必须和销售商站在同一立场上。在以后的风风雨雨中，他始终牢记这一点，因此深得销售商的拥护。

三、艾尔弗雷德·斯隆：通用之杰

艾尔弗雷德·斯隆（Alfred P. Sloan，1875—1966 年）曾长期担任通用汽车公司的总裁及董事长，是一位传奇式领袖，被誉为成功的职业经理人、管理与商业模式上创新的代表人物。

在斯隆领导通用汽车公司的几十年中，通用不但超越福特汽车公司成为世界上最大的汽车制造商、世界上最大的产业集团之一，而且成为美国经济的重要标志。他在汽车行业五十多年的管理经验，不但使自己成为 20 世纪最伟大的企业家、职业经理人的榜样，而且对管理理论的发展做出了伟大的贡献。他对企业的组织结构、计划和战略、持续成长、财务成长以及领导的职能和作用的研究，对职业经理人概念和职能的首次提出，都对现代管理理论的形成和发展产生了极大的影响。

斯隆是首次著有一本重要的理论书的企业管理者之一，其自传《我在通用汽车的岁月》（见图7-3）堪称管理学的一个里程碑，至今此书仍重印不绝。该书记录了斯隆是怎样谋划战略的，充分显示了斯隆在理论和实践上的贡献。

图7-3　斯隆自传

斯隆认为竞争管理很重要的一点就是如何培养竞争对手，初接触竞争管理思想的人会认为这很荒谬，无论如何，对一个企业来说，竞争对手似乎是越少越好的。但是请注意，这是一个竞争战略选择的问题。"培养竞争对手"是一个很概括的说法，它的基本思想内核是：承认竞争对手的存在，鼓励竞争对手的发展，把自身的发展建造在竞争对手的发展

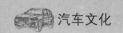

之上。商品经济社会里的竞争是激烈的和残酷的，但同时又是艺术的和美德的。

斯隆力主引入不同价格的车型来迎合具有不同购买力的顾客，每年变更车型以刺激需求，引进彩色车，接受旧车作为抵价来购买新款车，创立高档车以品质而不以廉价取胜，成立分期付款购车的融资机构，等等。这些做法在今天早已司空见惯，可在当年都属首创。斯隆以战略伙伴的角度来对待汽车经销商，一反把他们看成利润争夺者的敌对态度，确认双方共生共荣的关系，尽量使其有利可图。

斯隆永远不愿通用卷入任何一场矛盾之中，这会破坏公司平稳的运营。在他担任通用总裁期间，他创立了各种特别委员会，定期和不定期地召开圆桌会议，以满足各种需要。斯隆强调，这些委员会必须有做出决策的权力。在实施这些决策前，委员会要听取各个委员的不同意见。

公司在听取异议时，应该遵循以下3个原则：

（1）鼓励成员互相交流意见。

（2）让成员知道如何反映这些意见。

（3）永远不要处罚那些因为提出异议而表现过激的人们。

这3个基本原则包含了一套切实可行的体系，保证公司管理高层能够听到各种不同意见。

美国《商业周刊》75周年时，斯隆获选为过去75年来最伟大的创新者之一。斯隆为企业组织管理立下世纪典范，与通用电气的杰克·韦尔奇并称20世纪最伟大CEO。

四、丰田章一郎：敢于竞争者

丰田章一郎（1925年—）是机械工学博士，曾担任丰田汽车公司管理部主任、高级管理主任、常务副社长、销售公司社长、会长、名誉会长等职务，现任日中投资促进机构会长。

丰田章一郎是丰田汽车的创始人丰田喜一郎的长子，一手将丰田汽车带向了世界市场，将丰田汽车的名号传遍全世界，为丰田汽车成为日本乃至全球汽车的领先品牌打下了坚实的基础。他的"现场第一主义"这一理念贯彻至今，甚至影响了很多世界上的制造企业。

作为丰田汽车的灵魂人物，丰田章一郎无疑是丰田汽车国产化的奠基人和推动者，出生于1925年的他一直致力于支持日本企业对华投资，自2002年一汽丰田在中国建厂开始，他亲历了一汽与丰田的合资合作，也见证了中国汽车市场的巨大发展变化。一汽丰田正是丰田章一郎殚精竭虑的心血之作，面对着一汽丰田的硕果，丰田章一郎满怀感慨地说："中国是最大的汽车市场，道路比以前进步很大，中国有这么好的发展，祝贺大家！丰田将会生产更多受欢迎、好卖的车，请大家有信心！"

为了完成20世纪80年代的商品开发体制，丰田汽车公司组织了7 700人的技术开发队伍（占全公司4.8万人的16%），由丰田中央研究所承担基础研究，聘请东富士研究所进行中期研究，丰田的技术部门担任产品计划和开发设计，投入的研究开发费用占销售额的4%。丰田商品的开发目标第一是降低油耗，第二是确定合适的价格。

20世纪80年代后，日元三次升值，丰田公司、销售店、零部件厂三位一体要共同分担困难。通用公司1985年的投资是丰田公司的4倍，所以只靠过去那种避免"不合理的浪费"丰田是赶不上通用公司的。为了克敌制胜，丰田研究出"车体生产线"，以配合多品种、少批量、低成本的柔性生产线。车身换型周期缩短至原来的1/5，这是计算机和机器人的具体运用。从1986年起，全国经销商和丰田公司以计算机联网，过去经销商订货是十天一报，现在可做到当天就报，交货的时间亦缩短10天，经销商的库存也可减少。

为表彰丰田章一郎先生在汽车业做出的巨大贡献，他被选入歌颂世界汽车产业名人功绩的美国汽车名人堂，成为丰田公司历史上第二位进入美国汽车名人堂的人。

丰田章一郎先生对中国有很深的感情，用他自己的话说，他与中国有缘。在西班牙举行的2008年萨拉戈萨世界博览会上，丰田章一郎先生为中国馆题字"祈上海万博"，预祝上海世博会取得成功。丰田章一郎先生长期担任日中投资促进机构会长，利用自己的影响极大地推动了中日两国的贸易，加深了中日两国人民的友谊。

2018年3月，93岁高龄的日中投资促进机构会长、丰田公司名誉会长丰田章一郎先生第八次视察一汽丰田天津工厂，为一汽丰田纪念册题写赠言"日中友好，安全第一"，如图7-4所示。

图7-4　丰田章一郎先生为一汽丰田纪念册题写赠言

五、卡尔·本茨：汽车鼻祖

卡尔·本茨（Karl Benz，1844—1929年）是德国著名的戴姆勒—奔驰汽车公司的创始人之一，现代汽车工业的先驱者之一，人称"汽车之父""汽车鼻祖"，如图7-5所示。

发明的过程比发明的结果美好千陪。
——卡尔·本茨

卡尔·本茨
（1844—1929）

图7-5　卡尔·本茨

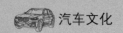

1844 年 11 月 24 日，本茨出生于德国巴登—符腾堡州的卡尔斯鲁厄。他曾在机械厂当学徒，在制秤厂里成为"绘画者和设计者"，在桥梁建筑公司担任工长，并先后就读于卡尔斯鲁厄文理学院和卡尔斯鲁厄综合科技大学。这期间，他较为系统地学习了机械构造、机械原理、发动机制造、机械制造经济核算等课程，为日后的发展打下了良好基础。

1872 年，本茨与奥格斯特·里特（August Ritter）合作组建了奔驰铁器铸造公司和机械工场，专门生产建筑材料。由于当时建筑业不景气，因此工场经营困难，面临倒闭危险，万般无奈之际，本茨决定制造发动机获取高额利润以摆脱困境。于是，他领来了生产奥托四冲程煤气发动机的营业执照，经过一年多的设计与试制，于 1879 年 12 月 31 日制造出第一台单缸煤气发动机（转速为 200 r/min，功率约为 0.7 kW）。不过，这台发动机并没有使本茨摆脱经济困境，他依然面临着破产的危险，生活十分艰苦。但是，清贫的生活并没有改变本茨投身发动机研究的决心，经过多年努力，1886 年 1 月 29 日，他发明了第一辆不用马拉的三轮汽车，现保存在慕尼黑的汽车博物馆。奔驰汽车公司由此获得汽车制造专利权，这一日也被确认为汽车的生日。

1893 年，本茨研制成功了性能先进的"维克托得亚"牌汽车。尽管该车性能先进，但由于价格高，因而很少有人购买得起，成为公司的滞销品。后来，本茨听从了商人的建议，于 1894 年开发生产了便宜的"自行车"。这种"自行车"销路很好，在一年时间内就销出了 125 辆，给本茨带来了较高的利润。后来，本茨又对前期生产的"维克托得亚"牌汽车进行了改进，将车厢座位设计成面对面的 18 个，该车因此成为世界上第一辆公共汽车。1899 年，本茨制造出第一辆赛车；1906 年，他和两个儿子在拉登堡成立奔驰父子公司（在中文中该品牌注册为"奔驰"），奔驰汽车成为世界著名品牌。

在发明汽车的过程中，卡尔·本茨的勇气令人钦佩。首先，他甘心清苦，埋头于自己的发明工作。其次，他果敢地摒弃了在技术上已十分成熟的蒸汽机而选用了自己并不被人看好的内燃机作动力。最后，他既能开发生产反映汽车技术最高水平的"高档车"，又能及时调整产品结构，组织生产适销对路的"普通车"。

六、亨利·福特：汽车大王

亨利·福特（Henry Ford，1863—1947 年）是美国汽车工程师与企业家，福特汽车公司的建立者，如图 7-6 所示。他也是世界上第一位使用流水线大批量生产汽车的人。他的生产方式使汽车成为一种大众产品，不但革命了工业生产方式，而且对现代社会和文化产生了巨大的影响。美国学者麦克·哈特所著的《影响人类历史进程的 100 名人排行榜》一书中，亨利·福特是唯一上榜的企业家。

亨利·福特一直希望汽车可以由工人阶级拥有，农民也能买得起。但传统的制车方法只会令车价高昂。虽然当时的制车方法已有高效率的所谓流动生产线，但福特觉得这个概念可以加以改善，使汽车生产的成本大大减低。他说："如果供应商产品的价格，不能让我们生产成本低廉的汽车的话，那么我们只好靠自己生产配件。"福特认为，唯有自给自足，不假外求的"垂直综合（Vertical Integration）"方法，才可改变汽车的生产模式。他还提出 Rouge 的概念，就是将整部汽车的每一个部件，由铁矿、橡胶、玻璃，以至发动机等所有的汽车组件，均在一个屋檐下提炼、加工、制造和装配。Rouge 有自己的船坞，有炼铁和玻璃的熔炉，还有滚碾机、轮胎厂、压制厂、发动机铸造厂及底盘、变速箱和水箱的生产厂等，甚至连生产制车所需工具的厂房也有。在 Rouge 之内，每日最高可熔化 6 000 t

钢铁、500 t 玻璃，每 49 s 便有一部新车制成出厂，亨利·福特曾形容 Rouge 是一个"由原料直至完成品工序均无停顿的地方"。20 世纪 20 年代早期，曾有德国的工程师前往 Rouge 考察，事后称赞福特这一片厂房在物料分配的设计及高生产效率方面，将会成为世界汽车工业效法的对象。其实，Rouge 这一概念是现代制车方法中所采用的"即时到步（Just-in-time）"配件供应程序的前身。

1913 年 4 月 1 日，世界上第一条流水装配线出现在福特汽车工厂，借助流水线，亨利·福特"单一品种、超大规模"的战略得以实施。T 型车在 20 年内生产了 1 500 万辆，汽车从五六千美元的"富人专利"变成了几百美元的大众消费品。

1924 年，中国汽车工业的先驱孙中山致函亨利·福特（见图 7-7），请他帮助建立中国的汽车工业。

图7-6　亨利·福特

图7-7　孙中山致函亨利·福特信件

1947 年 4 月 7 日，亨利·福特因脑出血死于底特律。他葬礼的那一天，美国所有的汽车生产线停工 1 min，以纪念这位"汽车界的哥白尼"。

1999 年，《财富》杂志将亨利·福特评为"20 世纪最伟大的企业家"，以表彰他和福特汽车公司对人类发展所做出的贡献。

2005 年，《福布斯》杂志公布了有史以来最有影响力的 20 位企业家，亨利·福特名列榜首。

第二节　国内汽车名人

一、汤仲明：木炭汽车发明人，中国自主研发制造汽车的鼻祖

汤仲明（1897—1980 年），河南孟县人，原名汤俊哲，中国近代科学家。20 世纪 30 年代初，中国机动车数量有了质的发展，但汽油、柴油完全靠进口，且价格昂贵。为了摆脱"洋油"垄断，汤仲明刻苦钻研，成功研制出一套用木炭代替"洋油"的方法，并得到当时国民政府的认可。

1928—1931 年，该车的诞生经历了一千多日日夜夜和无数次的失败。初次实验是用泥炉，里面装有木炭和煤，机器开动了。由能转几圈、十几圈，到几百圈、几千几万圈，但发动机力量还是不理想，每小时只能走十几二十千米。对于此问题，他苦思冥想也无法解决。有一次，在小汽车上装上一个木炭炉，汽车才开出大门，司机不小心，将车碰在大铁门上，将煤气管碰了一个大裂缝，这时发动机竟发出巨大声响，汽车往前一蹿，速度突然加快了。司机很怕挨训，可是汤仲明反而笑了，连声说好。他在碰破管子中得到启发，煤气要再加入部分氢和氧，才能助燃，他终于成功了。经测试，车速可达到汽油车的水平。汤仲明发明的木炭汽车如图 7-8 所示。

图 7-8　汤仲明发明的木炭汽车

1932 年，汤仲明在郑州碧沙岗进行了木炭汽车试车活动，获得了成功。试车日，观众如潮，轰动全市。同年 6 月 14 日，国民政府实业部检验后认为它有三大优点：不需要汽油；不到 50 kg 的代燃炉安装方便；每加一次木炭可行 4 h，在慢速时不用停车可加木炭，时速可达 25 英里。美中不足的是点火没有汽油车方便，需要 3 ~ 5 min，上坡时力量比汽油车稍弱。1933 年 2 月 4 日，汤仲明将木炭汽车开到南京汤山做载重实验，计重 3 t，只用了 53 min，和普通车用的时间相当。

实业部给汤仲明颁发了发明证书和 5 年专利权，并奖赏 1 000 大洋。汤仲明为了加快推广，将代燃炉制作技术和图纸，毫无保留地公布于众。汤仲明还到全国各大城市巡回表演，在全国推广木炭汽车。

当时，杨虎城任陕西省政府主席。他听到了木炭汽车试制成功的消息，立即邀请汤仲明来西安。杨虎城责成陕西省公路局和十七路军机器局，一起协助汤仲明进一步改进木炭汽车。代燃炉改进成功后，杨虎城又亲自召开鉴定会议。改进成功的木炭汽车在陕西民政厅训政楼前试车，绕新西安城一周，效果很好。

1935 年，汤仲明在上海开办仲明机器股份有限公司，生产代燃炉和木炭汽车。汤仲明对《立报》记者说："我的目的不是发财，实在想摆脱国际石油商的垄断，使中国的交通工具不因燃料来源断绝而停顿。"淞沪会战后，汤仲明的工厂也毁于一旦，他流浪到江西，任江西泰和机械厂厂长，两年后又到广西桂林六河沟工厂工作。1940 年，他研究的动力机，获得经济部 10 年专利。同年，桂林建立中国动力机制造厂，汤仲明亲任厂长。

1949 年后，汤仲明先后在杨公桥水利厂、洪发利机器厂、西南工业部 206 厂、重庆柴油机厂、重庆水轮机厂等单位任工程师、总设计师，并先后被选为重庆市人民代表、市政协委员，1955 年还被评为市劳模。1980 年 3 月，汤仲明因患脑出血抢救无效，不幸病逝，享年 83 岁。

二、饶斌：中国汽车工业的奠基人、中国汽车之父

饶斌（1913—1987 年），吉林省吉林市人，祖籍南京，生于吉林，原名饶鸿熹，中国汽车工业的奠基人，享有"中国汽车之父"的盛誉。

1949 年之前，中国没有汽车工业。新中国初期，我国的汽车主要是美国留下的军用卡车、轿车以及一些陈旧的"木炭车"。新中国亟须创建汽车制造厂，以适应经济、国防建设和人民生活的迫切需要。

饶斌是新中国汽车工业的创始人，亲手缔造了一汽和二汽，带领制造出解放汽车、红旗轿车、东风汽车。1952 年冬，饶斌调任一汽厂长。1953 年 7 月，饶斌带领一汽职工开始建厂。1956 年 7 月 15 日一汽投产，是具有划时代意义的大事。但饶斌并未松口气，又考虑生产轿车。

1958 年 5 月，一汽试制出第一辆"东风"牌轿车，5 月 21 日将样车送到中南海。1959 年，一汽组建"红旗"车间，正式进行新一轮"红旗"高级轿车的设计和试制，并形成小批量的生产能力。

1964 年，饶斌又奉命到武当山下，主持创建二汽。在一汽，饶斌工作了 7 年，而在二汽，他一干就是 16 年。项目选址确定在湖北十堰。经过缜密思考，饶斌提出用"聚宝"的办法建设二汽，由全国的汽车和机械制造企业包建各个分厂，形成系统的现代化汽车制造企业。

不仅如此，作为机械工业部和汽车工业管理局的主要领导，饶斌还创建了北京吉普、上海大众等一批中外合资企业。在引进国外新产品和先进制造技术的同时，饶斌积极推进引进产品的国产化，包括桑塔纳轿车零部件的国产化（"桑塔纳共同体"的筹建）。

1979 年元月，中央再次调饶斌回北京担任第一机械部部长兼汽车总局局长。此时的饶斌开始对中国汽车工业的发展进行全面的思考，在寻找新的方向的同时也在酝酿重大改革措施。当国家提出要建一条出口导向型的轿车装配线时，饶斌率先想到了上海，并建议"把轿车基地放在上海，积极支持上海轿车项目（即上海与德国大众合资建厂生产轿车）"。他提出："以上海为基地，小轿车建设方针除与重型车相同外，还要强调以出口为主，进入国际市场。"饶斌夫人张矛回忆说："上海轿车项目是饶斌晚年最关心的项目。"

1987 年 8 月，74 岁的饶斌顶着高温酷暑到上海大众调研，并认真听完负责人的汇报，终因身体不适，不得不住院疗养。他对来医院看望他的部下说："我累极了，想睡一会儿。"谁能料想到他从此逐渐陷入深度昏迷，再也没醒过来。饶斌悄悄而去，但他对中国汽车工业做出的卓越贡献将永载史册！

三、孟少农：中国汽车工业技术奠基人

孟少农（1915—1988 年），原名庆基，湖南桃源人，汽车工程专家，中国汽车工业技术的主要奠基人，如图 7-9 所示。

孟少农出生于北京，中学时代受当时社会上实业救国思潮的影响，弃文学工，考入清华大学机械工程系。1940 年，孟少农以出色的成绩考取留美公费生，进入著名的麻省理工

学院机械系深造。1943—1946年，孟少农先后在美国福特汽车公司、锤上兰森机器公司、司蒂贝克汽车公司、林登城中国发动机厂任技术员和工程师，学习考察汽车、发动机的产品、工艺、工具、机械加工和汽车工厂设计等方面的理论。

图7-9　孟少农

　　1946年，他听到日本投降的消息后，欣喜若狂，乘坐航轮满腔热忱地回到祖国。孟少农回到母校机械工程系任教，他是系内第一位汽车专家，开出了此前多年没能开出的汽车工程学课程。孟少农开始接受共产党的进步思想和主张。1947年7月，他毅然参加了中国共产党，次年又抛弃众人艳羡的大学教授一职，奔赴解放区参加革命工作，成为一名普通的革命战士。

　　1949年后，新中国首先重点建设汽车工业，一直心怀建设中国自己的汽车工业梦想的孟少农，终于有机会实现平生抱负。20世纪50年代末期，他为第一汽车制造厂设计、制造"东风"牌轿车和"红旗"牌高级轿车做出了重要贡献。1971年，他针对陕西汽车厂的产品发展问题，大胆改革设计、组织攻关，使延安250军用越野车于1973年通过国家定型，从而投入生产。在他的主持下，仅用了9个月，就攻克64项产品重大质量关键，使"东风"有了马力大、速度快、性能好、耗油省、轻便灵活等优良性能。

　　孟少农还大大推动了我国柴油机的开发。在一汽时，在国家科委的支持下，他组织研制120系列V8柴油机。1964年，试制出样品，样机一次试验成功，鉴定合格，成为一汽第一个汽车发动机产品储备。

　　孟少农是二汽独自开发研制EQ6110型柴油机和EQ6105型汽油机的主持者，这两种发动机的主要参数均由他提出。国家鉴定认为：该机设计紧凑，外形美观，结构参数合理，各项性能指标达到设计要求，处于国内领先水平。国外内燃机设计权威林慰梓与MOSS评价为"处于国际中上水平"。

　　在陕汽时，孟少农还主持了对陕汽延安250越野车的发动机改进工作，把该机冲程由140 mm加大到150 mm。此发动机在1978年获全国机械工业科学大会科技奖。孟少农组织和领导全厂全面地开展产品设计的大修改。为提高设计质量，他还要求对主要总成和部件重新进行强度校核，对不合理的结构和尺寸进行设计改进，结果大大提高了设计的科学性。更改设计后的延安250第四轮样车，经过一系列的定型试验证明，成功地解决了可靠性和动力性问题，各项指标都达到了设计任务书的要求。该车于1975年正式投产，于1978年8月获全国科学大会科技成果奖。

　　2009年10月17日，由东风汽车公司捐资，以清华大学知名校友、中国汽车工业创始人之一、中国汽车工程教育奠基人、中国科学院学部委员孟少农先生名字命名的清华大学

"孟少农—东风汽车"励学基金捐赠仪式在清华大学隆重举行，如图7-10所示。东风公司党委常委周强代表东风汽车公司向清华大学捐赠人民币200万元。

图7-10 "孟少农—东风汽车"励学基金捐赠仪式

四、李书福："汽车疯子"

李书福（1963年—），浙江台州人，浙江吉利控股集团董事长，哈尔滨理工大学管理工程学学士，燕山大学机械工程硕士，正高级经济师，高级工程师，吉利汽车控股有限公司执行董事、董事会原主席。

在中国汽车企业界，李书福是一个具有时代意义的人物。中国汽车的价格能够降下来，中国本土品牌的竞争力能够提上去，其中都有李书福的付出和努力。

1997年，我国汽车产业还完全被外资和合资企业占据时，李书福胸怀振兴民族汽车工业的壮志雄心，踏足汽车工业领域，创新奋发至今，实现了民族汽车工业的一系列重大突破。

第一个生产出中国最便宜的汽车，第一次开创了汽车2万元时代，第一个民营汽车收购外国品牌，自2017年以来蝉联自主品牌销量冠军……李书福，可以说是当之无愧的自主车企第一人，中国自主车企崛起的推动人，让中国车企走向世界的先驱者。

饶斌奖颁奖词如此评价李书福："李书福对中国汽车工业来说是一个独特的存在，他以一个持续创业者的无畏和一个理想主义者的执着，义无反顾地扛起自主创新的大旗，用超前的眼光不断整合全球资源，把最初在人们眼中并不看好的吉利发展到现在，在圆中国人汽车梦的同时，也为中国汽车人赢得了尊严。"

李书福还有句名言："力量在风中回荡。"实际上，他也是一个善于借势、长于纵横捭阖的人。在中国汽车的发展历程中，涌现出的汽车企业掌门人数不胜数，但是能够以乐观坚韧的精神持之以恒，具有开阔眼界、包容心态和大智慧的人并不多，李书福先生算是其中一个。李书福善于识人用人，拥有深谋远虑的眼光、适时出击的决断力。他从一开始踏入商界就在不断拓宽人脉，同时注意延揽身边能接触到的各类人才，譬如当时吉利高管层"四大金刚"——当时吉利集团4位副总裁尹大庆、赵福全、刘金良以及安聪慧，这4人在各自的领域都是独当一面的大将之才。

2009年，收购沃尔沃时（见图7-11），李书福"挖"来了4位业界精英——原华泰汽车集团总裁童志远、原英国石油公司的高管张芃和袁小林、原菲亚特动力科技中国区总裁沈晖，打造全新的管理团队。这个团队既了解国际并购事务的规程，也熟悉与欧美国家政府打

交道的套路，成为吉利集团收购沃尔沃行动的决策机构。李书福的知人善用可见一斑。

图7-11 李书福收购沃尔沃

十多年以来，吉利汽车在收购重组方面的动作令人目不暇接：收购全球第二大自动变速器公司——澳大利亚DSI；收购沃尔沃；收购英国锰铜；收购宝腾汽车和莲花汽车近半股份；收购美国Terrafugia飞行汽车公司；收购戴姆勒股份公司9.69%具有表决权的股份。不仅如此，吉利还在白俄罗斯建成合资项目——白俄罗斯吉利全散件汽车制造厂，先期投产的是吉利博越汽车。上述这些购并项目中，尤其是收购沃尔沃，使得中国自主品牌首次拥有百年豪华品牌，让世界为之瞩目。借助于这个项目的达成，吉利不仅在品牌影响力和美誉度方面大为增色，也在技术开发方面获益良多，包括欧洲研发中心、领克汽车等后续项目。

五、王传福：Build Your Dreams

王传福（1966年—），安徽无为人，中共党员，毕业于中南工业大学（现中南大学）冶金物理化学专业，北京有色金属研究总院硕士，现任比亚迪股份有限公司执行董事，如图7-12所示。

图7-12 王传福

20世纪90年代末，从体制内下海的王传福靠生产镍镉电池获得第一桶金，并且在实践中摸索出一套屡试不爽的打法：进入一个技术密集型行业，将自动化生产线分解成一个个人工可以完成的工序，然后依靠自研的半自动化设备和国内廉价劳动力将成本压到最低，通过性价比来击败对手。经此一役，王传福一跃成为"电池大王"，他认为"一切技术专利都是纸老虎""买的不如自己造的""让我搞一个亿的生产线，门都没有"。带着这些想法，王传福闯入了汽车行业，第一件事就是收购了北京一家模具厂，并且推动比亚迪走上一条垂直整合+半自动半人工生产线之路。

早些年，比亚迪在燃油车市场兜兜转转，推出过一度热销的经济型轿车 F3 等，但其发展指向却一直没有改变，就是新能源汽车，包括纯电动、插混等。纯电和插电混动两条腿走路是比亚迪现阶段的策略，其中插电混动被比亚迪视为替代燃油车的排头兵。2008 年，比亚迪推出第一款插电混动的 F3DM。因为燃油车的发动机在功耗和需求上都不能完美地满足混动系统，所以 2017 年王传福提出了一个高目标，要求打破固有思维，进一步降低能耗、成本，研发一款插电混动专用发动机。新能源车替代燃油车，在最新一代的 DM-i 混动系统中，完全摒弃了燃油车的发动机，开发了专用发动机。2021 年 1 月，比亚迪发布 DM-i 平台，并推出基于该平台的 3 款新车型。新车不负众望，成为拉动比亚迪新能源汽车销量上涨的重要引擎。DM-i 插电混动系统成为 2021 年比亚迪销量飞涨最有力的技术支撑。

对于新能源汽车，王传福的想法和其他人有所不同，就在其他企业都在围绕有补助或者免费上牌的一、二线大城市展开竞争的时候，王传福的目光转向更为下沉的四、五线城市，适时推出了价格低至 6 万元的 e 系列电动汽车，受到所在市场用户的欢迎。

在新能源汽车方面，比亚迪制造的电动大巴 K9 等产品在国际市场上占有一席之地，出口美国、日本、欧洲以及南美的不少国家，在获取巨额利润的同时获得了很高的赞誉。除了汽车，王传福还将目光投向轨道交通产业。比亚迪研发的云轨可以建设在道路中央分隔带或狭窄街道上，不单独占用路面，属于运能接近地铁系统的中运量城市轨道交通系统。

王传福于中国汽车业的贡献，主要在于对于新能源汽车（包括商用车）的推广，以及在电池领域的强大技术储备。比亚迪第一台 F3DM 推出时，新能源乘用车的市场渗透率几乎为 0。而据乘联会数据，2018 年，新能源乘用车的全国渗透率达到 4%，到 2020 年年底，这一数字达到 5.8%。而在 2021 年，新能源乘用车的渗透率骤升至 14.8%。

六、魏建军：每天进步一点点

魏建军，男，1964 年出生，河北保定人，中共党员，1999 年毕业于河北省委党校企业管理专业，现任长城汽车股份有限公司董事长、执行董事。

他将一个乡镇小厂发展成现代化国家级大型企业，成为内地首家在香港上市的民营汽车企业。长城皮卡在国内创出了连续 20 多年保持市场占有率、销量第一的纪录。

2019 年 6 月 5 日，中俄两国元首共同参观了长城汽车俄罗斯图拉工厂下线汽车展，两国元首详细向魏建军询问了长城汽车在俄罗斯的销售情况以及两款展出产品的市场、定价等情况。两国元首表示，一定要让图拉工厂项目真正做到"开花结果"，并近距离了解了长城汽车俄罗斯图拉工厂下线的首款"全球车"——哈弗 F7，并签名留念，如图 7-13 所示。

图 7-13 中俄两国元首为长城汽车签名留念

2020 年，作为企业的"大独裁者"、长城的灵魂人物、左右长城核心发展战略的头脑中枢的魏建军，重新梳理了长城的企业价值，将"每天进步一点点"的企业理念扩展为：绿智潮玩嗨世界（长城的使命愿景）；廉信创变共分享（长城的核心价值观）；每天进步一点点（长城的企业精神）。同年，适逢"三十而立"重大节点的长城汽车，以宣传片《长城汽车挺得过明年吗?》——魏建军造车三十年感悟作出回应。不谈成就，只谈挑战，用"命悬一线"的谨慎与危机感，代替传统企业宣传片的树碑立传。

第三节　国外汽车名城

一、美国底特律

底特律位于密歇根州东南部的底特律河畔，与加拿大安大略省的温莎隔河相望，是世界最大的汽车工业中心，号称"世界汽车之都"。美国通用汽车公司、福特汽车公司和克莱斯勒汽车公司总部都在此地，带动了美国钢铁工业和汽车零部件工业的发展。当时的底特律，不仅是美国制造业的代表，也是工业化城市的巅峰。

20 世纪 80 年代，美国经济萎靡不振，严重削弱了底特律的重工业制造中心的地位。种族矛盾的激化和高税收，导致精英人口外流，汽车企业遭受巨大影响。随后，美国汽车制造业受欧洲、日本、韩国、中国等竞争对手冲击，一些汽车以及汽车零部件制造企业相继外迁。2009 年，作为底特律支柱产业的汽车制造业随金融危机爆发而崩塌。2013 年 12 月，底特律正式宣布破产，如图 7-14 所示。

图 7-14　底特律宣布破产

二、日本丰田市

丰田市原名爱知县，是日本三大都市圈之一名古屋都市圈的重要城市。丰田市是以丰田公司命名的，是丰田公司总部所在地，全市 40 万人中近 30 万都是丰田集团相关人员。在丰田市，丰田汽车的子公司有数百个，为丰田汽车提供零部件和服务的企业更多。丰田汽车让丰田市与美国老牌汽车城底特律并驾齐驱，被人们称为"日本汽车城"。

三、德国斯图加特

斯图加特位于德国西南部，是德国西部地区最大的工业中心，是德国的第六大城市，是巴登—符腾堡州的首府，世界著名汽车制造厂戴姆勒·奔驰汽车公司、保时捷的总部设在这里。目前，斯图加特汽车产业集群聚集了 2 000 多家汽车相关企业，有超过 20 家与汽车产业相关的高校院所及研发机构，该地区汽车产业从业人数占全国汽车产业从业人数的 1/7，汽车产值占全球汽车产值的 5%。

四、意大利都灵

都灵位于波河上游谷地，是意大利第三大城市、皮埃蒙特大区首府，19 世纪曾是意大利的首都。汽车工业是都灵市的经济命脉，每年生产的汽车约占全意大利汽车产量的 85%，全城人口的 1/4 都在从事汽车工业。菲亚特公司总部（见图 7-15）便设立于此。

图 7-15 菲亚特公司总部

五、德国沃尔夫斯堡

沃尔夫斯堡位于德国下萨克森州，邻近中德运河，是德国一座新兴的城市。德国大众汽车公司在此落户，使其成为举世闻名的汽车城，全市仅有人口 10 多万，其中近一半人在大众汽车公司工作。沃尔夫斯堡市亦有"会议城"之称，这里几乎每天都举行有关汽车工业方面的会议，还有一座规模可观的汽车博物馆。

六、日本东京

东京是日本的首都，也是世界最大的城市之一，它位于本州关东平原南端。日产、本田、三菱、五十铃公司总部均设在此地。日产公司在东京的雇员总数近 13 万人、本田公司雇员总数近 11 万人。

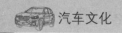

七、法国巴黎

巴黎位于法国北部巴黎盆地的中央，横跨塞纳河两岸，是法国的首都和最大城市，拥有法国最大汽车集团公司——标致汽车集团公司。1976 年，标致公司吞并了法国历史悠久的雪铁龙公司，从而成为世界上一家以生产汽车为主的跨国工业集团，雇员总数为 11 万人左右，年产汽车 200 多万辆。

雪铁龙公园（见图 7-16）位于巴黎西南角，邻近塞纳河，是利用雪铁龙汽车制造厂旧址建造的大型城市公园。

图 7-16　雪铁龙公园

八、英国伯明翰

伯明翰是利兰汽车公司所在地，位于英格兰中部亚拉巴马州，是仅次于伦敦的英国第二大城市，是英国的汽车城，世界各大汽车生产厂商在这里设立了公司，它的工业产值占全英国工业产值的 1/5，并享有"世界车间"之美称。

九、德国吕塞尔海姆

吕塞尔海姆是德国黑森州南部美因河畔的城市，是美国通用汽车公司最大的海外子公司——亚当·欧宝汽车公司总部所在地。该公司有 18 300 名工人，最高日产量可达 1 100台，仅需 15 h 就可以将一辆汽车从冲压开始到组装完毕。

十、法国比杨古

布洛涅—比杨古，是法国巴黎西南的一座城市，地处塞纳河河曲的布洛涅森林之南。世界十大汽车公司之一的雷诺汽车制造公司就设在此地。该公司以生产各型汽车为主，还涉足发动机、农业机械、自动化设备、机床、电子、塑料、橡胶业，雇员总数为 22 万人，全年可生产汽车 205 万辆。

第四节 国内汽车名城

一、十堰

1967年4月1日，中国第二汽车制造厂在湖北省十堰市张湾区奠基，开启了中国民族汽车工业发展的新时代；1969年9月22日，第一辆东风车下线。十堰市因车而建、因车而兴，是驰名中外"东风车"的故乡，是全国闻名的"汽车城"，是"中国第一、世界前三"的商用车生产基地，拥有千亿级的制造业存量资产和年产100万辆汽车生产能力。十堰是东风的"延安"、现代制造业高地、近代民族工业的摇篮。东风公司十堰基地现有各类专业厂28家，固定资产300多亿元，职工8万多人，年产东风系列商用车20多万辆。全市与东风公司配套的汽车及零部件企业达200多家，从业人员17万人，汽车工业占全市工业经济的80%，是全国汽车产业化程度最高、产业集群优势最为明显的地区之一。

汽车工业文化是十堰的基因和灵魂，是不可或缺的文化记忆和城市精神象征。十堰博物馆《车与十堰》展厅（见图7-17）提炼了东风和十堰40年成长和发展史的区域文化精华，通过企业发展、社会进步、城市壮大、汽车文化等城市亮点，展示了十堰人和东风人艰苦创业的历史记忆，铺展十堰和东风汽车成长壮大的轨迹，彰显了十堰与东风公司共生、共兴、共荣，具有深厚的血肉亲情，以及十堰人民和东风人艰苦奋斗、勇于奉献、开拓进取的伟大精神。该展厅面积为800 m²，展示了第二汽车制造厂第一代25Y军车1辆、汽车模型45件、汽车配件20多件、珍贵文件30多份。博物馆采用声光电等高科技、多互动、大场景展示手段，再现了20世纪60年代，在"备战备荒为人民"和"三线建设要抓紧"的指示下，第二汽车制造厂落户十堰，创造了"水上行车""陆地走船"的奇迹和用背篓、竹筐、扁担运输百吨机械的神话，打造了一座东方汽车城的光辉历程。而十堰这个偏僻而古老的山城，也因车而建，因车而兴，发展成为一座现代化的汽车城。

图7-17 十堰博物馆《车与十堰》展厅

2017 年 8 月，中央电视台播出《魅力中国城》节目。在竞演节目中，十堰市委书记张维国身穿赛车服、头戴赛车头盔，驾驶一辆湖北汽车工业学院学生亲自设计、制造出来的方程式赛车登上央视舞台，宣传十堰，引发现场观众一片欢呼，如图 7-18 所示。

图 7-18　湖北汽车工业学院大学生方程式赛车

二、柳州

柳州位于广西中北部，是华南地区工业重镇、综合交通枢纽、商贸物流中心，工业经济总量居广西之首，素有"桂中商埠"之称。汽车品牌有五菱、东风、宝骏等，是全国唯一拥有一汽、东风、上汽和重汽四大汽车集团整车生产企业的城市。

1969 年，广西壮族自治区政府下达了同意柳州农械厂和柳州机械厂联合生产汽车的任务，柳州机械厂试制成功汽油发动机，农械厂生产汽车底盘、驾驶室、车厢。在研制驾驶室时，由于没有图纸，工人们就用铁丝、木头、纸张涂成模型，经过上百次的修改后，终于定型绘图。为了克服当时没有大型冲压设备的困难，工人们用纸糊汽车驾驶室模型，在地下挖出深坑，将钢板锤打成汽车驾驶舱。1969 年 4 月 2 日，试制成功了广西第 1 辆"飞跃"牌汽车，也就是后面改名了的"柳江"牌 130 型的载货汽车。1969 年 10 月 1 日，"飞跃"牌首批共 10 辆汽车开到了自治区首府南宁向中华人民共和国成立 20 周年献礼。

1987 年，微型汽车厂开始引进日本三菱汽车的技术、设备和散件，生产出首批微面客车，因为质量好而被列为"免检产品"。这一年，由 5 个菱形组成的新车标被正式注册启用。

2012 年 5 月 1 日，柳州工业博物馆建成并对外开放，成为广西乃至全国第一所城市综合性工业博物馆。展馆中的一辆"木炭汽车"（见图 7-19）是 1933 年 12 月由本地企业制造的，标志广西生产汽车历史的开创。

图 7-19　柳州工业博物馆"木炭汽车"

三、广州

广州是全国最重要的汽车生产基地之一、是国家节能与新能源汽车示范推广试点城市，已形成以整车制造为核心、零部件企业聚集、初创型企业不断孕育而生的完整产业链。目前，广州拥有 11 家整车制造企业，集聚了 1 200 多家汽车零部件生产和贸易企业。2020 年，全市汽车产量达到 295 万辆。

广州拥有广汽集团，旗下自主品牌包括广汽传祺，合资品牌包括广汽本田、广汽丰田、东风日产等 3 家产值过千亿的车企。

广汽集团总部位于广州市天河区珠江新城，目前拥有员工 11.34 万人，2021 年位列世界 500 强企业第 176 名，秉承"人为本、信为道、创为先"的企业理念。截至 2021 年，广汽集团已累计向社会提供超过 2 044 万辆汽车、1 830 万辆摩托车，未来，还将努力成为客户信赖、员工幸福、社会期待的世界一流企业，为人类美好移动生活持续创造价值。

四、上海

1957 年 4 月，上海客车修理厂采用解放牌 CA10 型货车底盘，试制出第一辆国产公交车。1958 年 9 月 28 日，上海汽车装修厂以奔驰 220S 为参照对象，第一辆样车装配完成，名为"凤凰"，与东风 CA71 车头的银龙造型相呼应，寓意"龙凤呈祥"，如图 7-20 所示。

1958 年 10 月，上海客车修理厂又联合几家汽车生产企业，成功试制出海燕 CK730 微型汽车。1984 年 10 月 10 日，在北京人民大会堂最终签署了上海大众汽车有限公司（现为"上汽大众"）合营合同。1997 年 3 月 25 日，中美合资上海通用汽车有限公司暨泛亚汽车技术中心有限公司成立，这是当时中美两国之间最大的合资项目，被称作当年上海的"一号工程"。2002 年，作为上汽和通用汽车成功合作的延续，上海汽车工业（集团）总公司、通用汽车中国公司和柳州五菱汽车有限责任公司在广西南宁举行了三方合作项目签约仪式，三方分别持有新公司 50.1%、34% 和 15.9% 的股份，再一次开创了"中中外"合作模式的先河。2004 年 12 月，上汽集团以 6 700 万英镑收购了英国罗孚 75、25 车型的

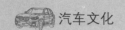

核心知识产权及 K 系列汽油发动机、L 系列柴油发动机等技术。这一技术为上汽打造自主品牌奠定了基础。

图 7-20　凤凰牌轿车

2005 年 1 月 27 日，上汽集团向韩国双龙汽车公司债权团支付 5 900 亿韩元，完成交割手续，获得双龙汽车 48.92% 的股份，正式成为韩国双龙汽车的第一大股东，上汽集团成为国内第一家走出国门，完成海外并购的汽车企业。虽然最后以失败告终，但上汽集团作为"第一个吃螃蟹的人"，用自己的经验和教训为后来者提供了参考和借鉴。

2015 年，威马汽车和蔚来汽车先后落户上海。2018 年 7 月 10 日，上海市政府和美国特斯拉公司签署合作备忘录（见图 7-21），特斯拉也成为中国在新能源汽车整车制造领域放开外资企业股比限制后的第一家独资汽车品牌。

图 7-21　上海市政府和美国特斯拉公司签署合作备忘录

2019 年，中国最大汽车集团、全球第七大汽车制造集团上汽集团位居世界五百强第 52 名，年营业收入高达 1 220 亿美元上汽集团拥有世界领先的汽车制造实力，造就了上海世界领先的汽车制造基地地位。

位于上海市的同济大学汽车学院成立于 2002 年，作为上海国际汽车城科学研究与人才培养核心功能的承载体，汽车特色鲜明、实力雄厚、影响力广泛，是同济大学"双一流"建设的特色和优质学科之一。汽车学院面向汽车、动力和交通等行业，依托车辆工程、动力机械及工程、载运工具运用工程 3 个学科，针对新能源汽车和智能驾驶汽车的专业人才需求，设立了"汽车工程""车用能源与动力""汽车电子与智能"三大教研室，构建了完备的本、硕、博贯通人才培养体系，以德语、英语的双外语教学为培养特色。聚焦智能型新能源汽车，拥有"智能型新能源汽车创新引智基地""新能源汽车工程国际合作研究中心""中德汽车联合研发中心"三大国际化科创平台，"智能型新能源汽车协同创新中心""新能源汽车及动力系统国家工程实验室""国家大型科学仪器中心平台——汽车风洞""燃料电池汽车及动力系统工程技术中心"四大国家级科创平台，"教育部新能源汽车工程研究中心""上海市交通工具空气与热模拟风洞重点实验室""上海电动汽车工程技术研究中心""上海科创中心—智能型新能源汽车功能型平台"四大省部级科创平台，积极开展前沿科学研究、前瞻技术研发和重大产品开发，形成世界一流的学术影响力和竞争力。

五、重庆

1957 年年初，中央提出"军民结合，学会两套本领"是国防工业在和平时期的生产方针。长安机器制造厂按照中央指示和上级部门安排，从 1957 年 9 月起开始组织对美国威利斯（Willys）汽车公司生产的 M38A1 车型进行测绘设计，经过大半年的准备，于 1958 年 5 月试制出了第一辆样车，命名为长江牌 46 型吉普车，这是中国第一辆越野车，如图 7-22 所示。长江 46 型吉普车质量为 1 150 kg，最大载重量为 440 kg，可乘 6 人，动力系统搭载排量 2.2 L 的 4 缸 4 冲程化油器式水冷发动机，最高车速为 115 km/h，百公里油耗 13.7 L，最大爬坡度 30°。

图 7-22　中国第一辆越野车"长江牌"46 型吉普车

1965 年，中央发布《关于西南三线建设体制问题的决定》，重庆以自身较强的工业实力和优越的地理位置，成为兵工企业三线建设的主战场。四川汽车制造厂的前身（由四川宜宾高压电器厂迁来，改建为宜宾重型汽车制造厂，后更名为大足汽车制造厂）于重庆双桥动工，建设重型军车生产基地。四川汽车制造厂从法国贝利埃（Berliet）汽车公司引进技术和生产设备，建设规模为年产红岩载重汽车1 100辆，用于为炮兵部队牵引重型火炮。1966年6月，第一辆8 t级6×6军用重型越野车红岩CQ260试制成功，该车以贝利埃GBU15为原型，搭载了当时较为流行的多燃料发动机，马力强劲、输出扭矩大，采用冲压焊接重型车桥，越野能力和涉水通过性较强，还配备了防护性较好的红外线防空灯等。

1982年年底，重庆国营西南车辆制造厂以奔驰2026为基础的7.5 t级6×6越野载重车铁马XC2200样车试制成功。

1985年5月，重庆第一家中外合资企业庆铃汽车有限公司成立，庆铃以CKD方式组装出第一批双排座、载重量2 t的五十铃630轻型载重汽车。

2001年4月，长安与福特"联姻"，成立了长安福特汽车有限公司，双方各占50%的股份。

2005年10月，十六届五中全会明确提出鼓励自主创新，力帆汽车（成立于2003年8月）由此获得了轿车生产资格。2006年1月，力帆首款车型520上市，这个车名既不是平台代号，也不代表发动机排量，而是网络用语"我爱你"的意思。该车造型由上海同济同捷公司设计，外观圆润中庸，符合大众审美，内饰与雪铁龙爱丽舍颇为相似。

2005年8月，东风小康重庆沙坪坝区井口工厂奠基，该工厂于2007年1月建成投产。2009年6月，东风小康又在江津区双福设立了重庆第二工厂。

2012年11月，上汽通用五菱与重庆两江新区签约，建设上汽通用五菱重庆基地。

2014年12月，北京现代与重庆两江新区签订协议，建设北京现代重庆工厂。

2017年12月，长城汽车重庆永川区生产基地项目签约。

近些年，越来越多的车企选择在重庆布局整车厂，除了低廉的制造成本（土地、人力、能源），完备的配套基础，便捷的物流条件等，还可以就近辐射广大西部市场。汽车工业作为重庆的经济支柱形成涵盖10多家整车企业和1 000多家规模以上配套企业的产业集群。2017年，重庆汽车产量299.82万辆，全国占比高达10.33%。

位于重庆市的重庆大学机械与运载工程学院办学历史悠久、治学严谨，最早的机械专业始建于1935年，具有80多年的悠久历史。该学院的"机械工程"学科是国家一级重点学科和国家首批一级学科博士学位授权点，是国家"211工程""985工程"重点建设的学科；有机械传动国家重点实验室和国家"2011计划"重庆自主品牌汽车协同创新中心、机械基础国家工科教学基地、机械基础国家实验教学示范中心、机械基础及装备制造国家虚拟仿真实验教学中心等国家级科研与教学平台，在机械传动、先进制造技术与装备、自主品牌汽车、特种装备等方面形成鲜明的学科特色和优势。学院还有机械基础系列课程国家教学团队、"高性能机电传动""高效低碳制造系统"等教育部和国防科技创新团队及"三维打印增材技术""先进制造技术""车辆动力传动与控制"等重庆高校创新团队。

位于重庆市的重庆理工大学车辆工程专业源于学校"汽车与拖拉机"专业的"汽车工程"方向，先后获批国家级特色专业、国家级"本科教学工程"地方高校第一批本科专业综合改革试点专业、重庆市首批"三特行动计划"特色专业和首批特色学科专业群等。2018 年入选重庆市首批本科一流专业建设点，2019 年入选首批国家级本科一流专业建设点。现拥有重庆市新能源与智能汽车新型二级学院、汽车零部件先进制造技术教育部重点实验室、教育部节能与新能源汽车关键零部件智能制造与控制国际合作联合实验室、重庆市自动驾驶系统及智能网联汽车技术研发与测试工程研究中心等多个省部级以上科研平台。该专业在车辆智能试验与检测技术、汽车主被动安全和空气动力学等方面形成鲜明特色，并已建成智能网联工程中心、新能源动力总成联合测试中心等省部级智能网联汽车和新能源汽车科研基地。

六、长春

与一汽建设同步，经过近 70 年的发展，长春市的汽车工业从无到有、从小到大、从弱到强，汽车工业在全市经济社会中的主导地位不断增强。2021 年，长春市累计产、销整车分别为 242.1 万辆和 240.2 万辆，汽车工业实现产值 6 143 亿元，占全市工业总产值的 70.3%。

1951 年 1 月 18 日，政务院财经委员会主任陈云决定将一汽厂址定在东北，在长春至四平之间选择。随后，工作组对四平、公主岭、长春做了进一步考察，地处东三省中心的长春条件最为理想。长春地区有丰富的矿产资源，较为雄厚的工业基础，且紧邻京哈铁路，便于建厂时大量苏联设备的输入，也便于投产后就近利用东北的钢铁、煤炭、木材、水电资源。

从 1950 年开始筹备，到 1956 年建成投产，第一辆解放汽车的诞生结束了中国不能生产汽车的历史。随后，一汽又试制成功第一辆国产轿车——东风、第一辆高级轿车——红旗以及第一辆三轴驱动军用越野车。后来，一汽达到了年产 6 万辆汽车的生产能力，并试制成功红旗三排座高级轿车、防弹车、矿用车等一批新产品。

2021 年 6 月 6 日，吉林省委省政府召开支持中国一汽创建世界一流企业大会，发布《中共吉林省委、吉林省人民政府支持中国一汽建设世界一流企业的若干措施》，明确举全省之力全方位支持一汽、服务一汽，建设国际汽车城。同年 9 月 28 日，中共长春国际汽车城工作委员会、长春国际汽车城管理委员会揭牌成立；12 月 28 日，长春市第十四次党代会正式提出聚焦"三强市、三中心"建设，实施"六城联动"，其中，建设国际汽车城，打造全国先进制造业中心城市是核心引领。

长春发展汽车工业有配套优势。长春市拥有大陆、纬湃等世界百强跨国汽车零部件企业，以及富维、富奥等本地骨干配套企业，配套能力覆盖发动机、传动、行驶、转向、制动、车身、环境、汽车电子等八大系统模块。全市拥有汽车零部件配套企业 1 100 多家，其中规模以上企业 387 户，配套产值规模近 1 600 亿元。此外，还有科研和人才优势。长春市汽车产业拥有一汽集团、东光集团等 78 家国家级及省级以上企业技术中心，拥有 2 个国家级重点实验室，即一汽集团汽车振动噪声和安全控制综合技术实验室和吉林大学汽车仿真与控制国家重点实验室，如图 7-23 所示。全市现有技术熟练的汽车产业人员 10 多万人，共 21 所高校开设了汽车专业，储备了大量的汽车人才。

图 7-23　吉林大学汽车仿真与控制国家重点实验室

七、武汉

1992 年 5 月 18 日，由东风汽车公司与法国雪铁龙汽车公司合资的神龙汽车有限公司正式成立，这是武汉的第一个乘用车项目。

2003 年，东风本田成立，其前身是武汉万通汽车，是由东风汽车集团股份有限公司出资 50%、本田技研工业（中国）投资有限公司出资 10%、日本本田技研工业株式会社出资 40% 共同组建的。次年，东风本田推出当年极富竞争力的 CR-V 车型，第一次把城市 SUV 带入国内。

2006 年 6 月 21 日，东风公司总部正式从湖北十堰迁至武汉，如图 7-24 所示。

图 7-24　东风公司武汉总部

2012 年，上汽通用来到武汉建厂，这是上汽通用继上海金桥、烟台东岳和沈阳北盛之后第四个乘用车生产基地。

2013 年，全国最大的车灯生产企业华域视觉跟随上汽通用武汉工厂落户江夏区。

2017 年，世界 500 强企业、全球领先的汽车动力系统解决方案提供商博格华纳签约落户武汉蔡甸，打造博格华纳全球标准下的精益生产工厂。

2019 年 9 月 22 日，国家智能网联汽车（武汉）测试示范区揭牌，并发出全球首张自动驾驶车辆商用牌照。示范区已吸引东风公司、中国一汽、百度、海梁科技、深兰科技、AutoX 等 11 类共 40 多台自动驾驶车辆前来进行道路测试，共发放智能网联汽车道路测试牌照 33 张，其中示范应用牌照 8 张，在全球范围内率先实现智能网联汽车道路测试车辆载人载物商业化试运营。

武汉汽车产业已发展成为国内首个聚集了法、日、美、自主四大车系、七大整车企业的城市，这为技术创新提供良好的人才、资本、市场生态环境，武汉汽车产业做成了"产业航母"，也带动了一批关键核心技术的突破，有效提升了我国汽车产业链的自给能力和国际竞争力。

位于武汉市的武汉理工大学汽车工程学院设有车辆工程、能源与动力工程、汽车服务工程 3 个本科专业，其中车辆工程专业是国家首批一流本科专业建设点、国家特色专业、教育部卓越工程师试点专业，通过了工程教育专业认证；能源与动力工程专业是国家首批一流本科专业建设点、教育部卓越工程师试点专业；汽车服务工程专业是教育部卓越工程师试点专业，通过了工程教育专业认证。此外，武汉市还具有省部级科研基地，包括新能源与智能网联汽车湖北省工程技术中心、汽车产业汽车零部件绿色设计制造与试验技术创新基地、汽车零部件技术湖北省协同创新中心、燃料电池湖北省重点实验室、现代汽车零部件技术湖北省重点实验室、湖北省中小企业共性技术——汽车零部件及测试研发推广中心。

八、北京

2020 年 8 月 10 日，北汽集团累计汽车产量突破 3 000 万辆。北汽产量从 0 到 100 万辆用了 35 年，从 100 万辆到 1 000 万辆用了 18 年，从 1 000 万辆到 2 000 万辆用了 5 年，从 2 000 万辆到 3 000 万辆用了 4 年。这一串数字，凝聚着千万用户的肯定和支持，记录了北京市汽车工业从无到有、发展壮大的全过程，镌刻出几代北汽人奋斗追梦的精彩画卷。

1958 年，北汽试制成功第一辆"井冈山"牌小轿车，成为北京汽车工业的奠基石。1966 年，国内首款轻型越野车 BJ212 横空出世，创造了 BJ212 系列产品生产年限横跨 50 多年、累计产量超过 120 万辆的业界神话，奠定了北汽在全国汽车工业中的重要地位和"越野世家"的美名。同年，"北京 130"轻型载货汽车也试制成功，随后 14 个省份竞相仿制，成为全国产量最多的轻型汽车。这一时期，"北京 212"、"北京 130"、北京摩托车和北内 492 汽油机、4115 柴油机号称北京汽车工业"三车两机"。

2002 年，作为中国加入 WTO 后成立的第一家中外合资汽车企业，北京现代在中韩双方的共同努力下，当年筹建、当年出车，仅用 63 个月便实现累计产销 100 万辆，创造了令业界称颂的"现代速度"，实现了北京市汽车产业历史性的转折。伊兰特、索纳塔等车型行遍北京大街小巷，圆了北京市汽车工业的"轿车梦"。

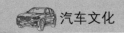

2005 年，奔驰品牌落户北京，不仅结束了北京市汽车工业没有豪华品牌的历史，大大提升了北汽自身形象和整体竞争实力，更确立了北京市汽车工业在中国汽车产业内高端制造的地位。以引进奔驰 C 级、E 级轿车为开端，北京奔驰在此后的发展中，长期引领中国豪华合资品牌市场。

北汽积极延伸产业链、拓展价值链，创造协同效应，从最初以整车及零部件经营为主，发展成为涵盖整车（包括新能源汽车）研发与制造、汽车零部件制造、汽车服务贸易、通用航空、投融资、出行等业务的国有大型汽车集团。2019 年，北汽集团实现整车销量 226 万辆，营业收入 5 012.3 亿元。目前，北汽集团研发体系布局五国七地，在 30 多个国家和地区建立了整车及散件组装（KD）工厂，市场遍布全球 80 多个国家和地区，已成为具有全球影响力和竞争力的国际化企业。

位于北京市的清华大学在国内最早开展车辆工程人才培养与科学研究工作。1980 年，清华大学汽车工程系正式成立。2019 年，为应对汽车电动化、智能化、网联化和共享化带来的技术变革，清华大学正式成立车辆与运载学院，下设 4 个研究所，形成“一院四所”布局。“四所”分别为车辆动力工程研究所、汽车工程研究所、智能出行研究所和特种车辆与动力研究所。“四所”覆盖了新能源汽车、新型动力、内燃动力、交通能源、汽车设计、汽车动力学、汽车安全、产业战略、智能汽车、车路协同、智慧信号、智能出行、特种车辆、特种动力、新型装备等学科方向。清华大学车辆与运载学院是国内唯一同时拥有车辆工程、动力机械及工程两个国家重点学科的高等院校，是我国培养高层次、高水平汽车工程科技和管理人才以及科学研究与技术开发的重要基地。

位于北京市的北京理工大学汽车研究所主要科研与教学方向为智能交通与网联技术、智能车辆理论与设计、智能驾驶感知决策与规划技术、运动规划与控制技术、智能线控底盘技术，重要科学研究平台包括车辆传动国家重点实验室、无人车技术工业和信息化部重点实验室、教育部仿生机器人重点实验室、地面无人机动武器平台国防科技创新团队。智能汽车已经成为全球汽车产业发展的战略方向，研究所适应时代变革需求，利用自身在智能汽车、无人驾驶车辆方向的科研优势，重视教学工作，建设智能汽车交叉学科教育高地，在智能汽车教学体系、教材建设、课程建设方面取得系列成果。

九、合肥

合肥有安徽江淮汽车集团股份有限公司、安徽安凯汽车股份有限公司、合肥长安汽车有限公司、奇瑞新能源工厂、合肥国轩高科动力能源有限公司等汽车产业。

1968 年，一辆 2.5 t 的载重货车在合肥的江淮汽车制造厂诞生，实现了安徽汽车工业零的突破。此后，这家历史悠久的车企从专注商用车领域到兼营乘用车，从做好燃油车到发力新能源，成为我国自主品牌车企中一支不可忽视的力量。

2020 年 2 月，蔚来中国总部项目落户合肥，并获得合肥市的战略性投资；8 月，威马汽车在合肥设立了威马智能汽车科技（安徽）有限公司；12 月，大众汽车增持江淮大众股份至 75% 并更名为大众汽车（安徽）有限公司。2021 年 1 月，零跑科技（即零跑汽车）与合肥市政府签订了战略合作协议，双方将在新能源汽车领域开展全面合作。目前，合肥已集聚新能源汽车企业 120 多家，形成包括整车、关键零部件、应用体系等配套体系在内的完善的新能源汽车产业链。

位于合肥市的合肥工业大学汽车研究院致力于新能源整车、零部件及控制系统技术研发、测试与产业化，研究生培养，以及服务地方政府推进新能源汽车产业发展。研究领域涵盖电动汽车整车开发、轻量化、智能网联、轮毂电机及控制系统、电池成组及管理系统、燃料电池系统、新型增程专用发动机动力系统总成、热管理系统、农用机械零部件系统等。汽车研究院建有电磁兼容试验、整车动力性能试验、电池系统性能试验、电驱动系统性能试验以及各类环境试验等实验室，满足汽车研究院自身整车及关键零部件研发需要的同时，对外开放服务。研究院与江淮汽车、奇瑞汽车、安凯汽车、一汽、东风汽车、长安汽车、国轩高科、四维图新、星云互联、赛德动力、国机智骏、厦门钧科等国内整车及零部件企业开展深度产学研合作，并与美国俄亥俄州立大学、澳大利亚悉尼科技大学等国外高校建立了国际合作关系。

十、沈阳

沈阳是中国最早的汽车制造之都，汽车产业集聚区聚集了华晨金杯、华晨中华、华晨宝马、上通北盛四大整车厂，拥有中华、金杯、宝马、雪佛兰、别克五大品牌。在整车制造业迅速发展的同时，美国江森、伟世通，德国伍尔特、德科斯米尔、波森，法国比欧，瑞士欧拓，日本帕卡濑精，韩国浦项等国外知名的汽车零部件企业纷纷落户，在区域内投资发展。

总部坐落于辽宁省沈阳市的华晨汽车集团控股有限公司（简称"华晨集团"）是隶属于辽宁省国资委的重点国有企业，是中国汽车产业的主力军。华晨集团的历史可追溯到1949年成立的国营东北公路总局汽车修造厂。1959年，更名后的沈阳汽车制造厂试制成功5台"巨龙"牌载货汽车，由此揭开了"共和国长子"生产制造汽车的新篇章。华晨集团以整车、动力总成、核心零部件的研发、生产、销售和汽车售后市场业务为主体，也涉足汽车金融、新能源（风电等可再生资源）等其他产业。集团拥有两大国家认定企业技术中心、国家认可实验室以及博士后流动工作站，具备整车概念设计、造型设计、工程开发和样车试制、试验的全流程正向开发能力，以及动力总成等核心汽车零部件的设计、开发能力。企业旗下有中华、金杯、华颂三大自主品牌（见图7-25）以及华晨宝马、华晨雷诺两大合资品牌，产品覆盖乘用车、商用车全领域。

图7-25 华晨集团自主品牌

华晨宝马汽车有限公司成立于 2003 年 5 月，是宝马集团和华晨集团共同设立的合资企业。业务涵盖宝马品牌汽车在中国的研发、采购、生产、销售和售后服务。合资公司现有员工超过 2 万人，本土供应商达 400 家，连续 15 年成为沈阳最大纳税企业。2021 年 9 月 23 日，华晨宝马汽车有限公司迎来了又一个历史时刻——第 400 万辆汽车在大东工厂成功下线。从 200 万辆到 300 万辆，华晨宝马用了 2 年时间，而从 300 万辆到 400 万辆，仅用了 1 年半，再次刷新了宝马速度。

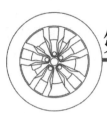

第八章
汽车运动与竞赛

本章概述

　　本章主要介绍世界著名的汽车运动与竞赛。通过本章的学习，大家能够了解汽车竞赛的起源、种类，熟悉世界各地影响力较大的汽车竞赛规则及知名的赛车手，领略汽车竞赛中人与科技的完美结合，关注中国大学生方程式系列赛事。

第一节　汽车运动的起源

　　汽车运动是指在封闭场地内、道路上或野外比赛汽车速度、驾驶技术和性能的一种运动项目。19世纪80年代，欧洲大陆出现了最早的汽车。汽车运动也随着汽车工业的发展而兴起。从第一辆汽车被生产出来到第一次汽车比赛的举行不过十年的时间。起初，汽车比赛的目的只是检查车辆的性能，宣传使用汽车的安全性和可靠性，因此汽车生产厂家积极资助，推销其产品。

　　"赛车"一词来自法文（Grand Prix），意思是大奖赛。在国外，汽车比赛几乎与汽车具有同样长的历史。今天，各式各样的汽车比赛被统称为现代汽车运动，它是世界范围内一项影响较大的体育运动。多姿多彩的汽车运动使这一冷冰冰的钢铁机器充满了柔情蜜意，同时，汽车运动的激烈、惊险、浪漫、刺激，不仅仅使成千上万的观众为之痴迷，而且还使世界汽车技术的发展日新月异。

　　虽然德国人发明了汽车，而英国当时又是工业强国，但这两个国家对汽车都不感兴趣，甚至在国内禁止车赛。法国人不但重视汽车，而且建立了当时世界上最大的汽车工业。赛车运动也随之产生。

　　1887年，由法国《汽车》杂志举办了世界上第一次汽车比赛，从巴黎到努伊，只有一辆蒸汽汽车参加。

　　1895年6月11日，由法国汽车俱乐部举办了世界上最早的长距离、第一次有汽油车参加的公路赛，线路由巴黎到波尔多往返，全程1 178 km，平均车速为24.55 km/h。比赛

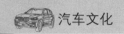
远不及今天大奖赛扣人心弦，引用当时的话就是 without danger, easy to handle and cheap to run（没有危险，简单操作，成本低廉）。此次比赛共有 23 辆车参赛，跑完全程的只有 8 辆汽油车和蒸汽车。汽油车战胜了蒸汽车。

国际汽车联合会把 1895 年 6 月 11 日规定为汽车比赛的诞生日。

世界一级方程式锦标赛、勒芒 24 小时耐力赛、世界汽车拉力锦标赛并称为世界最著名和最艰苦的三大汽车赛事。

第二节　汽车运动组织

一、国际汽车联合会

全世界汽车运动的管理机构是国际汽车联合会（Fédération Internationale del'Automobile，FIA），简称国际汽联，分布在法国巴黎、法国瓦莱里、瑞士日内瓦这 3 座城市，其标识如图 8-1 所示。国际汽联是国际奥委会承认的国际单项体育联合会。国际汽联致力于推动汽车运动的发展，提升世界各地交通出行的安全性、可持续性与便捷性。截至 2021 年年底，有来自 146 个国家或地区的 245 个团体组织加入了国际汽联。

图 8-1　国际汽车联合会标识

国际汽联成立于 1904 年，成立的最初目的是保证赛车运动的有序管理和安全性，当时由法国汽车俱乐部发起成立，成立时的名称为"国际汽车俱乐部协会"，创始成员为来自多个国家的 12 个汽车俱乐部。1922 年，在国际汽车俱乐部协会内部成立了专门负责组织汽车赛事活动的国际运动委员会；1946 年，国际汽车俱乐部协会更名为"国际汽车联合会"，国际运动委员会依然保留至 1978 年才更名为"国际汽车运动联合会"。1993 年，国际汽联进行了重组，将其管辖的国际汽车运动联合会撤消，相关职能被重新整合到国际汽联的体制内。

国际汽车联合会主要下设了世界汽车旅游理事会和世界汽车运动理事会。世界汽车运动理事会主要负责统筹世界各国汽车运动组织，为赛车运动制定规则、协调安排全世界范围内的各项汽车比赛，该机构设置若干专门委员会，用来分管不同的比赛及领域。

二、中国汽车摩托车运动联合会

中国摩托运动协会于 1975 年在北京成立，1983 年代表中国加入国际汽联，1993 年 5 月，汽车运动项目从中国摩托运动协会分离，单独组成中国汽车运动联合会。为了统筹管理全国汽摩运动，2015 年 10 月 31 日，经民政部批准，将中国汽车运动联合会和中国摩托运动协会合并为中国汽车摩托车运动联合会，简称中汽摩联（Federation of Automobile and Motorcycle Sports of China，CAMF），其标识如图 8-2 所示。中国汽车摩托车运动联合会是代表中国参加国际汽车、摩托车运动的唯一合法组织，是全国性体育协会，是中华全国体育总会、国际汽联和国际摩托车联合会的团体会员，由热爱汽车运动和摩托车运动的单位自愿结成的全国性、行业性、非营利性社会组织。中国汽车摩托车运动联合会根据政府有关部门的授权，遵照国家的体育方针、政策，统一组织、管理全国汽车、摩托车运动项目的发展，推动项目的普及、提高。

图8-2 中国汽车摩托车运动联合会标识

中国汽车摩托车运动联合会的常设办事机构是国家体育总局汽车摩托车运动管理中心，该中心是国家体育总局直属事业单位，负责中国汽车、摩托车运动项目全面管理和对外协调的职能。

第三节 世界汽车运动比赛的分类

截至2022年年初，国际汽联在官方网站对其组织认可的汽车运动比赛进行了如下的主要分类。

一、场地赛

场地赛（Circuit）主要是指在封闭柏油赛道上进行的比赛，通常是多车同时发车，有些比赛是以完成规定圈数的时间先后来决定名次，有些比赛是根据在规定的时间内完成的圈数或距离来决定名次，另外，汽车漂移比赛则主要根据车手和赛车的综合表现进行评分来决定名次（不以竞速方式为主）。目前，大部分场地赛项目以竞速方式为主。场地赛主要包括如下著名赛事。

1. 一级方程式世界锦标赛

一级方程式世界锦标赛（Formula One World Championship）始于1950年，简称F1，是由国际汽联主办的最高级别的年度系列场地赛车比赛，也是当今世界最高水平的方程式赛车比赛，甚至有将其与奥运会、世界杯足球赛并称为"世界三大体育盛事"的说法。为了确保比赛的公平性与安全性，赛车运动的主办者（如国际汽联等）会指定赛车的规格，赛车的设计和制造必须遵循相应的规格限制，只有符合规格限制的赛车才能参加比赛，这种赛车被称为"方程式赛车"。值得注意的是，其英文名称中的Formula代表"规则或规格"的含意，与数学的方程式并没有实质联系。

2021年11月16日，阿尔法罗密欧车队（Alfa Romeo Racing ORLEN）官方宣布，中国车手周冠宇（见图8-3）将在2022年赛季作为车队车手征战F1，周冠宇也由此成为中国首位F1正式车手。

图 8-3　中国首位 F1 车手周冠宇

2. 世界耐力锦标赛

世界耐力锦标赛（World Endurance Championship，WEC）始于 2012 年，为长时间耐久性汽车比赛，可以上溯至 1923 年的勒芒 24 小时耐力赛创办之初。世界耐力锦标赛全年分多站进行，其中最著名的是在法国举行的勒芒 24 小时耐力赛等。长期以来，参加该项比赛的赛车有 4 个组别——LMP1、LMP2、GTE Pro、GTE Am，不同组别的赛车同场竞技，最后分别计算成绩。

从技术角度，WEC 可能比 F1 更具观赏性，其赛车设计没有非常严格的"方程式"的限制，车队有更大自主权，超车场面屡见不鲜。而且，WEC 比赛过程中更强调团队作战，3 名车手在比赛中轮流驾驶，团队中的每一个人都可能是影响成绩的关键。另外，很多的大汽车厂商都将 WEC 看作测试新技术、检验汽车性能的舞台，会将一些成功通过 WEC 严格考验的高新技术推进到民用车领域。

在世界耐力锦标赛 2019/20 赛季最后一站——巴林 8 小时赛中，来自中国的成龙 DC 车队凭借多次在赛道上的强势超越，以及出色的停站策略执行，获得 LMP2 组别冠军、全场季军，并以年度总积分第三的出色成绩为受新冠肺炎影响的艰难赛季画上句号。该车队是于 2015 年在中国武汉成立的，当时得到了国际影星成龙的大力支持，成龙授权车队在车队运营和赛事活动中使用成龙品牌"龙标"标识。2016 年 10 月，该车队在中国汽车摩托车运动联合会变更名称为"成龙 DC 车队"（国际汽联 FIA-WEC 注册名称为"Jackie Chan DC Racing"）。2016—2020 年，成龙 DC 车队一共参加了 4 届世界耐力锦标赛，在总共 40 场的比赛中，26 次站上领奖台。其中，在 2017 赛季的勒芒 24 小时赛中获得了 LMP2 组别冠军，当时创下了中国车队的最佳战绩。

3. 房车世界杯赛

2005 年，欧洲房车锦标赛被国际汽联收入麾下，正式更名为"世界房车锦标赛（World Touring Car Championship，WTCC）"，但是由于赛车成本难以控制、汽车厂商车队垄断性太强、赛事观赏性不足等原因，WTCC 于 2017 年草草收场。自 2014 年 TCR 赛车规格出现后，与 WTCC 赛车高昂的成本相比，TCR 赛车具有非常明显的成本优势，从而吸引了更多的私人车队涌向 TCR 赛车领域。国际汽联顺势在 2018 年将 WTCC 与 TCR 系列赛合并为一项全新的赛事——房车世界杯赛（World Touring Car Cup，WTCR）。虽然 WTCR 被称为房车比赛，但是该"房车"并不是我们平时所说的"大房车"，参加 WTCR 的所有赛车大多是由两厢或三厢轿车改装的，必须是从汽车厂商生产线生产的量产车型，而且所有的赛车必须严格按照比赛要求来进行改装，如车身尺寸、车重、离地间隙、悬架形式、动力总成等。

2014 年，中国车手马青骅代表雪铁龙车队征战 WTCC 俄罗斯站，在第二回合比赛中夺得冠军，这是中国车手在 WTCC 的第一个冠军。2019 年，在 WTCR 第三站斯洛伐克站的比赛中，来自 Team Mulsanne 车队的中国车手马青骅获得冠军，这也是中国车手在 WTCR 领域的第一个冠军。

2019 年，来自中国的领克车队首次征战 WTCR 便获得车队年度总冠军。2020 年，领克车队蝉联 WTCR 车队年度总冠军，进一步彰显了领克车队的实力。2021 年，领克车队又夺得了 WTCR 年度车队总冠军，让更多人记住了领克这个中国品牌，这不仅是领克车队的首个三连冠，更是 WTCR 历史上的首个三连冠，如图 8-4 所示。

图 8-4 领克汽车获 WTCR 历史上的首个三连冠

4. 电动方程式世界锦标赛

2014 年，首届电动方程式世界锦标赛（Formula E World Championship，FE）在中国北京拉开帷幕。这项比赛是顺应全球汽车电动化的潮流而出现的，参赛的赛车必须是全部以电力供能，可将其视为"电动版 F1"。目前的电动方程式世界锦标赛中，既有奔驰、保时捷、宝马等传统豪门，也有蔚来、钛麒等越来越多的中国元素加入，不少国内汽车厂商已经将目光投向了这片新兴赛场。电动方程式世界锦标赛有望成为中国赛车产业发展的重要平台和推手。已经有多支来自中国的车队参加了比赛，如 DS 钛麒车队、蔚来 333 车队等，其中 DS 钛麒车队连续获得了 2018—2019 赛季车队年度总冠军、2019—2020 赛季车队年度总冠军。

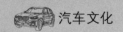

5. 二级方程式锦标赛

在 F1 的大部分历史中，二级方程式锦标赛（Formula 2 Championship，F2）则扮演了通向汽车运动顶峰的关键阶梯角色。F2 曾于 1985 年被 F3000 系列赛事所取代，但国际汽联在 2008 年宣布了 F2 赛事在 2009 年的重新回归。F2 赛事的目标就是建立一个低成本、低门槛的系列赛，从而便于年轻车手们有机会在高级别的汽车赛事中进行比拼和锻炼。

2020 年 9 月 27 日，在国际汽联 F2 俄罗斯索契站的冲刺赛里，来自中国的周冠宇第一次登上了最高领奖台，成为史上首位在 F2 夺冠的中国车手。2021 年，在巴林揭幕战主赛的"杆位+胜利"，不仅是周冠宇个人 F2 生涯的首个正赛冠军，也创造了中国赛车界的历史，成为首位在 F2 正赛夺冠的中国车手。

6. 三级方程式锦标赛

三级方程式锦标赛（Formula 3 Championship，F3）于 2019 年开始举办，是作为国际汽联 F1 系列赛事和 F2 系列赛事之间的一个缓冲系列赛事而出现的。国际汽联把两个第三级别的单人座赛车锦标赛（GP3 系列赛事和欧洲三级方程式锦标赛）合并后形成了 F3 系列赛事。

7. 四级方程式锦标赛

四级方程式锦标赛（Formula 4 Championship，F4）也是国际汽联力推的一项普及型方程式赛事，用于填补卡丁车与 F3 之间的空白地段，从而为青少年车手提供一条从卡丁车到 F4，再到 F3 和 F2，并最终进入 F1 的晋阶之路。

8. 区域方程式

区域方程式（Formula Regional）涉及多个大洲的多项赛事，在国际汽联搭建的车手通往 F1 之路的金字塔中可排在第四层次，其重要程度位于 F3 系列赛事和 F4 系列赛事之间。

9. 卡丁车

卡丁车结构简单，是使用轻钢管车架，装配 50cc、80cc、100cc、125cc 或 250cc 汽油发动机组装成的 4 轮单座位微型赛车，操纵简便，无车体外壳，在专门修建的运动场地内的环型曲折道路上行驶。卡丁车运动是赛车运动中最低的起步运动，是进入 F1 方程式赛车的"摇篮"。卡丁车起源于西方家庭，是一些富有创造力的父母们在自家的后院以割草机为基础敲打出来，给孩子们玩耍的"玩具"。20 世纪 50—60 年代，是卡丁车迅速兴起和普及的时代。卡丁车的外形迥异，当时的人们给它起了一个可爱的外号"小爬虫"。1962 年，当时的国际汽联主席倡导成立了国际汽车联合会卡丁车委员会，负责在世界范围内推广普及卡丁车运动，并且监督实施统一的规则和技术标准，同时还通过了一项重要决议：所有想参加 F1 的赛车手都必须先通过卡丁车洲际比赛，在获得相应的积分等级后才有注册的资格。国际汽车联合会卡丁车委员会自成立以来，已经在全世界颁发了超过 10 万张赛手执照，每年举办上万次各类比赛。经过多年的努力，卡丁车运动结出了丰硕的果实，除了在公众中普及了赛车运动知识，还有很多的 F1 赛车手都是从卡丁车赛手起步的，有些已成为世界冠军，如国际知名的巴西车手埃尔顿·塞纳、法国车手阿兰·普罗斯特、英国车手尼格·曼塞尔、德国车手迈克尔·舒马赫等。

10. 欧洲卡车竞速锦标赛

欧洲卡车竞速锦标赛（European Truck Racing Championship，ETRC）被公认为全世界

最刺激的赛车项目之一，该项赛事始于 1985 年，第一场比赛在法国的勒芒赛道进行。

11. 欧洲直线加速锦标赛

欧洲直线加速锦标赛（European Drag Racing Championship）自 1997 年开始盛行，主要有 5 个组别：Top Fuel Dragsters、Top Methanol Dragster、Top Methanol Funny Car、Pro Modified car、Pro Stock Car。在加速最快的 Top Fuel Dragsters 组中，创纪录的赛车可在 4 s 内达到 513 km/h 的速度。

12. 国际汽联洲际漂移世界杯

第一届国际汽联洲际漂移世界杯（FIA Intercontinental Drifting Cup）在 2017 年举办，该项赛事可追溯至 20 世纪 70 年代在日本出现的山路漂移。这项经国际汽联认证的世界顶级漂移赛事，是国际汽联为规范、推广赛车漂移运动，于 2017 年在日内瓦召开的第五届 FIA 赛车运动大会上推出的世界级专业汽车赛事，每年吸引了全球多个国家和地区的专业车队竞赛角逐。2019 年，国际汽联洲际漂移世界杯在日本东京的传奇赛道"筑波赛道"举行，来自中国的天万车队首次以全部由中国车手组成的阵容出战，取得了单走赛冠军、追走赛第五名的好成绩。

二、拉力赛

拉力赛（Rally）又称"多日赛"，参赛车辆必须严格按照比赛规定的行驶路线，在规定的时间内，到达分站点目标并在规定时间内完成赛车的维修检测。比赛在规定日期内分若干阶段进行，每个阶段内设置由行驶路段连接的若干测速计时赛段（特殊赛段）交替进行。比赛采用单个发车方法，每个车组通常由 1 名驾驶员和 1 名领航员（副驾驶员）组成。以每个车组完成全部特殊赛段所用的时间和在行驶路段所受处罚时间累计计算最终成绩，时间越少排名越靠前。比赛对行驶路段的行驶时间有严格限制，迟到或早到都会受到处罚。

世界拉力锦标赛（World Rally Championship，WRC）开始于 1973 年，是世界范围内最高级别的拉力系列赛事，WRC 所有参赛车辆必须以量产车为基础研发改装而成。有别于在封闭的专用赛道上进行的汽车场地赛，WRC 的比赛道路为各种临时封闭后的普通道路，包括山区和丘陵的盘山公路、沙石路、泥泞路、冰雪路等，有时也可能包括无法封闭的沙漠、戈壁、草原等地段。复杂的地形和漫长的赛程不仅考验驾驶员的驾车技术和经验，还要考验领航员的配合、车辆的性能、维修和后方保障力量等。因此，无论对于车手还是车队，WRC 都是颇具挑战性的综合考验。

三、场地拉力赛

场地拉力赛（Rally Cross）另有"跨界拉力赛"的说法，主要流行于欧洲、大洋洲的很多国家以及部分美洲国家。场地拉力赛结合了汽车场地赛及汽车拉力赛的精华，是一种在赛车场内封闭赛道上进行的、由原厂车、改装车或特别制造的汽车进行的比赛。多辆赛车同时在赛道进行对抗的特点使其竞赛形式接近房车场地赛，而最大的不同在于赛道是拉力赛中常见的沙石路面或混合铺装路面，这都大大增加了赛事的观赏性。而由于是在赛车场内进行类似拉力赛的项目，参与比赛的成本相对较低，是一种参与度较高但并不昂贵的汽车赛事。场地拉力赛通常是在中型赛车场内进行的，与常规拉力赛相比，场地拉力赛在观赏性上就占据了得天独厚的优势——比赛全程尽收眼底，观众焦点高度集中。目前主要

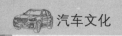

有以下重要赛事。

1. 世界场地拉力锦标赛

世界场地拉力锦标赛，赛车的最大功率通常超过 608 马力，在 2 s 内完成 0 到 96 km/h 的加速过程，其性能甚至优于 F1 赛车。世界场地拉力锦标赛在 2014 年首次亮相，当年在欧洲、阿根廷和加拿大举办了 12 站比赛。通常，每站比赛超过 2 天，包括 4 场单独的资格赛、2 场淘汰制的半决赛和 1 场决赛。

2. 欧洲场地拉力锦标赛

欧洲场地拉力锦标赛，起源于 1967 年，由 5 辆赛车在同一起跑线上发车，然后在混合路面（由沙石路面和沥青路面组成）上进行 4 ~ 6 圈的比拼和竞技。

四、登山赛

汽车登山赛（Hill Climb）也有"汽车爬山赛"的说法。在汽车运动比赛中，登山赛也拥有非常重要的地位与悠久的历史，登山赛本质上与其他竞速形式的汽车比赛一样，都非常考验赛车的性能，甚至因为有些山路的高海拔特点，会更加考验赛车的动力系统性能。在比赛过程中，车手们都是比拼时间与速度，通常对比谁跑完一段上坡的山路用时最短。登山赛主要包括如下著名赛事。

1. 欧洲登山锦标赛

欧洲登山锦标赛（European Hill Climb Championship）起源于 1930 年，赛道为狭窄的连续转弯爬坡路，平均长度 5 ~ 7 km。

2. 登山大师赛

登山大师赛（Hill Climb Masters）参赛车手应当为获得承认的各国冠军、国际汽联组织赛事的锦标赛冠军、挑战赛冠军和杯赛冠军等。赛事的优胜者分为两项：个人冠军和国家杯（代表国家的团体冠军）。

3. 国际杯登山赛

国际杯登山赛（International Hill Climb Cup）创始于 2014 年，由国际汽联欧洲杯登山赛（FIA European Hill Climb Cup）和国际汽联登山国际挑战赛（FIA International Hill Climb Challenge）这两项赛事合并而成。该赛事允许单座轿车、敞篷跑车、适当改装的多座两厢或三厢轿车参加比赛。

五、越野赛

越野赛（Cross-Country）主要包括以下赛事。

1. 世界杯越野拉力赛

世界杯越野拉力赛是 1993 年由国际汽联创办的越野拉力系列赛，赛程覆盖一个或多个国家的领土范围。在 2021 年赛季，每个分站赛的比赛时间不超过 5 天、比赛（赛段）距离不少于 1 200 km。

北京时间 2021 年 6 月 18 日，国际汽联宣布法国 ASO 公司成为世界杯越野拉力赛官方运营商，合约期 5 年，自 2022 年起生效。法国 ASO 公司是环法自行车赛和达喀尔拉力赛的运营方，因此，2022 年达喀尔拉力赛成为当年国际汽联世界杯越野拉力赛的揭幕站，达喀尔拉力赛正式成为国际汽联下属的分站赛之一。

2. 世界杯巴哈越野赛

世界杯巴哈越野赛的赛程已经与国际汽联长距离越野拉力锦标赛的赛程进行了合理协调，以确保车手在整个赛季中能够与各种不同类型的路面打交道。每个分站的持续时间不超过 4 天，其中比赛时间 2 天，至少有 350 km 的比赛（赛段）距离。

第四节 中国汽车运动比赛的分类

截至 2022 年年初，中汽摩联在官方网站对其组织和认可的汽车运动比赛进行了如下分类。

一、场地赛

1. 国际汽联 F4 中国锦标赛

国际汽联 F4 中国锦标赛由国际汽联授权，中汽摩联主办。2014 年，中国方程式大奖赛的钢管车架赛车已经亟待升级，运营这项赛事的机构正欲引进一批新的方程式赛车，而此时正逢国际汽联着手推广 F4 赛事，于是双方很快便达成了一致。2014 年 9 月 11 日，F4 登陆中国的新闻发布会在北京举行，时任国际汽联主席让·托德出席发布会并发言，一些国际汽联官员以及中汽摩联副主席陪同。于是，2015 赛季便成为国际汽联 F4 中国锦标赛的首秀赛季。该项赛事引入中国，标志着中国有了真正与国际接轨的方程式赛事。参与该项赛事的车手可以获得国际汽联超级驾照积分。国际汽联 F4 中国锦标赛车架由法国方程式赛车制造公司 MYGALE 制造，采用拨片换挡，动力为吉利 2.0 L 自然吸气发动机（NL-1C 4G20），车质量（含车手）为 630 kg，最高时速可达 240 km/h。该项赛事设立车手杯和车队杯，每年举办 6~7 站赛事，每站设立 2 节自由练习、1 节排位赛以及 3 回合决赛。

2. 中国方程式大奖赛

第一届中国方程式大奖赛在 2010 年举行。自 2018 年起，国际汽联 F4 中国锦标赛与中国方程式大奖赛联合办赛，两项赛事的参赛车手同场竞技，并且统一使用 F4 车架。

3. 中国房车锦标赛（中国汽车场地职业联赛）

中国房车锦标赛前身为全国汽车场地锦标赛，正式创立于 2004 年。2009 年赛事更名为"中国房车锦标赛（China Touring Car Championship，CTCC）"。2011 年，CTCC 总决赛中，国际汽联旗下的世界房车锦标赛（WTCC）首次登陆中国大陆，与 CTCC 同场竞技。自 2019 年后，主要采用"中国汽车场地职业联赛"的名称来组织系列赛事。

4. 中国超级跑车锦标赛

2016 年，中国超级跑车锦标赛（China GT）在北京拉开序幕。那一站比赛是纯中国 GT 车手的较量，近 20 位中国车手第一次向世人展现了中国 GT 的速度。China GT 的参赛车辆为豪门品牌以超级跑车为基础打造而来的 GT 赛车，根据赛车级别的不同由高至低分为 GT3、GTC 和 GT4 三大组别，每个组别独立计算成绩。

5. 中国汽车耐力锦标赛

2018 年 5 月 19 日，中国汽车耐力锦标赛在宁波国际赛车场举办官方试车和赛事启动

仪式，21 支车队参加比赛。中国汽车耐力锦标赛作为耐力赛，更加看重团队合作，赛会规定每辆赛车可以由 2～4 名车手来驾驶。这一规则让很多新车手有了登上舞台的机会，所以吸引了越来越多不同级别的车手参与到赛车运动中。中国汽车耐力锦标赛在参赛车型设置方面既有高级别的原型车和 GT 赛车，又有亲民的普通量产车。这样的设置既保证了赛事的观赏性，又可达到全民参与、共享赛车乐趣的目的。

6. 中国卡车公开赛

中国卡车公开赛从 2015 年正式开始举办，该赛事是在拥有 12 年历史的全国卡车大赛的基础上发展而来的，并于 2015 年成功实现由单一品牌向多品牌的跨越，由本土赛事升级为国际赛事。中国卡车公开赛采用成熟的欧洲卡车大赛的比赛形式、规则，引进欧洲顶级车手参赛，为中国车队和车手创造了与国际高水平车手同场竞技的机会。

7. 中国卡丁车锦标赛

中国第一家卡丁车场 1985 年出现在深圳。中汽摩联从 1997 年起主办每年一届的全国性卡丁车赛事。按照国际惯例，每年的中国卡丁车锦标赛以分站赛积分制进行，当年最后一站比赛结束后根据总成绩排出各个组别的车手名次。

8. 中国汽车漂移锦标赛

中国汽车漂移锦标赛（China Drift Championship，CDC），从 2013 年开始正式举办。与传统赛车不同，该项赛事并不比拼绝对速度，而是强调车手对赛车的掌控技巧。

二、拉力赛

1. 中国汽车拉力锦标赛

中国汽车拉力锦标赛从 1999 年开始正式创立，该赛事前身为始于 1985 年的港京拉力赛。每站赛事大都分三天举行，第一天为超级短道赛，旨在利用短道大致检验车手水平并进行相应排序，同时还可和当地车迷进行近距离交流；后两天进行的才是真正的比赛。每个分站赛的全长约 500 km，其中"特殊赛段"的总长度将近 200 km。

2. 中国汽车短道拉力锦标赛

短道拉力赛是在设置了各种弯道、坡度等障碍的环行赛道内进行的汽车比赛，整个赛道总长度约 2 km。比赛中单人驾驶赛车，可采用双人对抗、两部赛车同时发车争先冲刺的方式进行。中国于 1996 年引进汽车短道拉力赛，并在 2003 年举办了首届全国性赛事。

3. 中国场地拉力锦标赛

中国场地拉力锦标赛从 2017 年开始举办，场地拉力赛是一项新颖的赛车运动，它打破传统，将场地赛和拉力赛的比赛形式相结合，让多辆赛车在由柏油、砂石、飞跳等类似拉力赛道路面构成的封闭赛道中同场竞技。观众不仅能近距离欣赏到拉力赛中赛车高速飞跃、漂移过弯的刺激画面，还能感受到场地赛中多车争斗的火爆氛围。

4. 中国新能源汽车拉力锦标赛

中国新能源汽车拉力锦标赛自 2019 年正式举办，旨在大力传播环保、健康的社会理念，呼吁更多人关注环境问题，同时助力中国新能源汽车发展，全力推广我国的环保赛事品牌，引领绿色、时尚的消费理念。

三、越野赛

1. 中国汽车场地越野锦标赛

中国汽车场地越野锦标赛创立于 2003 年，采用特有的比赛形式——6 部赛车同时发车，在一个相对固定的场地里越过障碍竞速角逐，具有距离较短、观赏性较强等特点。

2. 中国汽车越野拉力锦标赛

中国汽车越野拉力锦标赛前身为中国汽车越野锦标赛。2007 年，为了使中国汽车越野赛事能够形成系列赛事项目，中汽摩联适时推出了包括冰雪、泥石流、沙漠、丛林等不同路况、地形的四驱拉力赛事。该赛事主要目的是通过各分站赛迥异的路况对车手和赛车进行考验，同时为车队、赞助商以及越野爱好者搭建理想的赛事平台，以满足不同阶层的需求。目前，有 3 种比赛形式：越野马拉松拉力赛、常规越野拉力赛、BAJA（巴哈）越野赛。

越野马拉松拉力赛，平均每个阶段至少 240 km 的距离：特殊赛段的总长度不少于 2 500 km，路线覆盖多个地区；比赛周期不得超过 15 天（包括行政检验、车检及休整日）。

常规越野拉力赛，比赛周期不得超过 7 天（包括行政检验和车检），特殊赛段总长度不得少于 500 km。

BAJA（巴哈）越野赛，比赛周期不得超过 4 天（包括行政检验、车检和排外赛），其中 2 天进行比赛，特殊赛段总长度不得少于 350 km，且不得超过 600 km。

四、中国电竞赛车锦标赛

中国电竞赛车锦标赛（China Esports Racing Championship，CERC）是由中汽摩联主办，独家授权中汽摩联文化产业有限公司承办的中国具有权威性的赛车电子竞技大赛。赛事在全国设立分赛区，筛选优胜者，将全国各地的赛车电子竞技选手汇集到一起，争夺总冠军。此赛事面向全社会群体开放，致力于降低赛车赛事参与门槛，促进赛车文化交流，推广中国汽摩体育精神。

电子竞技运动是时代的产物，也是一种全新的体育运动，整个产业发展也渐趋成熟，国务院和国家体育总局对电子竞技运动的发展给予了大力的支持。通过中国电竞赛车锦标赛，让广大群众对汽车摩托车类模拟器项目产生兴趣，降低了大众参与门槛，也能向更多热爱电竞运动的年轻人推广汽摩运动，从而实现由虚拟转化为现实，以电子竞技激发全民参与到汽车摩托车类模拟器项目中，从线上娱乐走到线下竞技，线上线下融合，将虚拟和真实的体育运动结合一体，为职业赛车手和赛车爱好者之间建立转化介质，培养输送人才。

2016 年 9 月 30 日，教育部职业教育与成人教育司发布《关于做好 2017 年高等职业学校拟招生专业申报工作的通知》，公布了 13 个增补专业，其中就包括电子竞技运动与管理，专业代码为 670411，属于教育与体育大类下的体育类。这意味着未来"电竞专业"会成为正式教育的一部分。2017 年，南京传媒学院（原中国传媒大学南广学院）成立了国内首家本科电竞学院，设置了艺术与科技（电竞游戏策划与设计）和播音与主持艺术（电子竞技解说与主播），是全球首个专业从事电子竞技品牌设计、电子竞技赛事解说、赛事运营、战队管理本科高等教育的院校。2019 年 7 月 18 日，中国最高等级，同时也是规模最大的电子竞技赛车赛事——中国电竞赛车锦标赛在北京 813 创意产业园举行盛大的赛

事启动仪式。这是中国赛车运动史上具有历史性的时刻，也代表着国内首个"国"字号级别的专业电竞赛车赛事正式踏上征程，并将成就更多人的赛车梦。

第五节 著名的汽车运动赛事和赛车手

一、著名的汽车运动赛事

1. 一级方程式世界锦标赛

世界一级方程式赛车锦标赛（F1）是当今世界最高水平的赛车比赛，年收视率高达600亿人次。F1赛车为单座的特制赛车，是汇集了当今多个领域先进技术的高科技设备和高水平比赛工具，如图8-5所示。F1比赛可以说是高科技、团队精神、车手智慧与勇气的集合体。

图8-5 F1赛车主要零部件及安装部位

国际汽联对于F1赛车的发动机排量有严格的要求，旨在降低F1赛事的危险性并最大限度地保护车手的安全。2021年赛季的F1赛车采用1.6 L涡轮增压V6混合动力单元。F1赛事在2014年完成油电混合动力化后，其混合动力单元由发动机、涡轮增压器、热能回收系统、动能回收系统、能量储存电池、电子控制系统等组成。F1赛车可以在2.5 s内，从0加速到100 km/h，5 s之内，加速到200 km/h。F1赛车具有很强的制动性能，可以在1.9 s内从200 km/h减速到0，制动距离为55 m。F1赛车在赛事中的质量不能低于605 kg，除去驾驶员和压舱物的质量，赛车本身质量一般仅有500 kg左右。另外，F1赛车的设计严格遵循了空气动力学的原理，前、后部设有扰流装置和定风翼，轮胎也是专业的热熔胎，抓地力非常强大。

F1赛车手是体魄最强健的运动员之一，因为F1赛车的驾驶方式和车手所必须承受的强大离心力和驾驶一般车辆有天壤之别，不仅要体能状态优于常人，更要有沉着冷静分析的头脑。每场将近2 h的比赛结束时，F1赛车手身体脂肪的消耗及脱水总和将超过4 kg。

从某种程度来讲，F1赛车手也是在挑战人类的身体极限（包括生理极限和心理极限）。

　　参加F1比赛的赛车手必须持有国际汽联颁发的超级驾照，每个车队要有两辆车参加比赛，任何车手和车队不得随意缺赛。2021年赛季，全程参加F1比赛的共有10支车队20名正式车手。

　　F1是单一年度赛制，不跨年，通过各个分站赛累计全年积分，根据全年积分来确定车手总冠军和车队总冠军。每一个分站赛（大奖赛）就是F1的一个比赛场次，每年一般有22个分站赛，从3月开始到11月底结束，基本是每月2~3场比赛。每一个分站赛都是持续3天，前两天是练习和排位赛，第三天才是正赛。为便于车迷观看比赛，F1比赛的时间通常都会安排在周五、周六和周日晚上。根据国际汽联的规定，在每个分站的正赛中，赛车行驶的距离不能少于305 km、不能大于320 km（摩纳哥站260 km除外）；比赛时间不能超过2 h。根据比赛的名次，每个分站比赛的前3名可上领奖台，前10名可获得积分。在2021年赛季，每个分站赛的第1~10名可获得的积分分别为25、18、15、12、10、8、6、4、2、1分。每个年度（赛季）所有分站赛的比赛结束后，全年积分最高的车手即为年度车手总冠军，全年积分最高的车队即为年度车队总冠军。从2019年赛季开始，如果一位赛车手以前十名完赛，且同时创造了比赛的最快单圈，那么他就将获得一个额外的积分；这一规则曾在1950—1959年期间使用过，2019赛季也是该规则在时隔60年后重回F1领域。

　　中国的上海国际赛道开始举办第一场F1大奖赛（分站赛）是在2004年，该比赛是第一个在中国举办的世界三大体育赛事。当时效力于法拉利车队的鲁本斯·巴里切罗以1小时29分12秒420的成绩获得了中国站的第一个冠军。上海国际赛道是F1历史上的第63条赛道。上海国际赛车场工程于2003年10月17日开工；2004年4月8日，主体工程基本建成；2004年5月底，世界上最大的汉字——"上"字型F1赛道宣告全面建成，如图8-6所示。通过F1的现场比赛和电视转播，世界上更多的人认识了中国、认识了上海，也促进了中国的汽车文化和赛车文化的日益成熟。

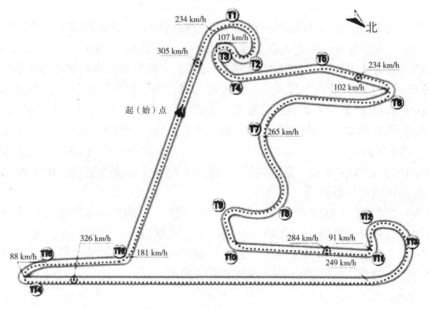

图8-6　F1上海国际赛车场

2. 达喀尔拉力赛

达喀尔拉力赛是每年1月份举办的长距离汽车越野拉力赛,1979年由法国赛车手泽利·萨宾(Thierry Sabine)创立。萨宾曾说:"对于参加达喀尔拉力赛的人来说,这是一项挑战;对于没参加的人来说,这是一个梦想。"萨宾为达喀尔拉力赛设计了这样一段路程:从欧洲出发,参赛选手沿途可以领略神秘的非洲大陆壮丽非凡的美景,穿越所有神话中的沙漠,最后在非洲的达喀尔结束。在比赛创立伊始,无论比赛的起点如何变化,可是终点始终在达喀尔,因此习惯中人们总是把这项赛事称为"达喀尔拉力赛",或者就叫作"达喀尔"。

达喀尔拉力赛被称为勇敢者的游戏、世界上最艰苦的拉力赛。作为最严酷和最富有冒险精神的赛车运动,达喀尔拉力赛为全世界所知晓,受到全球五亿人以上的热切关注。达喀尔拉力赛的正式法语名称为Le Dakar,从比赛创立至2007年,传统线路是从欧洲大陆发车,渡海登上非洲大陆后展开激烈角逐。2008年,因为特殊情况取消全部比赛。自2009年起,出于车手和赛事安全考虑,比赛转移到南美洲进行。从2020年开始,赛事组织方把比赛转移到了亚洲的沙特阿拉伯进行。该项比赛对车手是否为职业选手并无限制,很多的参赛者都为业余选手。比赛中需要经过的地形比常规拉力赛的要复杂且艰难得多,而且参赛车辆基本上都为真正的越野车,而非常规拉力赛中的改装轿车。在大部分参赛时间内,赛车需要穿过戈壁、沙丘、草丛、荒漠、无人区等,基本上没有现成的道路。该项比赛前期主要分为摩托车组、汽车组、卡车组,从2004年第26届达喀尔拉力赛开始,赛事组织方逐步将参赛的车辆级别进行了细分。在以往的达喀尔拉力赛汽车组的比赛当中,成就了很多汽车厂商征服世界上最艰险比赛的梦想,如三菱、大众、日产等,并且也出现了中国自主品牌汽车的身影。

2003年,两名中国赛车手以个人名义参加了达喀尔拉力赛。2004年,参加达喀尔拉力赛的两名中国赛车手均顺利完成比赛。2020年的达喀尔拉力赛中,驾驶吉利汽车的中国车手韩魏,总成绩位居汽车组第十名,创造了中国车手自2003年首次参加达喀尔以来最佳战绩。

2022年1月1日,第44届达喀尔拉力赛在沙特阿拉伯正式拉开战幕,全球共计409个车组千余人踏上追梦赛场,参赛人数创了历史最高。2022年达喀尔拉力赛全长8375 km,其中特殊赛段总计4258 km。2022年1月14日晚,达喀尔拉力赛在沙特阿拉伯海滨城市吉达的F1赛道举行了盛大的收车仪式。新能源赛车的出战、新组别的设立、中国元素的持续出镜,都在昭示着这项有深厚底蕴的赛事在保留了传统元素的同时,也不断焕发着新活力。除了新能源赛车加入,传统燃油赛车也迎来了升级:2022年达喀尔拉力赛带来了全新的T1+组,赛车的最大宽度由2 m增加到2.3 m,最大悬挂行程由280 mm增加至350 mm,轮胎尺寸也由32 in增至37 in。升级后,T1+组赛车的速度将变得更快,稳定性也会变得更好。汽油发动机终于可以增压。

2020年、2021年、2022年连续三年的达喀尔新人王都被中国车组收入囊中。自中国赛车手参加达喀尔拉力赛以来,先后有奇瑞汽车、长城汽车、吉利汽车、福田汽车、北京汽车等中国自主品牌的汽车经过改装并成功参加比赛。中国赛车手的技术进步和中国汽车厂商的实力提高都在达喀尔拉力赛中得到了充分展示。

3. 勒芒24小时耐力赛

勒芒(Le Mans)是一个法国小城市,但这个小城市能让无数的车迷记住它,因为在这里有一场叫作"勒芒24小时耐力赛（The 24 Hours of Le Mans）"的汽车运动比赛。法国西部汽车俱乐部是勒芒24 h耐力赛的创建者和组织者，诞生于1906年。

勒芒24小时耐力赛创办于1923年。最初，这项比赛是用来检验汽车的综合性能，相比其他汽车赛事，勒芒参赛车不仅要有较快的速度，也需要更高的可靠性。如今，赛事也在鼓励赛车朝更环保的方向发展，因为节省燃料能减少进站次数。该项比赛通常分为多个组别，如LMP1、LMP2、GTE Pro、GTE Am等。勒芒赛事的特点是将量产车和赛车结合起来，打开了一扇赛车平民化的大门。每辆赛车为一个车组，由3名车手轮流驾驶，比赛过程中人可歇，车不歇，每人连续驾驶时间不超过4 h，主车手总驾驶时间不超过14 h。比赛持续24 h，所有的加油、换胎和维修时间都包括在这24 h之内，最后行驶里程最多的赛车获胜。这不仅对赛车的速度和耐力是严峻的考验，对赛车手也是巨大的考验。

勒芒24小时耐力赛在勒芒市的萨尔特赛道举办，该赛道是一条全长13.5 km的环形跑道，由沥青和水泥路面组成，包括一部分高速公路和街区公路，平均速度将超过200 km/h。其中，在赛道上有一段接近6 km的大直道，最高组别的赛车在这段直路上的速度可高达380 km/h。在整个勒芒24小时耐力赛的比赛中，赛车手们光在这段直道上行驶的时间就高达6 h，任何一个小失误都可能造成严重的后果。日夜兼程、精神高度集中，这对赛车的性能和赛车手的耐力都是极大的考验。

自1923年创办以来，勒芒24小时耐力赛就是各大汽车品牌"比武"的擂台。1923—1939年，布加迪、宾利、阿尔法·罗密欧是勒芒的霸主。1949年，赛事恢复举办，勒芒也迎来了黄金期。法拉利、阿斯顿·马丁、捷豹、梅赛德斯·奔驰、福特等品牌同时竞技，也诞生了许许多多不朽的传奇故事。1970—1990年，成为保时捷的时代，这20年间，保时捷采用不同赛车赢得了12座冠军奖杯。1991年，马自达使用搭载转子发动机的787B获得冠军，这也是亚洲厂商第一次夺冠。后来1992年的赛事修改规则，要求参赛的车辆都必须达到低耗油、高效率的要求。因此，高油耗的转子发动机自此退出了勒芒24小时耐力赛的舞台。2000—2014年，奥迪在15年里夺得了13次冠军。值得一提的是，奥迪是第一个使用柴油动力获得勒芒冠军的品牌。2014年，保时捷重返勒芒，此后在2015—2017年与丰田的竞争中夺得三连冠。随着2016年、2017年，奥迪、保时捷相继退出争夺，LMP1组别只剩下了丰田一家厂商车队，因此，丰田车队自2018—2021年，连续4年夺得全场冠军。

2021年的勒芒24小时耐力赛属于WEC 2021年赛季的第4站。参赛车辆分为4个组别：Hypercar、LMP2、GTE Pro、GTE Am。其中，Hypercar组是赛事组织者推出的全新组别，以取代LMP1组，这个新组别名称下有两类车，包括LMH和LMDH。LMH全称Le Mans Hypercar，规则自由度非常高，可以是混动模式，也可以是纯燃油模式，四驱、后驱、前驱都可以。LMH赛车成本低于LMP1，但是高于LMDH；LMDH底盘成本受限，价格低、运营成本低。

2015年的勒芒24小时耐力赛中，来自中国的KCMG车队勇夺LMP2组冠军。2017年，来自中国的成龙DC车队夺得LMP2组冠军、全场亚军，而成龙DC车队的赛车当时曾一度领先全场，差点从保时捷手中夺走全场总冠军。

4. 中国汽车拉力锦标赛

中国汽车拉力锦标赛是由中汽摩联及举办地人民政府联合主办的全国性汽车拉力赛事。拉力赛的每一站比赛通常为3天，在事先设定好的赛道上画出了20～30处被称为SS

（Special Stage）的赛段，每个赛段最短 3 km，最长可达 30 km。赛车选手驾驶赛车以最快速度通过赛段以决出比赛名次。当然，比赛的主办者必须对赛段进行最严格的管理，除萨法利拉力以外，拉力赛的各个赛段都严禁其他车辆通行。在各赛段上每隔 2~3 min 有一辆赛车出发投入比赛。拉力赛车与 F1 等场地汽车比赛的最大区别在于，错开时间出发的赛车选手们是在完全看不见竞争对手的情况下进行比赛的。另外，拉力赛车都配备一名领航员，坐在副驾驶席上的领航员通过被称作"Pace Note"的比赛路线图为赛车选手指示前进方向。选手们在领航员的配合之下，任凭大雾弥漫或者雨雪交加，以超乎人们想象的速度驶过每一处弯道，最终那些能够征服大自然重重障碍，以最短时间完成比赛的选手将赢得胜利。

所有参赛的赛车均需经过符合国际汽联和中汽摩联批准的改装，并按照改装级别分组如下。

（1）N 组：批量生产的有限制改装的赛车。依照发动机排量可进一步分为：N1 1 400 cc 以下（含）；N2 1 400~1 600 cc（含）；N3 1 600~2 000 cc（含）；N4 2 000 cc 以上（注：涡轮增压车型需在原有排量基础上乘以相应系数）。

（2）S 组：在中华人民共和国境内批量生产的有限制改装的赛车。依照发动机排量可进一步分为：S1 1 400 cc 以下（含）；S2 1 400~1 600 cc（含）；S3 1 600~2 000 cc（含）；S4 2 000 cc 以上（注：涡轮增压车型需在原有排量基础上乘以相应系数）。

除上述组别外，中汽摩联还在 2010 年面向国内汽车生产厂家推出了 CRC CAR 组别。该组别车型可在同一厂商旗下任意组合底盘、发动机、悬挂系统等核心部分，几乎不受改装规则限制。此组别也是 CRC 赛场上最具看点的组别，从速度到改装水平均达到国际水准，如一汽—大众高尔夫七代赛车。

二、著名的赛车手

1. 迈克尔·舒马赫

2020 年，在 F1 官方网站发起的投票中，迈克尔·舒马赫当选 F1 历史上最具影响力人物。2020 年 5 月，F1 官方网站发起了"F1 历史上最具影响力人物"的投票。投票首先由专家提出了一份 32 人名单，这些人物在过去 70 年中，为 F1 运动做出了巨大贡献。这份 32 人名单包含了车手、车队老板、技术创新者和改变运动规则的人 4 个类别，每个类别 8 个人。选入这份名单的人包括：舒马赫、伯尼、恩佐·法拉利、布里亚托利、弗兰克·威廉姆斯、让·托德、纽维、罗斯·布朗、方吉奥、塞纳等。经过几轮一对一的投票，最终剩下伯尼·埃克莱斯顿和迈克尔·舒马赫。众所周知，截止到 2020 年，迈克尔·舒马赫是 F1 历史上获奖最多的车手，而伯尼则是将 F1 从一个少数人参加的赛车运动转变成今天世界上具有巨大影响力的运动的人。在最后一轮投票中，舒马赫获得 61% 的选票击败伯尼，当选 F1 历史上最具影响力人物。

迈克尔·舒马赫，1969 年 1 月 3 日出生于德国，从小就对卡丁车有着浓厚的兴趣，并且展现出来很高的赛车天赋。6 岁时，舒马赫便拿下了当地卡丁车比赛的冠军，14 岁的舒马赫开始参加正规的卡丁车比赛。1984 年、1985 年他连续两年取得德国少年卡丁车赛冠军，1987 年更进一步获得了德国青年卡丁车赛冠军和欧洲卡丁车赛冠军。1990 年，舒马赫获得了德国 F3 总冠军。1991 年 8 月，舒马赫获得了 F1 乔丹车队（Jordan F1 Team）老板艾迪·乔丹（Eddie Jordan）的赏识，得到了乔丹车队测试车手的席次，因而得到机会进入 F1，代表乔丹车队参加了比利时站比赛，他在该站排位赛中获得第七名，但在正式比赛时由于离合器出现故障，未能跑完第一圈。同年，F1 贝纳通车队的总监布理亚托利（ Flavio Briatore）也看上了舒马赫的天分，舒马赫又转投到贝纳通车队（Benetton F1 Team）。1992年，舒马赫代表贝纳通车队在车手年度排名居第三位。1994 年，舒马赫赢得个人第一个F1 世界冠军。1995 年，舒马赫强势地在全年 17 站中赢得 9 座分站冠军，追平了尼格·曼塞尔（Nigel Mansell）的纪录，并且卫冕了世界冠军。1995 年，舒马赫代表贝纳通车队再次夺得世界冠军。1996 年，舒马赫和部分贝纳通车队的工程师转投名门法拉利车队，当时的法拉利车队已经低迷了十余年，舒马赫的到来使得法拉利车队得以重新振作。2000 年，在赛季中，舒马赫和哈基宁呈现激烈的拉锯战；在赛季末，舒马赫以四连胜击败了哈基宁，并且为法拉利车队赢得了自 1979 年以来整整 21 年后的首次车手年度世界冠军，这也是他第三次夺此殊荣。2001 年，舒马赫整个赛季均保持领先，在比利时站，舒马赫打破了阿兰·普罗斯特保持的最多分站冠军（51 胜）的记录，最终，轻松地蝉联冠军，这是他第四度获得年度冠军。2002 年，舒马赫以压倒性的优势，全年获得破纪录的 11 座分站冠军，并且创下赛季内每场比赛皆登上颁奖台的纪录。最终舒马赫提前 6 站于法国站封王，成为传奇车手胡安·曼纽·方吉奥（Juan Manuel Fangio）之后第一个连续三年夺取世界冠军的车手。2003 年，迈凯轮车队和威廉姆斯车队崛起，舒马赫仅以微弱的优势在最后一站才艰苦地战胜了对手迈凯轮车队的基米·莱科宁（Kimi Raikkonen）以及威廉姆斯车队的胡安·巴布罗·蒙托亚（Juan Pablo Montoya），第六次夺得车手总冠军，打破了方吉奥五次夺冠的纪录，同时也为法拉利车队连续五年夺得车队总冠军。2004 年，舒马赫气势如虹，开季连胜五场，不过在摩纳哥站的隧道中与蒙托亚碰撞而退出比赛，但之后又创下七连胜的纪录，在开季后的十三场比赛一共取得十二场的胜利，重现了 2002 年绝对的优势，使得当年赛季早早失去了悬念，比利时站结束后，他以绝对的优势第七次夺得车手总冠军（见图 8-7），并获得了创纪录的 148 分。2006 年，舒马赫在意大利站赛后宣布在当年赛季结束后退役。

图 8-7　德国车手迈克尔·舒马赫

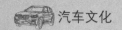

2. 彼德·汉塞尔

彼德·汉塞尔，1965 年 8 月在法国出生，达喀尔拉力赛史上最响亮的名字。截至 2022 年，他总共参加 19 届达喀尔拉力赛，并夺得了 14 个冠军，其中汽车组冠军 8 次（2004、2005、2007、2012、2013、2016、2017、2021），摩托车组冠军 6 次（1991、1992、1993、1995、1997、1998），位列历史首位。

1980 年，年仅 15 岁的汉塞尔第一次参加达喀尔拉力赛，当时他的身份是一名摩托车手。1991、1992、1993、1995、1997 和 1998 年，彼德·汉塞尔 6 次将摩托车组的冠军收入囊中。在摩托车组中取得的这些荣耀，并不能满足彼德·汉塞尔对达喀尔拉力赛的全部挑战与梦想。1999 年，彼德·汉塞尔参加了汽车组的比赛并取得了第 7 名的成绩，对达喀尔抱有更大野心的他正式开启了一段新的征程。2004 年，汉塞尔赢得了达喀尔拉力赛个人职业生涯中的第一个汽车组冠军，并成为继奥瑞尔之后，第二位同时在达喀尔拉力赛两轮和四轮比赛中称雄的车手。此后他又获得了 2005、2007、2012、2013、2016、2017、2021 年的冠军，汽车组冠军总数已经超越其征战摩托车组时获得的荣誉。

3. 克莱恩·施密特

克莱恩·施密特，1962 年出生于德国，她在大学主修物理学专业，1986 年大学毕业后以工程师身份工作于宝马汽车公司，并且一待就是 6 年。1988 年，她第一次参加达喀尔拉力赛摩托车组比赛。1995 年，她代表三菱车队参加汽车组比赛（见图 8-8），并在次年成为首次获得喀尔拉力赛赛段冠军的女车手。1997 年，她在达喀尔拉力赛获得汽车组第 5 名，其中在两个分赛段赢得冠军，是达喀尔拉力赛有史以来第一位获得分站赛冠军的女车手。1999 年，她参加达喀尔拉力赛获得汽车组第 3 名，成为达喀尔拉力赛历史上第一位登上领奖台的女车手。2001 年，克莱恩·施密特赢得了达喀尔拉力赛汽车组冠军，截至 2022 年，她是唯一获得达喀尔拉力赛汽车组冠军的女车手，她和搭档意大利女领航员法布里吉亚·庞斯联手，创造了达喀尔拉力赛的历史。2005 年，她参加达喀尔拉力赛获得汽车组第 3 名。

图 8-8 德国车手克莱恩·施密特

4．卡洛斯·塞恩斯

同时征服 WRC 和达喀尔拉力赛的车手中，最著名的当属西班牙车手卡洛斯·塞恩斯（Carlos Sainz），如图 8-9 所示。卡洛斯·塞恩斯在 1962 年出生，从 1980 年到 2005 年活跃在 WRC 赛场，累计跑赢 26 场 WRC 分站比赛，并夺得 1990 年和 1992 年两届 WRC 世界冠军。2020 年 5 月，卡洛斯·塞恩斯在全球车迷和专家记者的投票中荣获"有史以来最伟大的 WRC 车手"的殊荣。在淘汰赛式的投票中，塞恩斯总共获得了超过 30 万张选票，击败了 1983 年 WRC 冠军米科罗拉，1996—1999 年四冠王、时任丰田 Gazoo 车队队长马基宁和 2013—2018 赛季的六冠王塞巴斯蒂安·奥吉尔，最终在最后一轮投票中击败"路霸"勒布。

图 8-9　西班牙车手卡洛斯·塞恩斯

2006 年，塞恩斯开始转战达喀尔拉力赛汽车组比赛，2010 年终于在这项世界最艰苦的汽车比赛中用冠军证明了自己，在 2018 年和 2020 年又获得达喀尔拉力赛汽车组冠军。截至 2022 年，卡洛斯·塞恩斯共获得了 3 次达喀尔拉力赛汽车组冠军。

5．塞巴斯蒂安·勒布

出生于 1974 年的法国车手塞巴斯蒂安·勒布（Sebastien Loeb）是拉力赛史上的一个传奇，他从 1999 年开始参加 WRC，在 WRC 赛场上获得了 80 个分站冠军和 9 次年度冠军（其中，2004—2012 年连续 9 年夺冠），几乎统治了当时的 WRC 赛场。同时，勒布激进冒险的驾驶风格给全世界车迷留下了深刻的印象。勒布连续 9 年 WRC 夺冠的领航员都是丹尼尔-伊连纳，二人堪称一对"黄金搭档"。

2013 年，WRC 九冠王勒布出征派克峰国际登山赛，他参加无限组，驾驶的是标致 208 T16 pikes peak 赛车，搭载 3.2 L V6 双涡轮增压发动机，最大功率为 875 马力，此车质量为 875 kg，0 到 100 km/h 加速只需 1.8 s。最终，勒布以 8 分 13 秒 878 的成绩打破赛事纪录，将纪录时间缩短了 1 分 47 秒。2013 年，勒布开始投身 WTCC，并在 2014 年夺得 WTCC 年度季军。2016 年，勒布开始参加达喀尔拉力赛汽车组比赛并获得第 9 名，之后，还获得了 2017 年汽车组亚军、2019 年汽车组季军、2022 年汽车组亚军。2022 年，勒布参加了 WRC 蒙特卡洛站比赛并获得冠军（见图 8-10），成为历史上最年长（47 岁 332 天）的 WRC 分站冠军车手，这也是他个人的第 80 场分站赛冠军。

图 8-10　法国车手塞巴斯蒂安·勒布

6. 汤姆·克里斯滕森

汤姆·克里斯滕森，1967 年出生于丹麦，11 岁时第一次参加卡丁车比赛，1987 年在卡丁车世界锦标赛上获得亚军。在 20 世纪 90 年代早期，他在日本同时参加 F3 和房车的比赛。1993 年，他成为日本 F3 的冠军；并在 1992 年和 1994 年两次获得日本房车锦标赛的亚军。1996 年以及 1997 年，他也两次位居 F3000 赛事的第 6 名。1998 年，他成为 F1 泰瑞尔车队的试车手，而这也是该车队在 F1 的告别之年。1997 年，他第一次参加勒芒 24 小时耐力赛并获得冠军，2000—2005 年连续 6 年获得勒芒 24 小时耐力赛冠军，之后，又在 2008 年和 2013 年获得了勒芒 24 小时耐力赛冠军。在 17 次参加勒芒 24 小时耐力赛的运动生涯中，总计 9 次获得冠军。截至 2022 年，他是获得勒芒 24 小时耐力赛冠军次数最多的车手。

克里斯滕森（见图 8-11）认为成就一名伟大的耐力赛车手需要具备以下十大要素。

图8-11 丹麦车手克里斯滕森

1）保持冷静，信任你的团队

如果你让疲劳感或驾驶舱内的热度影响了自己的注意力，这一定会影响你的表现。从多年的经验中，我学会了如何让自己发挥最佳状态，再有就是我信任我的团队。

2）能够听到提示

噪声是赛车过程中的恒定因素之一。在车里，你要倾听车子反馈给你的信息，并相应地优化操作。你也可以通过无线电进行联系，每个人都可以听到你说的话，但通常你只会听到工程师的回复；在某些特殊情况下，也会听到团队经理的意见。

3）夜视能力

夜间行驶难度很大。夜间要想疾速行驶，你需要挑战极限；当你找到适合自己的节奏后，那种感觉真的很好。你需要将决心、勇气和自信三者融为一体——有一些弯道逼近的速度非常快，在尚未看到它们之前你就必须得做出反应。

4）开启"高温模式"

在温热气候下进行训练会有所帮助，但事实上，没有什么能真正帮助你做好应对车内高温的准备。车里的空气质量很糟糕，而且由于出汗多得超乎自己想象，你必须不断地补充水分。

5）冠军的饮食

对于饮食，我很理智，并不狂热。比赛期间，我会非常重视这个问题，会喝大量的水，吃容易消化的食物。简单的番茄酱意大利面是我的最爱之一，还有面包、茅屋奶酪、果酱、酸奶、香蕉和蜂蜜等。

6）"武装"到核心

我的日常体育锻炼包括针对上半身的核心与稳定性训练，以及针对腿部的骑自行车和跑步运动。这些活动可以消耗身体热量，让我的脉搏最高达到150次/分左右，这和我在赛车时的体验类似。

7）张开双臂，迎接挑战

你的速度越快，感受到的重力越大，方向盘也就会变得越沉重。每只手的转向质量都可达到4~5 kg。

8）重力会增加重量感

头和头盔加起来约有 8 kg，但将重力考虑在内以后，头会感觉好像有 25～30 kg。在这些条件下要保持稳定会很困难，但很必要。

9）恢复体力是关键

在中途休息时间，你要先跟工程师和机械师交流，然后换上干爽的衣服，按摩身体之后，再吃东西以及喝大量的水。在返回车内之前，你必须尽量放松，完全恢复体力。

10）必须具备耐力

要在弯道中一次又一次地有效刹车，比起爆发力，你更需要耐力。通常情况下，在每段直道的尽头，左脚踩刹车片的制动力都会达到 100 kg（980 N）左右。

第六节　中国大学生方程式汽车大赛

一、赛事名称

中文名称为中国大学生方程式汽车大赛；英文名称为 Formula Student China。

二、赛事简介

中国大学生方程式汽车大赛是由高等院校汽车工程或汽车相关专业在校学生组队参加的汽车设计与制造比赛。各参赛车队按照赛事规则和赛车制造标准，在一年的时间内自行设计和制造出一辆在加速、制动、操控性等方面具有优异表现的小型单人座休闲赛车，能够成功完成全部或部分赛事环节的比赛。近年来，随着汽车电动化和智能网联化的迅猛发展，中国大学生方程式汽车大赛已经发展成为中国大学生方程式系列大赛，根据燃油、纯电动和无人驾驶等关键特点相继推出中国大学生方程式汽车大赛、中国大学生电动方程式大赛、中国大学生无人驾驶方程式大赛等赛事。

中国大学生方程式系列大赛由中国汽车工程学会主办，是一项非营利的社会公益性赛事。项目的运营和发展结合优秀高等院校资源、整车和零部件制造商资源，获得了政府部门和社会各界的大力支持以及品牌企业的资助。社会各界对项目投入的人力支持和资金赞助全部用于赛事组织、赛事推广和为参赛学生设立赛事奖金。

2010 年，第一届中国大学生方程式汽车大赛由中国汽车工程学会、中国 20 所大学汽车院系、汽车传媒集团——易车联合发起，在上海市举办。中国大学生方程式汽车大赛秉持"中国创造　擎动未来"的理想，立足于中国汽车工程教育和汽车产业的现实基础，借鉴其他国家大学生方程式汽车大赛的成功经验，打造培养中国未来汽车产业领导者和工程师的技术比拼平台与交流盛会，并提供与国际青年汽车工程师交流的平台。中国大学生方程式汽车大赛致力于为国内优秀汽车人才的培养和选拔搭建公共平台，通过全方位考核，促进学生们在设计、制造、成本控制、商业营销、沟通与协调等五方面的综合能力的培养，从而有利于汽车专业学生综合素质的全面提升，为中国汽车产业的发展进行长期的人才储备，促进中国汽车工业从"制造大国"向"产业强国"的战略方向迈进。

中国大学生方程式汽车大赛在 2010 年开创时还只是传统燃油车的方程式比赛。到了2015 年，由于电动车赛和燃油车赛均呈爆发增长的态势，加之国家政策鼓励、产业投资趋热、技术逐渐成熟等背景，中国大学生方程式汽车大赛的电动汽车组别正式独立，以"中国大学生电动方程式大赛"为名独立成赛。第一届中国大学生电动方程式大赛于 2015 年 11 月 3 日至 7 日在上海市举办。中国大学生电动方程式大赛包含静态赛和动态赛，根据这两项的总成绩评出前三名。静态赛包含工程设计答辩、成本与制造评估、营销报告 3 项内容，动态赛包含直线加速测试、8 字绕环测试、高速避障测试、耐久测试、效率测试 5 项内容。中国大学生电动方程式大赛有别于 F1，主要是工程设计大赛，因此根据静态赛来全面考核大学生的汽车工程设计能力和水平，只有成功通过静态赛，才能进入最后的动态赛。

　　2017 年 11 月 12 日至 17 日，第一届中国大学生无人驾驶方程式大赛在湖北省襄阳市成功举办，7 支全国优秀高校代表队携各自的无人驾驶赛车展开同场竞技。比赛中设有制动测试、高速识别追踪测试、8 字绕环调试等内容，对赛车的底盘性能、智能化程度、判断逻辑、运算速度均有标准化测评，同时赛车的主体设计、静态展示等方面也将按比例计入比赛成绩。

　　2020 年 11 月 14 日，一年一度的中国大学生方程式系列大赛在湖北省襄阳市落幕，这也是当年全球首次举办的大学生方程式赛事。由于受新冠肺炎疫情影响，当年全球其他国家的大学生方程式赛事基本停摆。此次大赛期间，中国大学生方程式汽车大赛、中国大学生电动方程式大赛、中国大学生无人驾驶方程式大赛同时举行，共有 107 个车队、2 000 多名大学生队员（见图 8-12）和 300 多名裁判及工作人员参加了此次大赛。其中，参加中国大学生方程式汽车大赛的车队有 48 支，参加中国大学生电动方程式大赛的车队有 43 支，参加中国大学生无人驾驶方程式大赛的车队有 16 支。

图 8-12　中国大学生方程式系列大赛车队队员合影

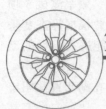

第九章
汽车展览

本章概述

  汽车展览是专门为汽车举办的展览会。通过汽车展览，企业可以展示最新开发的产品和最新研制的概念车，是企业树立形象、展示实力、进行技术交流、发展经贸合作的良好机会。观众可以更清晰地认识、了解和热爱汽车，看到汽车行业发展的前景和走向。因而，汽车展览越来越受到人们的关注。

  汽车博物馆是别样的汽车展览，展现世界汽车从无到有的百年发展历史，以及中国汽车工业的起步、发展与壮大，揭示汽车工业对人类文明和社会发展的伟大贡献与影响。

  本章主要介绍国内外著名的汽车展览与博物馆等。通过本章的学习，大家能够了解国际、国内知名的汽车展览及汽车博物馆等的创办、发展及特色，体会汽车展览带给大家视觉盛宴。

第一节　世界著名车展

  世界各大汽车制造商每年都在一些大都市举办规模盛大的汽车展览，在车展上推出自己的最新车型，展示自己在汽车领域内取得的最新成就。车展除了具有技术性外，还具有浓厚的文化色彩，每次都能吸引大量的民众参观。

  车展带来的新车型和文化氛围，让人们感受到世界汽车工业跳动的脉搏。车展是汽车制造商们展示新产品的舞台，在流光溢彩的样车背后，是汽车制造商们为在汽车市场上争夺市场份额而进行的不懈努力。

  德国法兰克福车展、瑞士日内瓦车展、法国巴黎车展、日本东京车展和北美国际车展被誉为当今五大国际车展。它们之所以成为国际一流车展：一是参展商的规模和级别一流；二是展品档次和首次亮相的新车、概念车一流；三是场馆面积和配套设施一流；四是主办方服务质量一流；五是国内外记者范围、观众数量和专业水平一流。人们都说巴黎时装展是世界一流的时装展，是因为它代表了世界时装业发展的潮流，同理五大国际车展之所以世界知名，也是因为它们代表了世界汽车工业发展的潮流。

一、德国法兰克福车展

法兰克福车展是两年一度、固定在德国法兰克福举办的国际性汽车展览，主办单位为德国汽车工业协会。车展一般安排在 9 月中旬开展，为期两周左右。参展的商家主要来自欧洲、美国和日本，尤其以欧洲汽车商居多。

法兰克福车展前身为柏林车展，创办于 1897 年，1951 年移到法兰克福举办，轿车和商用车轮换展出。法兰克福车展是世界规模最大的车展，有"汽车奥运会"之称，是五大车展中技术性最强的，也被誉为是"最安静的车展"。

法兰克福车展的服务细致而周到，符合德国人滴水不漏的办事作风，人们不仅可以看到百年"老爷车"和光彩夺目的新车，还可以观看新车表演和国际赛事实况转播，并可获得汽车发展史、技术性能、安全行车、环保节能等多方面知识。

2005 年 9 月 13 日，在德国法兰克福展览中心，中国京剧演员与中国吉利"美人豹"自动挡跑车一同亮相第 61 届法兰克福国际汽车展（见图 9-1），实现了中国自产汽车进入大型国际汽车展览"零"的突破。

2011 年 9 月 15 日，第 64 届法兰克福国际汽车展开幕，本届车展以"以未来为标准（Future Comes as Standard Future）"为主题。长安汽车全新战略车型 C201 在第 64 届法兰克福国际汽车展上全球首发（见图 9-2），并公布了中英文名称：EADO 逸动。

图 9-1 吉利汽车亮相法兰克福国际汽车展　　图 9-2 长安逸动汽车亮相法兰克福国际汽车展

二、瑞士日内瓦车展

日内瓦车展起源于 1905 年的国家汽车和自行车展，当时展出汽车工业历史上重要的内燃机汽车及蒸气动力汽车。众多汽车制造商常选择在该车展公开发布最新科技成果、超级跑车、概念车等。该车展于 1924 年正式创办，如今已发展成有 200 多个展品的国际性汽车展览。从 1931 年起，展会每年 3 月在瑞士日内瓦的巴莱斯堡国际展览中心举行，总面积达 7 万 m²。展览会是欧洲唯一每年举办的车展，以展示豪华车及高性能改装车为主。在世界五大车展举办国中，唯有瑞士目前没有汽车工业，因而日内瓦车展以其"中立"身份赢得最为"公平"的形象。

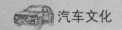

三、法国巴黎车展

巴黎车展是两年一度、固定在法国巴黎举办的国际性汽车展览，同时也是全世界第一个开办的车展，最早可追溯到 1898 年汽车沙龙。目前在巴黎凡尔赛门展览中心举办，固定在 10 月举行。巴黎车展通常与德国的法兰克福车展采取隔年轮流举办的方式进行，不会在同一年内举办，主办单位是世界汽车工业国际协会。

第一届的巴黎车展于 1898 年举办。展览会有一项非常有意思的规定，想要参展的车辆，必须首先能够仅依靠自身的动力完成从巴黎到凡尔赛的往返，以证明这些车辆是真正可以行驶的汽车，而非摆在那里供人观赏的空壳。

2018 年，广汽传祺携旗下明星车型矩阵亮相巴黎国际汽车展，面向全球首发全新传祺 GS5，如图 9-3 所示。亮相的车型包括传祺全新 GS5、GS8、GM8、GS4、GS3、GA4、GE3 以及电动概念车，让欧洲消费者全面了解广汽传祺的研发及生产能力，以及优秀的产品品质。

图 9-3 传祺 GS5 亮相巴黎国际汽车展

四、日本东京车展

东京车展是世界五大车展中历史最短的，创办于 1954 年，逢单数年秋季举办，是日本本土生产的各式小型车唱主角的舞台。展馆位于东京附近的千叶县幕张展览中心，是目前世界最新、条件最好的展示中心，展出的展品主要有整车及零部件。

2011 年 11 月 30 日，第 42 届东京国际车展在东京国际会展中心拉开帷幕，海报如图 9-4 所示。使用新能源的环保汽车和可以由智能手机操控的概念车成为此次车展的主角。本届东京车展的主题是"汽车改变世界"。各汽车厂家纷纷展示了最新的插电式混合动力车和纯电动车等环保车型。

图 9-4 第 42 届东京国际车展海报

2019 年 10 月 24 日，以"开拓未来"为主题的第 46 届东京车展开幕。参展企业推出多款概念车，向参观者展示未来生活图景。本届展会共有 180 多家企业和团体参加。丰田、日产、斯巴鲁、五十铃等生产商除带来 10 多款全球首发车外，还推出不少概念车（见图 9-5），向观众展示各自在电动化、车联网等领域的最新产品和技术。展会不仅展示车辆和技术，还强调未来出行的舒适、便利及驾驶乐趣。为此，展会举办多个主题展览，参观者可以体验电动滑板车、汽车和摩托车试驾，以及未来都市生活、体育、旅游等活动。

图 9-5 丰田 e-RACER 概念车

五、北美国际车展

北美国际车展的前身是原美国底特律国际汽车展览会，至今已经有百余年的历史，是美国创办历史最长的车展之一，由底特律汽车经销商协会主办。

1900 年 11 月，纽约美国汽车俱乐部召开了第一届世界汽车博览会，1907 年转迁到底特律汽车城，当时会场设在贝乐斯啤酒花园，小小的展示区中参加的厂商只有 17 家，车辆 33 辆。1957 年，欧洲车厂远渡重洋而来，首次出现了沃尔沃、奔驰、保时捷的身影，获得了美国民众的高度重视，底特律车展的"王旗"正式树起。从 1965 年起，展览移至 Cobo 会议展览中心。1989 年，底特律车展更名为北美国际车展，每年 1 月办展。北美国

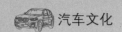

际车展每年总能出现四五十辆新车。众多人被吸引到车展的原因，除了对汽车的兴趣外，还有车展办得像个大的假日集会，吃喝玩乐，热闹非凡。

2006年，参加北美国际车展的唯一中国品牌吉利获得本届车展组委会颁发的特别奖——银钻奖，车展组委会联合主席为李书福颁奖（见图9-6），表彰吉利成为首个参加这个世界级车展的中国汽车企业。

图9-6　车展组委会主席为吉利颁发银钻奖

美国当地时间2019年1月14日，广汽传祺以"Vision Unlimited（探知无界）"为主题，携全新概念车ENTRANZE，传祺轿车、SUV及MPV三大领域全明星阵营，以更无界、更风范、更科技、更完备的焕新形象，第五次登陆北美车展，尽展非凡实力与风采。

ENTRANZE概念车型定义为超现代概念的家庭用车，采用了3+2+2座位配置，同时还搭载了广汽在智能网联、新能源、自动驾驶等领域的最新技术成果，是一款"家用电能新物种"，如图9-7所示。

图9-7　传祺ENTRANZE概念车

第二节　中国著名车展

一、北京国际车展

北京国际汽车展览会，即北京国际车展，自 1990 年创办以来，每逢双年在北京举行。伴随着中国汽车工业和中国汽车市场的迅猛发展，北京国际车展已成为全球汽车制造商积极参与、备受社会各界高度关注、有着广泛国际影响力的国际顶级车展，是中外汽车业界和相关行业在中国的重要展示活动和引导汽车消费、引领产业发展的重要平台。北京国际车展至今在参展品牌数量、参展车质量、全球首发车、概念车数量、观众人数、媒体记者人数、媒体报道的深度和广度、社会各界的关注度等方面均位于全球汽车展览前列。

北京国际汽车展览会在北京中国国际展览中心新馆（天竺）和中国国际展览中心老馆（静安庄）举行，由中国机械工业联合会、中国机械工业集团有限公司、中国国际贸易促进委员会、中国汽车工业协会共同主办，由中国国际贸易促进委员会汽车行业分会、中国机械国际合作股份有限公司、中国国际展览中心集团公司和中国汽车工程学会联合承办。2022 北京国际车展将以"智领未来"为主题，集中展示中外汽车行业当下前沿的技术与产品，聚焦智能网联、轻量化等新技术与传统汽车工业结合所带来的创新展品，多角度向观众呈现全球汽车行业在产品升级、品牌升级、产业升级和出行模式等多方面的创新理念和成果，引导人们对未来汽车生活的美好向往和追求。

二、上海国际车展

上海国际汽车工业展览又称上海国际车展，创办于 1985 年，单年举办。2004 年 6 月，上海国际汽车展通过国际博览联盟认证，成为中国第一个被该组织认可的汽车展。

从 20 世纪 90 年代初上海观众为获得一把免费赠送的纸扇排起长队，到世纪之交怀有购车冲动的北京市民满头大汗在各个展台收集车型资料，从 2004 年北京车展中靓丽的车模与文艺演出成为最大亮点，到 2005 年上海车展中外品牌概念车周围的人头攒动，京沪车展在十几年间经历了庙会→展销会→文化盛典→专业展会的变化过程。国际车展不但成为京沪等大都市白领生活不可缺少的组成元素，更成为加快汽车文化普及，使中国步入汽车社会的推进剂。

三、广州国际车展

广州国际车展创办于 2003 年，基于"高品位、国际化、综合性"定位，经过十几年的发展，已成为中国大型国际车展之一。广州车展一般每年 12 月举行，力求和京沪车展错开。由于在国内汽车行业中影响巨大的日本三大车商纷纷扎根广州，因此广州车展影响力正日益增强。广州的优势在于汽车市场以及后市场的领先。广东地处珠三角，临近港澳地区，广州的改装、音响，甚至越野等汽车后市场比其他车展发展得更快，广州车展阵容逐年丰富、壮大。

第三节　国外著名汽车博物馆

一、梅赛德斯—奔驰博物馆

梅赛德斯—奔驰博物馆（见图9-8）位于德国斯图加特，2006年5月19日举行开幕典礼。该博物馆成为斯图加特标志性建筑，为斯图加特城市增添了一抹亮色。这是世界上唯一能够展现汽车历史的博物馆，其展览概念也非常独特：在展览面积为16 500 m^2 的九层建筑物中，两条参观路线可以引领参观者领略包括160辆展车在内的1 500多件展品的风采。在博物馆中可以领略到梅赛德斯—奔驰品牌的持续创新实力，通过汽车历史的发展历程预见未来的辉煌。梅赛德斯—奔驰博物馆不仅展现了激动人心的梅赛德斯—奔驰品牌历史，而且启迪性地展望未来。博物馆内部结构模仿了DNA双螺旋结构，从而体现了梅赛德斯—奔驰品牌迎合个体的变化而不断地推出新产品的设计理念。

二、宝马博物馆

宝马博物馆（见图9-9）建立于1972年，位于德国慕尼黑，毗邻宝马总部大楼，是汽车爱好者的天堂。碗状建筑的屋顶是一个圆形平面，屋面上描着蓝白相间的宝马圆形车标，蓝色象征天空，白色象征螺旋桨。宝马博物馆展厅设计为环绕式的空间，按照不同年代和时期，展示出历年来所产的各类宝马汽车、宝马摩托车、轻骑和一些特殊用途的车辆样品，并运用现代声、光、电、多媒体等高科技手段及图片音像资料，提升产品展示的艺术空间，全面演绎了宝马汽车公司的成长与发展史。

图9-8　梅赛德斯—奔驰博物馆

图9-9　宝马博物馆

三、大众汽车城

大众汽车城位于德国下萨克森州的沃尔夫斯堡，2000年建成，占地25万 m^2，是世界上第一个、也是最大的汽车主题公园和服务中心。该汽车城由十几座独立的建筑组成，每一座建筑都是独立的汽车博物馆，大众集团所属的各个汽车品牌在这里基本都得到了展示。在博物馆内，每个大众旗下的子品牌都建造了造型各异、彰显不同风范的展示厅，观众可以按照顺序依次参观大众汽车集团旗下的全部品牌展厅，如大众、西亚特、斯柯达、兰博基尼、奥迪、宾利等。每个展厅都各具特色，用声、光、电、多媒体以及实物展示等影像技术的组合呈现不同的品牌理念。

位于大众汽车城的 Car Towers 停车库号称世界上最炫酷的停车库（见图 9-10）、世界上最大的提车中心，全玻璃镀锌钢框架结构，两座 60 m 高的玻璃塔式的筒仓是大众新汽车的存储仓库，每一座塔 20 层，可以停放 400 辆新车，两座塔楼之间还有一条地道相连。一条 700 m 长的地下隧道，直接连接到了隔壁的大众汽车工厂。

四、保时捷博物馆

保时捷博物馆分为旧馆和新馆。旧馆位于德国斯图加特的保时捷总公司大楼后面，面积不大，除了展出各个时期的保时捷跑车外，还有保时捷警车、消防车，乃至拖拉机。新馆（见图 9-11）2009 年 1 月 28 日正式开放，5 600 m² 充满现代风格的博物馆里，陈列了大约 80 款保时捷历史车型，以及超过 200 件精心布置并且与公司历史息息相关的展品。

图 9-10 世界上最炫酷的停车库

图 9-11 保时捷博物馆（新馆）

五、亨利·福特汽车博物馆

亨利·福特汽车博物馆于 1929 年创建，位于美国密歇根州迪尔伯恩市，占地 4.8 万 m²。该博物馆包含着六大主题：汽车及汽车工业的演变；为驾车人服务的路边商业及娱乐设施的发展；消遣性驾驶；汽车广告对文化的影响；汽车设计的美学影响；如何使你的汽车具有自己的风格。无论是最老式的水轮、无顶篷的汽车，还是首辆在月球上行驶的汽车，无不透露出人类改变自我、征服自然的勇气和能力。在众多展品当中还有相当珍贵并且具有历史意义的珍藏品，如约翰·肯尼迪总统遇刺时乘坐的总统专车，被誉为"美国民权运动之母"的罗莎帕克斯拒绝让座的公交车，福特所生产的第 1 500 万辆 T 型车（见图 9-12），世界上最大的蒸汽机车 Allegheny 等。

六、法拉利博物馆

法拉利博物馆（见图 9-13）于 1990 年开放，位于意大利马拉内罗，距离法拉利总部工厂仅有几百米，与测试跑道和塞奥拉诺赛道也只有一街之隔。博物馆的透明建筑外被几何形的钢架笼罩，周遭悬挂的红色条幅上记录着法拉利 F1 车队 216 次冠军的光辉成绩，白色大门上有醒目的法拉利跃马 LOGO。馆内设有一级方程式赛车展区、经典车型展区、创兴技术展示区等多个主题区，还有小型电影院、模拟赛车等体验项目，全方位展示了顶级超跑的魅力。

图 9-12　第 1500 万辆福特 T 型车　　　　　　图 9-13　法拉利博物馆

七、丰田博物馆

丰田博物馆坐落于日本长久手市，是一个展示汽车发展历史的专业博物馆。自 1989 年 4 月开馆以来，收集并展出了以实用车型为主的 120 辆汽车和各种与汽车相关的资料，系统地介绍了 19 世纪末到 20 世纪末的百年汽车发展历史。丰田博物馆内设有可以阅览汽车类书籍和影像资料的图书馆、销售特色商品的专卖店、餐厅等各种设施，而且还经常举办试驾、企划展、画廊展等多个活动，不仅内容丰富多彩，而且举办形式新颖别致。1999 年 4 月，为纪念丰田博物馆开馆 10 周年，设立了新馆。新馆共有三层：一层设有博物馆小卖店、咖啡馆等配套设施，店中汇集了包括多种微型汽车模型在内的本馆特制的纪念品；二层主要是 6 个展区，共展出 31 辆真车、9 辆模型以及 2 000 份文化资料，将日本的汽车化生活展现得淋漓尽致；三层为画廊，定期展出馆内收藏的各种宣传画、织锦画以及横滨照片。

八、洛曼汽车博物馆

位于荷兰海牙的洛曼汽车博物馆，2010 年盛大开业。自 1934 年以来，两代洛曼家族收藏了大量珍稀的汽车，是世界上最大的私人汽车收藏，也被认为是世界最美的收藏。展品包括很多世界名品，包括第二次世界大战时丘吉尔的 Aston Martin DB5 和猫王的 Cadillac 等 230 辆古董车（见图 9-14）及经典汽车。

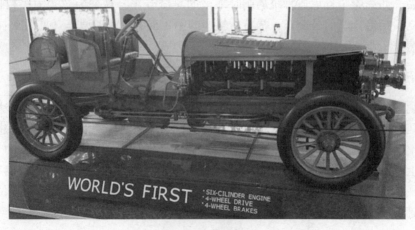

图 9-14　古董车

第四节 国内著名汽车博物馆

一、上海汽车博物馆

上海汽车博物馆（见图9-15）位于上海国际汽车城博览公园内，2007年1月正式对公众开放，占地11 700 m²，建筑面积27 985 m²，内部设立历史馆、珍藏馆、探索馆以及临展区等4个功能不同的展示区域。

历史馆位于上海汽车博物馆的一层，以百年汽车历史发展为线索，将汽车发展历程中各个重要阶段整合为序馆、探索与诞生、实用与量产、流线与速度、多样与精彩、运动与驾驶、节能与电子、中国汽车工业等8个主题展厅，通过精选的20多部经典代表车辆以及重要事件的介绍，展示世界汽车发展的历程，反映汽车对人类社会发展的重大影响。

珍藏馆位于上海汽车博物馆的二层，展示空间包含"沸腾年代""流金岁月""一路飞驰""摇曳车影""迷你韵味""国家梦想""传奇汽车"等七大版块，展品涵盖百年间出品的近四十款珍贵古董车。

汽车探索馆位于博物馆的三层，分为汽车基础知识、汽车设计与汽车制造、游乐体验3个功能区，共有10多个实物及机械演示展项、20多个多媒体互动体验展项，在汽车构造、动力、安全、舒适以及汽车未来等方面为参观者进行系统而丰富的阐述。其中，汽车畅想主题展项、CARRARA仿真疾速赛场、汽车零部件演示、汽车设计与制造总厂、汽车模拟驾驶、智力大赛场等展项和游戏项目让观众在动手动脑中走入汽车的科技知识世界。

二、北京汽车博物馆

北京汽车博物馆（见图9-16）位于北京丰台区，于2011年建成开放，是北京国际汽车博览中心的标志性建筑和核心设施，建筑面积约4.9万m²。建筑造型创意为一只明亮的"眼睛"，寓意博物馆放眼世界、面向未来的理念。设有汽车博览、主题展览、汽车科普、汽车娱乐、学术交流等功能展示区。汽车博物馆五至三层的展览陈设由历史、技术和未来3个主线构成。

图9-15 上海汽车博物馆

图9-16 北京汽车博物馆

创造馆位于北京汽车博物馆五层，重点展示了汽车自诞生之日发展至今的历史，汽车类型多元化发展的方向以及中国汽车工业发展的光辉历程。设有象征展示、诞生发展、汽车社会和中华动力 4 个展区及 15 个主题，展出车辆 30 辆，展陈面积 2 965 m²。诞生发展展区设有"华夏贡献""无马之车""改变世界的机器""走向大众"4 个主题，以古代中华文明的车马技术开篇，到蒸汽机时代和奔驰一号的诞生，直至福特 T 型车的大批量流水线生产，呈现了汽车诞生与发展的漫长历史进程。汽车社会展区设有"百姓汽车""公共交通""速度天地""极致追求""越野车传奇""运输生产""汽车档案"7 个主题，展现汽车社会的现状与风采。中华动力展区设有"早期记录""激情岁月""跳跃的时代"3 个主题，展示中国汽车工业的艰辛历程和中国汽车人的不断追求。

进步馆位于北京汽车博物馆四层，主要展示了汽车的内部结构、工程技术和设计生产，设有象征展示、工程技术、汽车设计、赛车运动和生产制造 5 个展区及 14 个主题，展出车辆 38 部，展陈面积 3 710 m²。工程技术展区设有"发动机之旅""与风共舞""安全性能试验室"3 个主题，以互动体验的方式直观展示汽车系统与性能的技术与奥秘。汽车设计展区设有"汽车设计""梦工场""移动的房屋""设计之星"4 个主题。赛车运动展区设有"精彩的 F1 世界""汽车赛事""极限驾驶"3 个主题。生产制造展区设有"摩登时代""汽车生产线""谁主沉浮"3 个主题，以情景模拟、剧场体验展示汽车从手工制造到现代化大生产的变革历程。

未来馆位于北京汽车博物馆三层，主要展示了汽车引发的各种文化现象和对"汽车"这一极大地改变了人类生活的交通工具的思考，以及未来汽车的发展方向和人们对汽车明天的美好憧憬，设有象征展示、汽车生活、资源环境和创新未来 4 个展区及 15 个主题，展出车辆 10 辆，展陈面积 3 029 m²。汽车生活展区设有"汽车魅力""电影中的汽车""个性化汽车"3 个主题，从汽车广告、汽车音乐、汽车电影和个性汽车等多方面诠释了汽车对我们生活的影响和改变。资源环境展区设有"能源消耗""污染排放""车辆报废""交通拥堵""安全事故"5 个主题，展示汽车对人类生活及环境的负面影响，引发人们探索人与车、社会、自然和谐发展的途径。创新未来展区设有"智能化交通""儿童驾驶学校""汽车回收再利用""新能源工作站""新材料实验室""未来汽车"6 个主题，倡导人、车、社会、自然和谐发展的理念。

博物馆二层展区依次展出了吉斯、吉姆、伏尔加、华沙胜利 20 等东欧系列以及红旗系列轿车和上海系列轿车。

博物馆一层主要是基础设施，设有国际交流、新车发布、会议、培训等展览辅助区域，以及临展大厅、会议厅、新闻发布厅、多功能厅等设施。

三、泰山世界古典汽车博览馆

泰山世界古典汽车博览馆坐落于泰安市，由国内知名汽车收藏家张永龙先生投资 10 亿建设，总占地面积 31 335 m²，建筑面积 6 万 m²，设静态展示区、娱乐休闲区和室外动态体验区三大主体功能区，汇集 300 多辆来自世界各地的"老爷车"和众多"名车"（见图 9-17），是国内规模最大、藏车最多、功能最完备的汽车文化博览公园。

图 9-17　加长红旗 CA770

第十章
汽车发展趋势

本章概述

21世纪，汽车作为现代交通工具的重要战略地位是不可动摇的。当前世界的汽车保有量已超过10亿辆，汽车在给人类带来便捷的同时也造成了交通、安全、能源、环境等诸多问题。如何让人、车、社会和谐发展，已是汽车工业面临的一项严峻挑战。在长达130多年的悠久历史中，汽车工业从未经历过目前发生的革命。随着电子技术的快速发展，汽车正从机械设备转变成车轮上的迷你数据中心，朝着电动化、网联化、智能化、共享化、轻量化的趋势发展。

本章主要介绍汽车电动化、网联化、智能化、共享化、轻量化等发展新趋势。通过本章的学习，大家能够熟悉未来汽车发展的方向，对人、汽车、社会之间的和谐发展有一个更加直观的了解。

第一节　汽车电动化

一、电动汽车的定义

电动汽车是指以车载电源为动力，用电机驱动车轮行驶，符合道路交通、安全法规各项要求的车辆。由于对环境影响相对传统汽车较小，其前景被广泛看好。

二、电动汽车种类

电动汽车包括纯电动汽车、混合动力汽车、燃料电池汽车。

1. 纯电动汽车

纯电动汽车（Battery Electric Vehicle，BEV）是完全由可充电电池（如铅酸电池、镍镉电池、镍氢电池或锂离子电池）提供动力源的汽车。虽然它已有将近200年的悠久历史，但一直仅限于某些特定范围内应用，市场较小。主要原因是各种类别的蓄电池普遍存在价格高、寿命短、外形尺寸和质量大、充电时间长等缺点。

2. 混合动力汽车

混合动力汽车（Hybrid Electric Vehicle，HEV），根据动力系统结构形式可分为以下3类。

（1）串联式混合动力汽车：车辆的驱动力只来源于电动机的混合动力（电动）汽车。结构特点是发动机带动发电机发电，电能通过电机控制器输送给电动机，由电动机驱动汽车行驶。另外，动力电池也可以单独向电动机提供电能驱动汽车行驶。

（2）并联式混合动力汽车：车辆的驱动力由电动机及发动机同时或单独供给的混合动力（电动）汽车。结构特点是并联式驱动系统可以单独使用发动机或电动机作为动力源，也可以同时使用电动机和发动机作为动力源驱动汽车行驶。

（3）混联式混合动力汽车：同时具有串联式、并联式驱动方式的混合动力（电动）汽车。结构特点是可以在串联混合模式下工作，也可以在并联混合模式下工作，同时兼顾了串联式和并联式的特点。

3. 燃料电池汽车

燃料电池汽车（Fuel Cell Electric Vehicle，FCEV）也是电动汽车，只不过"电池"是氢氧混合燃料电池。和普通化学电池相比，燃料电池可以补充燃料，通常是补充氢气。一些燃料电池能使用甲烷和汽油作为燃料，但通常是限制在电厂和叉车等工业领域使用。

燃料电池汽车的工作原理是，作为燃料的氢在汽车搭载的燃料电池中，与大气中的氧气发生氧化还原化学反应，产生出电能来带动电动机工作，由电动机带动汽车中的机械传动结构，进而带动汽车的前桥（或后桥）等行走机械结构工作，从而驱动电动汽车前进。

三、汽车电动化的优势

1. 使用成本低

新能源汽车百公里耗电量的价格是20元左右，而传统汽车平均百公里油耗为8 L，以油价均价7.5元/L计算，百公里需要60元以上。新能源汽车使用成本为传统燃油汽车的1/3。

2. 维修保养

燃油车主要是针对发动机系统进行保养，同时定期更换机油、机滤等。而新能源汽车都是靠电动机驱动，自然省略了机油、三滤、皮带等常规保养项，只需对电池组和电动机进行养护，保持其清洁。从常规保养项的区别可以看出，新能源汽车的保养比燃油车要简单省事。

3. 节约大量石油资源

在能源和环保的压力下，新能源汽车无疑将成为未来汽车的发展方向。如果新能源汽车得到快速发展，以2020年中国汽车保有量1.4亿计算，可以节约石油3 229万t，替代石油3 110万t，节约和替代石油共6 339万t，相当于将汽车用油需求削减22.7%。

2020年以前节约和替代石油主要依靠发展先进柴油车、混合动力汽车等实现。到2030年，新能源汽车的发展将节约石油7 306万t、替代石油9 100万t，节约和替代石油共16 406万t，相当于将汽车石油需求削减41%。届时，生物燃料、燃料电池在汽车石油

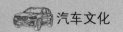

替代中将发挥重要的作用。

4. 静谧性

在行驶过程中，电动汽车拥有汽油车无法企及的低噪声。因为没有燃油发动机，电动机的噪声和振动远小于传统汽油机，电动车的噪声主要来自胎噪和风噪，在 NVH 的控制上比传统燃油车简单很多。

5. 加速迅猛

纯电动车辆加速猛，简单理解就是因为电动机起步时的扭矩最大。而普通的燃油车之所以加速没有电动车快，是由于发动机想到达最大扭矩需要一个流程。

燃油车的发动机运作时有一个流程：先燃烧燃料把化学能转化为动能。而电动车辆的电动机则不用这一流程，电动车辆的动力来自电动机，由电池电能即刻驱动。

燃油车的发动机起步时扭矩为 0，随着转速的提高，扭矩增大。大多数在 2 000 ~ 3 000 r/min 达到车辆的最大扭矩。而纯电动车辆的电动机，起步时就是车辆的最大扭矩，加速自然更快。电机起动的瞬间，其转速为零，这个时候施加给电机的电压以及流过的电流均为最大值。但是，随着转速的提高，扭矩也会相应降低，这也是电动车辆后劲不足的原因。

首先，电动汽车动力系统由电力驱动及控制系统、驱动力传动等机械系统共同组成。其中电力驱动及控制系统是电动汽车的核心，由驱动电机及调速控制装置等组成；而调速控制装置是为电动汽车的变速和方向变换等设置的，它的作用是控制节能环保电动机的电压和电流，完成电动机的驱动转矩和旋转方向的控制。

其次，动力电池为电动汽车的驱动电机提供电能，而驱动电机将电源的电能转换为机械能，随之通过传动装置或直接驱动车轮工作。

通俗一点来说，无论是同步电动机还是异步电动机，都是通过定子产生的磁场力影响转子的磁场力，来驱动转子旋转的。大家小时候玩过磁铁，肯定了解同性相斥异性相吸这个原理，磁铁的磁场是固定的，所以引力或者斥力是固定的。而电动机通过电磁感应让定子或转子产生磁场，这个磁场跟电流大小成正比，所以定子或转子的磁场大小通过控制电流的大小是可变的。而电流的变化可以很快，通电瞬间就可以变成最大电流，所以磁场可以瞬间建立，带动转子运动，这个时间就要比内燃机快很多，就导致了电动机可以很快地达到高转速，也就是扭矩的峰值区间。另外，现在的电动车一般都是单速变速箱，但其实这只是一个趋向于传统燃油车变速箱的叫法，科学地说，电动车的变速箱只是一个减速器，也就相当于变速箱中的一个挡位。

所以，这就造成了普通燃油车在正常起步的时候，与新能源车辆相比，起步速度相对较差；同时在坡道行车的时候，纯电车型的坡道通过性能也会更好。

6. 不受空气状况影响

在高海拔地区，燃油车会由于空气稀薄导致发动机功率降低。而电动车由于不需要空气助燃，因此无须担心功率降低。

但目前纯电动汽车并没有占据绝对的市场份额，主要是因为：整车控制技术不完善，专业维修人员缺少，社会认可度不高，配套设施普及率低；动力电池寿命短、质量大、造价高，维护技术和回收再利用体系不成熟，以及充电时间长、续驶里程短，受气温影响大，在北方寒冷地区很难拓展市场等。

四、电动汽车产业技术创新战略联盟

2010 年 12 月，在科技部的指导和支持下，电动汽车联盟正式成立，发起单位包括中国汽车工程学会、一汽集团公司、长安汽车公司、奇瑞汽车公司、吉利汽车公司、江淮汽车公司、中国汽车研究院、清华大学、同济大学、北京理工大学、华中科技大学等 13 家单位。

联盟自成立以来，一直以推动我国电动汽车关键零部件、共性技术及重大前沿技术的自主发展为目标，打造了产学研用多赢的科技创新平台，重点开展了以下 4 个方面的工作。

1. 积极组织承担国家科技研发项目

第一阶段（2011—2014 年）：组织承担了"863 计划"中的"下一代高性能纯电动轿车动力系统技术平台研发"课题，课题总经费 13 279 万元。

第二阶段（2014—2017 年）：组织承担了国家科技支撑计划"下一代低能耗纯电动轿车平台及整车技术开发"项目，项目总经费为 49 746 万元。

第三阶段（2018—2021 年）：依托学会承担国家重点研发计划"高安全长寿命客车动力电池系统关键技术研究及应用"项目中的"电池系统管理和热灾害防控技术"课题。

2. 持续开展共性技术课题研究

由联盟企业提出共性技术需求，由联盟技术专家委员会审核遴选，集合优势资源合作研发，坚持"开放优选、共同投入、成果共享"的原则。

开放优选：共性技术攻关企业不局限于联盟内部，通过调研、走访交流等形式，优选国内最具实力的企业。

共同投入：通过自筹经费的方式共同支持相关研究。

成果共享：是指合作研发成果在联盟企业内实现共享。

截至目前，联盟共开展 47 项共性技术课题，其中第一阶段 23 项，第二阶段第一批 12 项，第三阶段 12 项，形成了丰硕的关键零部件及共性技术成果，培育了一批关键零部件研发及产业化的骨干企业。

3. 高度重视技术规范研制工作

联盟将技术规范作为凝练技术成果、共享研发经验的重要抓手，共完成 29 项团体标准的编制和发布工作，完成 1 项电动汽车联盟技术规范体系研究。

4. 搭建多样化的合作交流平台

为提高联盟在行业和社会中的影响力，促进联盟成果共享、增进联盟凝聚力，联盟一直高度重视内外部交流和宣传推广，不断创新学术交流和培训形式，搭建了形式多样化的交流平台。

技术交流会：结合联盟项目研发需求、课题节点检查和验收，开展课题技术交流、标准宣贯及培训等活动，促进联盟成员研讨交流。

微课堂：借助新媒体技术，在联盟范围内广泛分享共性技术课题研究成果，为一线技术人员提供交流平台。

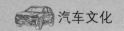

学术会议：在行业范围内举办学术交流会议，如电动汽车消防安全会议、制动能量回馈技术研讨会、世界新能源汽车大会等，提升行业影响力，扩大学术交流范围。

技术巡展：组织零部件企业走进整车企业进行技术交流和产品展示。

展览展示：在学会年会期间搭建联盟展台，集中展出联盟研发成果。

联盟简报：建立联盟工作简报制度，不定期向科技部等政府部门、行业专家、联盟单位报送联盟工作简报，及时反映联盟工作动态。

第二节　汽车网联化

车联网的概念源于物联网，即车辆物联网，是以行驶中的车辆为信息感知对象，借助新一代信息通信技术，实现车与X（即车与车、人、路、服务平台）之间的网络连接（见图10-1），提升车辆整体的智能驾驶水平，为用户提供安全、舒适、智能、高效的驾驶感受与交通服务，同时提高交通运行效率，提升社会交通服务的智能化水平。

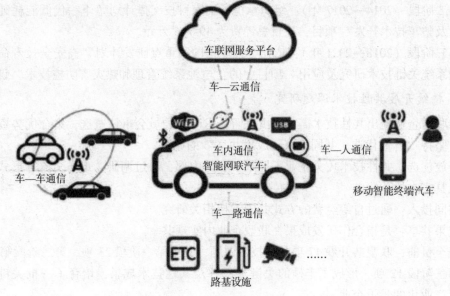

图 10-1　智能网联汽车

车与云平台间的通信是指车辆通过卫星无线通信或移动蜂窝等无线通信技术实现与车联网服务平台的信息传输，接收平台下达的控制指令，实时共享车辆数据；车与车间的通信是指车辆与车辆之间实现信息交流与信息共享，包括车辆位置、行驶速度等车辆状态信息，可用于判断道路车流状况；车与路间的通信是指借助地面道路固定通信设施实现车辆与道路间的信息交流，用于监测道路路面状况，引导车辆选择最佳行驶路径；车与人间的通信是指用户可以通过WiFi、蓝牙、蜂窝等无线通信手段与车辆进行信息沟通，使用户能通过对应的移动终端设备监测并控制车辆；车内设备间的通信是指车辆内部各设备间的信息数据传输，用于对设备状态的实时检测与运行控制，建立数字化的车内控制系统。

车联网主要应用到的是V2X技术，意为Vehicle to Everything，即车对外界的信息交换。车联网通过整合全球定位系统（GPS）导航技术、车对车交流技术、无线通信及远程感应技术，奠定了新的汽车技术发展方向，实现了手动驾驶和自动驾驶的兼容。在自动驾驶模式下，能够通过对实时交通信息的分析，自动选择路况最佳的行驶路线，从而大大缓解交通堵塞。除此之外，通过使用车载传感器和摄像系统，还可以感知周围环境，做出迅速调整，从而实现"零交通事故"。例如，如果行人突然出现，可以自动减速至安全速度或停车。

目前，国内对汽车网联化分为网联协助信息交互、网联协同感知、网联协同决策与控制3个等级，如表10-1所示。

表10-1 网联化的分级

网联化等级	等级名称	等级定义	控制	典型信息	传输需求
1	网联协助信息交互	基于车—路、车—后台通信，实现导航等辅助信息的获取以及车辆行驶与驾驶员操作等数据的上传	人	地图、交通流量、交通标志、油耗、里程等信息	传输实时性、可靠性要求较低
2	网联协同感知	基于车—车、车—路、车—人、车—后台通信，实时获取车辆周边交通环境信息，与车载传感器的感知信息融合，作为车辆决策与控制系统的输入	人与系统	周边车辆/行人/非机动车位置、信号灯相位、道路预警等动态数字化信息	传输实时性、可靠性要求较高
3	网联协同决策与控制	基于车—车、车—路、车—人、车—云通信，实时并可靠获取车辆周边交通环境信息及车辆决策信息，车—车、车—路等各交通参与者之间的协同决策与控制	人与系统	车—车、车—路间的协同控制信息	传输实时性、可靠性要求最高

第三节 汽车智能化

近年来，我国汽车工业取得了很大的发展，驾驶已经不再是汽车的唯一性能要求。社会的发展转变了人们的观念，人们对汽车的性能提出了更高的要求，主要体现在安全性、驾驶体验和人车交互3个方面。车联网技术的成熟，促进了汽车智能化的快速发展。目前，随着我国车联网技术的不断发展与成熟，汽车智能化的市场规模越来越大，为人们的出行带来了便利。

一、智能汽车的定义及等级

根据2020年2月发布的《智能汽车创新发展战略》，智能汽车是指通过搭载先进传感器、控制器、执行器等装置，运用信息通信、互联网、大数据、云计算、人工智能等新技术，具有部分或完全自动驾驶功能，由单纯交通运输工具逐步向智能移动空间转变的新一代汽车。智能汽车通常也被称为智能网联汽车、自动驾驶汽车、无人驾驶汽车等。

2021年9月26日，《中国汽车技术基础软件白皮书2.0》正式发布，其对智能汽车的定义如下：智能汽车由单车智能与车联网组成，是指通过搭载先进传感器、控制器、执行器等装置，融合信息通信、物联网、大数据、云计算、人工智能等新技术，实现车内网、

车外网、车际网的智能信息交换、共享，具备信息共享、复杂环境感知、智能化决策自动化协同控制功能，与智能公路与辅助设施共同组成智能移动空间和应用终端的新一代智能出行系统。

智能汽车相较于传统汽车，其核心区别在于具有较为先进的自动驾驶辅助系统、智能座舱系统和车联网系统，最显著的特征是智能化、网联化与共享化。智能汽车通过其搭载的软硬件逐步由单纯的交通运输工具向智能移动空间转移，从而最终实现"以人为中心"的智能移动空间。

汽车的智能等级（自动化等级），目前世界上最广为人知的标准来自国际自动机工程师学会的标准，采取 L0 ~ L5 标准分级方法。

L0 级：驾驶员完全掌控车辆。

L1 级：自动系统有时能够辅助驾驶员完成某些驾驶任务。

L2 级辅助驾驶：自动系统能够完成某些驾驶任务，但驾驶员需要监控驾驶环境，完成剩余部分，同时保证在出现问题时随时进行接管。在这个层级，自动系统的错误感知和判断由驾驶员随时纠正，大多数车企都能提供这个系统。L2 可以通过速度和环境分割成不同的使用场景，如环路低速堵车、高速路上的快速行车和驾驶员在车内的自动泊车。

L3 级半自动驾驶：自动系统既能完成某些驾驶任务，也能在某些情况下监控驾驶环境，但驾驶员必须准备好重新取得驾驶控制权（自动系统发出请求时）。所以在该层级下，驾驶者仍无法进行睡觉或者深度的休息。在 L2 完成以后，车企的研究领域是从这里延伸的。由于 L3 的特殊性，目前看到比较有意义的部署是在高速 L2 的基础上进行升级；L3 与 L2 的差异是车辆负责周边监控，而人类驾驶员只需要保持注意力以备不时之需。

L4 级高度自动驾驶：自动系统在某些环境和特定条件下，能够完成驾驶任务并监控驾驶环境；L4 的部署，目前来看多数是基于城市的使用，可以是全自动的代客泊车，也可以是直接结合打车服务来做。这个阶段下，在自动驾驶可以运行的范围内，驾驶相关的所有任务和驾乘人已经没关系了，感知外界责任全在自动驾驶系统，这里就存在着不同的设计和部署思路了。

L5 级完全自动驾驶：自动系统在所有条件下都能完成所有驾驶任务。

二、车辆智能化的应用

1. 泊车辅助系统

泊车辅助系统目前已经基本成为汽车的标准配置内容，装有泊车辅助系统的汽车可以帮助驾驶员更加清晰地掌握泊车时汽车的位置情况以及泊车区域附近的情况。泊车辅助系统主要由 3 个部分组成，分别为人机交互显示屏、汽车雷达以及摄像头。

当驾驶员在进行倒车入库操作时，摄像头开始介入工作，将汽车尾部的盲区情况投影在人机交互系统的显示屏上，驾驶员可以借助摄像头和显示屏清楚地观察到汽车后方的情况。当汽车进行泊车时一旦与附近的其他车辆或障碍物出现距离过近，雷达就会进行报警，并且报警的警铃频率还会随着距离的不断缩小而加快。泊车辅助系统可以完美地解决驾驶员在进行泊车时部分盲点无法观察的情况，利用泊车辅助系统进行泊车可以最大限度地降低发生碰撞的情况。伴随汽车泊车辅助系统的不断完善和发展，现在已有少部分厂商生产的汽车实现了无人操作自动泊车。

2. 制动系统

制动系统是每一辆汽车生产期间所标配的项目，通过借助汽车的制动防抱死装置，能够最大限度缩短刹车的距离，从而避免汽车由于刹车距离过长而出现严重的碰撞情况。当制动系统中的防抱死装置介入工作后不仅能够缩短刹车距离，同时还能够控制车辆平衡，防止出现侧滑等情况。

伴随技术的不断发展与完善，汽车制动系统中的防抱死装置也在不断更新升级。汽车制动系统中的防抱死装置纷纷加入了一些其他类型的辅助功能。例如，较为常见的电子制动力分配，其可以对防抱死装置介入工作时的汽车状况进行一定的调节和改善。除此之外，加速防滑控制功能可以根据汽车行驶情况自动控制滑动率，大大降低了车辆出现侧滑、不受控等多种突发情况。

3. 车道偏离预警系统

常见的交通事故当中经常会发现汽车由于脱离正常行驶的车道而与其他车辆或建筑物发生碰撞。造成这一交通事故的主要原因是车速过快，而驾驶员注意力不够集中，当发现车辆偏离正常行驶车道后已经来不及进行方向修正。而车道偏离预警系统则可以提示驾驶员车辆行驶期间出现了轨道偏离的情况。常见的车道偏离预警系统都会将警示装置安装于方向盘中，一旦汽车出现车道偏离时方向盘会发出振动，并且还会自动进行方向修正。这样一来不仅能够为驾驶员预留出更多的时间进行调整，同时还利用方向盘自动修正来避免车辆发生碰撞

4. 车辆预警监测系统

车辆预警监测系统用于检测驾驶员、车辆行驶以及道路路况。当出现异常情况时预警监测系统会进行提示。例如，大部分车型都会在汽车的前后保险杠装设超声波传感器。超声波传感器的作用是监测路面上的行人、车辆。当距离过近时传感器会发出警报提醒驾驶员注意躲避。原理与泊车辅助系统相类似。除了超声波传感装置外，还可以将激光雷达应用于车轮控制系统当中。驾驶员可以根据激光雷达照射于前车而反射的光线来判断两辆汽车之间的车距，一旦车距过于靠近，预警系统会进行报警。

三、车辆智能化的未来发展

当前汽车产业发展成熟，电动化、网联化、智能化已成汽车产业的发展潮流和趋势，我国正加快推动智能网联汽车发展。国家多次出台配套政策标准推动行业发展，当前中国智能汽车数量超千万辆；推动智能汽车发展需要提升智能道路基础设施水平，试点城市先行发展发挥领头作用。随着智能网联技术的快速发展，智能汽车领域正成为新一轮科技革命和产业革命的战略高地，我国智能汽车行业迎来了发展的黄金期，预计 2025 年中国智能汽车数量有望达 2 800 万辆。

1. 国家多次出台配套政策标准，推动行业发展

智能汽车是汽车领域的重要发展方向，在此背景下，国家也多次出台配套政策标准推动行业发展。2021 年 2 月，《国家综合立体交通网规划纲要》指出将加强智能化载运工具和关键专用装备研发，推进智能网联汽车（智能汽车、自动驾驶、车路协同）和智能化通用航空器应用。《智能网联汽车技术路线图 2.0》指出到 2025 年 PA、CA 级智能网联汽车渗透率持续增加，到 2025 年达 50%；C-V2X 终端的新车装配率达 50%。工信部表示下一

步将加快构建形成综合统一、科学合理、协调配套的国家车联网产业标准体系。

2. 试点城市先行发展，发挥领头作用

推动智能汽车发展需要提升智能道路基础设施水平，2021年4月，住建部、工信部确定北京、上海、广州、武汉、长沙、无锡等6个城市为智慧城市基础设施与智能网联汽车协同发展第一批试点城市，发挥领头作用，推进引领全国的智能汽车示范应用和试点运营。

北京市出台《北京市智能汽车基础地图应用试点暂行规定》《北京市智能汽车基础地图应用试点申请指南》等政策，规范智能汽车发展；上海市出台的《上海市国民经济和社会发展第十四个五年规划和二〇三五年远景目标纲要》旨在打造国家智能汽车创新发展平台，实现自动驾驶特定场景商业化运营试点。

3. 中国智能汽车行业迎来了发展的黄金期

随着智能网联技术的快速发展，智能汽车领域正成为新一轮科技革命和产业革命的战略高地，我国智能汽车行业迎来了发展的黄金期，车联网汽车的数量不断增加。据国家发改委预计，2025年中国的智能汽车渗透率将达到82%，数量将达到2800万辆；2030年将达到95%，约为3800万辆。

中国汽车工业协会预测，中国将在2020至2025年间实现低速驾驶和停车场景下的自动驾驶；2025至2030年间实现更多复杂场景下的自动驾驶；2035年中国智能汽车产业规模将超过2000亿美元，届时，中国将成为世界第一大智能汽车市场。

第四节　汽车共享化

共享，是指将一件物品或者信息的使用权或知情权与其他人共同拥有（有时也包括产权）。广义上讲，一切公共交通（公交车、出租车、班车、地铁）都带有共享的性质，人们以购票的形式获取交通工具及配套设施的使用权。因此，交通工具的共享化其实是个非常古老的概念（可以追溯到1826年的法国），只是随着社会和科技的进步，其形式一直在发生变化，共享服务的提供者也由政府、公司转向个人。在人口密度越来越大、城市化水平越来越高的我国，汽车的共享化尤为重要。

"汽车共享"最早出现于20世纪40年代，由瑞士人发明，他们在全国组织了自驾车合作社，这在瑞士这样的山地国家非常实用。后来，日本、英国等国争相效仿，但都未形成规模。日本主要是因为汽车制造商不支持这个计划，日本人喜欢拥有一辆自己的私家车。而英国尽管获政府支持，但汽车租赁费用低廉，从而阻碍了汽车共享的发展。

随着计算机、电子钥匙和卫星定位系统的发展，如今的汽车共享不仅拥有技术保障，而且增加了许多新的内涵。

汽车的本质是出行的代步工具，人们汽车消费的主要目的是提高出行效率与便利程度，为此付出购车成本、养护成本及停车成本等。通常情况下，消费者的出行场景与出行时间相对稳定，私家车辆主要用于通勤与出游，车辆90%时间里处于闲置状态，而且，城市交通拥堵问题日益严重，限号等行政性措施降低了私家车出行便利程度。随着智能化、信息化技术进步，对汽车等交通资源的配置能力不断提高，用户对汽车的需求逐步向出行这一本源目的回归，从汽车的所有权向使用权转移的趋势显现，带动分时租赁、网约车等汽车共享模式发展，以提升汽车资源利用率为核心的汽车共享化被广泛接受。

2016 年兴起的共享经济，是"互联网+"时代的信息化应用，主要由互联网信息技术催生，即通过平台化建设强化信息配置能力，提高资源使用效率，在此阶段，汽车共享模式在汽车租赁和出行服务两个领域分别形成分时租赁和网约车两种代表模式。汽车共享化趋势重塑汽车产业生态，经营重心由产品向服务迁移，MaaS（出行即服务）逐渐增强对私人汽车消费的替代能力。在共享化的产业生态中，用户出行需求是汽车产业提供服务的目标，平台是配置资源实现汽车共享化的核心部门，资源所有方（即车企、租赁公司、车主等汽车所有权方；政府、物业等车位所有方；充电桩、加油站等能源设施提供方）将成为汽车共享化的主要参与者，金融等配套服务将成为汽车共享化的有效支撑。以网约车为例，互联网平台公司通过信息技术优化用户与司机的出行服务对接，以"互联网+"赋能出租车等传统出行服务。以分时租赁为例，车企或租赁公司与车位、充电桩所有方合作，在城市定点投放车辆，通过平台实现用户租车、车辆调配等经营管理工作。主要汽车企业均开始在共享汽车领域加强布局，更多集中在分时租赁等重资产重技术的共享模式。

近年来，我国已成为汽车共享化实践的主要市场。我国分时租赁市场起步较晚，但增速较快，市场规模已从 2016 年的 3.62 亿元成长至 2018 年的 36.48 亿元。2018 年，我国网约车市场规模已达 2 943.3 亿元，其中专车、快车板块市场规模 2 224.96 亿元，出租车App 端市场规模 486.23 亿元，顺风车市场规模达 232.14 亿元。从增速看，2015—2018 年间，我国网约车市场规模保持近 70%的年复合增长率，其中专车、快车板块市场规模年复合增长率达 80%；出租车 App 端市场规模保持 60%的年均增速；顺风车市场规模保持23%的年均增速。比较各细分板块的变动趋势，网约车领域经营模式呈现出从轻资产向重资产转变，对平台车辆的管理更加规范化、专业化，部分网约车企业开始布局稳定、高标准的自营车队。汽车共享化发展已在深刻影响汽车产业生态。例如，随着分时租赁等汽车共享模式推广，滴滴等汽车出行服务商将成为汽车产品需求方，要求汽车企业结合城市地理、气候、用户偏好等特点，生产定制化汽车订单，甚至出现了多种交通工具融合发展。例如，为补齐分时租赁"最后一公里"的服务短板，平台企业进一步整合多模式交通工具，共享单车、滑板车等将成为分时租赁模式的有效补充。从长期发展看，自动驾驶技术将是重构出行格局的核心，当前汽车共享模式存在着诸多瓶颈，包括网约车人工服务成本过高、网约车安全风险、汽车租赁的用户道德风险问题（如行车习惯等人为因素加速车辆损耗）、分时租赁"最后一公里"问题等。

未来，自动驾驶技术取得突破。尤其是实现了彻底的无人驾驶技术，汽车共享服务运营模式将迎来广阔发展空间，网约车和租赁等形式将消失，通过出行即服务平台配置自动驾驶车辆，根据目的地规划路径，匹配最合适的运营路线。2019 年 7 月，特斯拉 CEO 马斯克表示："一旦解决全自动驾驶技术，就将停止销售汽车。"他的设想是将无人驾驶的特斯拉汽车作为出租车运营，为特斯拉公司创造收入。

共享汽车的经营模式主要是互联网企业和汽车厂商共同经营，现阶段已进入市场的互联网巨头有阿里巴巴、百度等，已进入的汽车厂商有宝马、戴姆勒、一汽—大众、东风汽车、长安汽车、吉利汽车等。T3 出行（见图 10-2）成立于 2019 年 7 月，是中国第一汽车集团有限公司、东风汽车集团有限公司和重庆长安汽车股份有限公司三家车企联合腾讯、

阿里等共同成立的智慧出行平台。曹操出行（见图 10-3）是吉利控股集团布局"新能源汽车共享生态"的战略性投资业务，以"不辜负每一程的相遇"为使命，将全球领先的互联网、车联网、自动驾驶技术以及新能源科技，创新应用于共享出行领域，致力于重塑低碳、健康、共享的人车生活圈，打造全球领先的科技出行平台。

图 10-2　T3 出行

图 10-3　曹操出行

第五节　汽车轻量化

轻量化这一概念最先起源于赛车运动。汽车质量轻了，可以带来更好的操控性，发动机输出的动力能够产生更高的加速度，且起步时加速性能更好，刹车时的制动距离更短。

汽车的轻量化，就是在保证汽车的强度和安全性能的前提下，尽可能地降低汽车的整车质量，从而提高汽车的动力性，减少燃料消耗，降低排气污染。

随着"节能环保"越来越成为广泛关注的话题，轻量化也广泛应用到普通汽车领域，在提高操控性的同时还能有出色的节油表现。汽车的油耗主要取决于发动机的排量和汽车的总质量，在保持汽车整体品质、性能和造价不变，甚至优化的前提下，降低汽车自身质量可以提高输出功率、降低噪声、提升操控性、提升可靠性、提高车速、降低油耗、减少废气排放量、提升安全性。有研究数字显示，若汽车整车质量降低 10%，燃油效率可提高 6%～8%。汽车车身约占汽车总质量的 30%，空载情况下，约 70% 的油耗用在车身质量上。因此，车身变轻对于整车的燃油经济性、车辆控制稳定性、碰撞安全性都大有裨益。

一、汽车轻量化的主要途径

1. 汽车主流规格车型持续优化

汽车主流规格车型持续优化，在规格主参数尺寸保留的前提下，提升整车结构强度，降低耗材用量。

2. 采用轻质材料

采用轻质材料，如铝、镁、陶瓷、塑料、玻璃纤维或碳纤维复合材料等。

3. 采用高强钢

采用高强钢，减薄车身板料厚度。

4. 采用计算机进行结构设计

采用计算机进行结构设计，如采用有限元分析、局部加强设计等。

5. 采用承载式车身

采用承载式车身，取消车架，减轻质量等。

当前的汽车轻量化措施主要是采用轻质材料和高强钢。

车用材料主要通过汽车的轻量化来对燃料经济性改善做出贡献。理论分析和试验结果都表明，轻量化是改善汽车燃料经济性的有效途径。为了适应汽车轻量化的要求，一些新材料应运而生并扩大了应用范围。

二、轻量化铝合金材料

铝的密度约为钢的 1/3，是应用最广泛的轻量化材料。以美国生产的汽车产品为例，1976 年每车用铝合金仅 39 kg，1982 年达到 62 kg，而 1998 年则达到了 100 kg。

1. 铸造铝合金

许多种元素都可以作为铸造铝合金的合金元素，但只有 Si、Cu、Mg、Mn、Zn、Li 在大量生产中具有重要意义。当然，在汽车上广泛应用的并不是上述简单的二元合金，而是多种元素同时添加以获得好的综合性能。

汽车工业是铝铸件的主要市场，如在日本，铝铸件的 76%、铝压铸件的 77% 为汽车铸件。铝合金铸件主要应用于发动机气缸体、气缸盖、活塞、进气歧管、摇臂、发动机悬置支架、空压机连杆、变速器壳体、离合器壳体、车轮、制动器零件、把手及罩盖壳体类零件等。铝铸件中不可避免地存在缺陷，压铸件还不能热处理，因此在用铝合金来生产要求较高强度铸件时受到限制。为此，在铸件生产工艺上作了改进，铸造锻造法和半固态成型法将是未来较多用的工艺。

2. 变形铝合金

变形铝合金指铝合金板带材、挤压型材和锻造材，在汽车上主要用于车身面板、车身骨架、发动机散热器、空调冷凝器、蒸发器、车轮、装饰件和悬架系统零件等。

由于轻量化效果明显，铝合金在车身上的应用正在扩大。例如，1990 年 9 月开始销售的日本本田 NSX 车采用了全铝承载式车身，比用冷轧钢板制造的同样车身轻 200 kg，引起全世界的瞩目。NSX 全车用铝材达到 31.3%，如在全铝车身上，外板使用 6000 系列合金，内板使用 5052-0 合金，骨架大部使用 5182-0 合金；由于侧门框对强度和刚度要求很高，以 6N01 合金为基础、适当调整 Mg 和 Si 含量的合金。在欧美也有用 2036 和 2008 合金作车身内外板的车型。

铝散热器发源于欧洲而后遍及全世界。在欧洲，到 20 世纪 80 年代后期铝散热器已占领市场的 90%。随着车用空调、油冷却器等的大量使用，铝热交换器的市场迅速扩大。从材料的角度看，铝在热交换器上的广泛应用，在很大程度上归功于包覆料覆层铝板和铝带的成功开发。

3. 铝基复合材料

铝基复合材料密度低，比强度和比模量高，抗热疲劳性能好，但在汽车上的应用受到价格及生产质量控制等方面的制约，还没有形成很大的规模。目前，铝基复合材料在连杆、活塞、气缸体内孔、制动盘、制动钳和传动轴管等零件的试验或使用上显示出了卓越的性能。如本田公司开发成功的由不锈钢丝增强的铝基复合材料连杆比钢制连杆降低质量 30%，对 1.2 L 的汽油发动机可提高燃料经济性 5%；采用激冷铝合金粉末与 SiC 粉末（质量百分数 2%）混合并挤压成棒材，用此棒材经锻造成型的活塞因强度高可降低质量 20%，发动机功率大幅度提高；用铝基复合材料强化活塞头部而取消第一道环槽的奥氏体

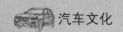

铸铁镶块可降低质量20%；铝基复合材料制动盘比铸铁制动盘降低质量50%。

三、轻量化镁合金材料

镁合金是以镁为基础加入其他元素组成的合金，其特点是密度小（1.8 g/cm³ 左右），比强度高，比弹性模量大，散热好，消振性好，承受冲击载荷能力比铝合金大，耐有机物和碱的腐蚀性能好。主要合金元素有铝、锌、锰、铈、钍以及少量锆或镉等。目前使用最广的是镁铝合金，其次是镁锰合金和镁锌锆合金，主要用于航空、航天、运输、化工、火箭等工业部门。镁在实用金属中是最轻的金属，其密度大约是铝的2/3，是铁的1/4。镁合金的切削性能好，金属模铸造性能好，很适合制造汽车零件。

镁合金大部分以压铸件的形式在汽车上应用，镁压铸件的生产效率比铝高30% ～50%。新开发的无孔压铸法可生产出没有气孔且可热处理的镁压铸件。

镁压铸件在汽车上使用最早的实例是车轮轮辋。在汽车上试用或应用镁合金的实例还有离合器壳体、离合器踏板、制动踏板固定支架、仪表板骨架、座椅、转向柱部件、转向盘轮芯、变速箱壳体、发动机悬置、气缸盖和气缸盖罩等。与传统的锌制转向柱上支架相比，镁制件降低质量65%；与传统的钢制转向轮芯相比，镁制件降低质量45%；与全铝气缸盖相比，镁制件降低质量30%；与传统的钢制冲压焊接结构制动踏板支架相比，整体的镁铸件降低质量40%，同时其刚性也得以改善。

镁基复合材料的研究也有进展，以 SiC 颗粒为增强体，采用液态搅拌技术得到的镁基复合材料具有很好的性能且生产成本较低。在镁合金中加入25%的 SiC 颗粒增强的复合材料比基体合金拉伸强度提高23%，屈服强度提高47%，弹性模量提高72%。

四、轻量化钛合金材料

钛的密度为 4.5 g/cm³，具有比强度高、高温强度高和耐腐蚀等优点。钛由于价格昂贵，至今只在赛车和个别豪华车上少量应用。尽管如此，对钛合金在汽车上应用的试验研究工作却不少。例如，用 α+β 系钛合金制造的发动机连杆，强度相当于 45 钢调质的水平，而质量可以降低30%；β 系钛合金（Ti-13V-11Cr-3Al 等）经强冷加工和时效处理，强度可达 2 000 MPa，可用来制造悬架弹簧、气门弹簧和气门等，与拉伸强度为 2 100 MPa 的高强度钢相比，钛弹簧可降低质量20%。

钛合金应用的最大阻力来自其高价格，丰田中央研究所开发了一种成本较低的钛基复合材料。该复合材料以 Ti-6Al-4V 合金为基体，以 TiB 为增强体，用粉末冶金法生产，已在发动机连杆上应用。

五、粉末冶金轻量化材料

粉末冶金材料用成分自由度大和粉末烧结工艺的近净成形特点，在汽车上的应用有增加的趋势，特别是铁基粉末烧结材料在要求较高强度的复杂结构件上的应用越来越多。

组装式粉末冶金空心凸轮轴是近年来的新产品，它是由铁基粉末冶金材料制成凸轮，然后用烧结或机械的办法固定在空心钢管上。与常规的锻钢件或铸铁件相比，可降低质量25% ～30%。此种凸轮轴已在高速汽油机上使用，随着柴油机凸轮轴服役工况的日益苛刻，粉末冶金空心凸轮轴有推向柴油机的趋势。

粉末冶金锻造连杆已经成功应用，近年开发的一次烧结粉末冶金连杆技术的生产成本较低，可实现 11% 的轻量化。德国欧宝公司装在 2.0 L 发动机上的连杆行驶 30 万 km，未见异常，寿命较高。

六、特斯拉汽车一体压铸车身

特斯拉在全球的 4 座工厂（美国加州弗里蒙特工厂、得克萨斯州奥斯汀工厂、德国柏林工厂以及中国上海工厂）都已经安装了由中国品牌力劲科技生产制造的超大型压铸机（见图 10-4），用以生产 Model Y 一体成型的后底板。

这种一体式压铸机在特斯拉工厂被称为"Giga Press"，质量为达 410 t，相当于一架大型飞机，占地面积却仅有 100 m² 左右。采用全新的压铸工艺后，Model Y 的铸造零件可以从此前的 70 个简化到 2 个，未来可能会合为一件。特斯拉 CEO 马斯克曾表示，这将是"汽车车身工程的一场革命"。采用了一体式压铸工艺之后，特斯拉 Model Y 的车身结构稳定性和轻量化得到大幅的优化，同时还减少了约 1 000 次的焊接工序，能够为 Model Y 节省约 20% 的生产成本，这对于传统汽车制造行业来说可谓是一次重大的技术革新，能够大幅提升产品质量，降低生产成本。

图 10-4　超大型压铸机

参 考 文 献

[1] 尉庆国，董小瑞. 现代汽车营销实用技术[M]. 北京：北京理工大学出版社，2005.

[2] 尉庆国，苏铁熊. 汽车营销[M]. 北京：国防工业出版社，2010.

[3] 尉庆国. 汽车营销技术12字[M]. 北京：国防工业出版社，2011.

[4] 尉庆国，张红光，杨翠芳. 汽车文化概论[M]. 北京：国防工业出版社，2013.

[5] 马骁，帅石金，丁海春. 汽车文化[M]. 3版. 北京：清华大学出版社，2020.

[6] 李艳菲，李颖. 汽车文化与新技术[M]. 2版. 北京：机械工业出版社，2022.

[7] 王菲，刘月英. 汽车文化[M]. 北京：北京理工大学出版社，2017.

[8] 王震坡. 现代汽车艺术鉴赏[M]. 2版. 北京：北京理工大学出版社，2019.

[9] 李文杰. 汽车品牌与文化[M]. 北京：北京理工大学出版社，2019.

[10] 王俊杰，刘连厂，邓建平. 汽车文化[M]. 上海：同济大学出版社，2019.

[11] 孙志春，贾敏，等. 汽车文化与职业素养[M]. 北京：北京理工大学出版社，2018.

[12] 刘树伟，郑利民. 汽车服务工程[M]. 北京：北京理工大学出版社，2015.

[13] 汪洋，李松焱. 汽车文化[M]. 北京：国防工业出版社，2012.

[14] 梁学军，高志华. 汽车文化[M]. 江苏：东南大学出版社，2011.

[15] 王敏. 打造精致精美城市路径研究以"双创双修"下的景德镇为例[M]. 南昌：江西美术出版社，2019.

[16] 郭桂山. 被颠覆的汽车帝国——中国汽车电商与车联网生态报告[M]. 北京：人民邮电出版社，2015.

[17] 秦勇，陈爽，张黎，等. 网络营销理论、工具与方法[M]. 北京：人民邮电出版社，2017.

[18] 马兆林. 中国制造2025强国之路与工业4.0实战——重构智慧型产业，开启产业转型新时代[M]. 北京：人民邮电出版社，2016.

[19] 秦立崴，秦成德，冉向东，等. 电子商务法[M]. 2版. 重庆：重庆大学出版社. 2016.8

[20] 叶芳，邓长勇. 汽车服务理念与技巧[M]. 2版. 重庆：重庆大学出版社，2015.

[21] 高三锡，赵在九，王丹娜. 崭新的未来5G超链接社会[M]. 北京：中国广播影视出版社，2021.

[22] 顾大松，苏奎. 网约车：移动互联网时代的治理挑战[M]. 南京：南京东南大学出版社，2019.